부자들이 다해먹는 세상

왜 99%는
가난할 수밖에 없는가

부자들이
다해먹는
세상

크리스 레만 지음 · 김현정 옮김

21세기북스

| 차례 |

서문 부자라는 족속들의 은밀한 전술 · 6

01_ 아이패드 · 17
누군가의 죽음과 맞바꾼 'i'의 품격

02_ 리얼리티 프로그램 · 25
신분상승을 꿈꾸는 싸구려 영혼들의 가련한 열망

03_ 앨런 그린스펀 · 34
누구도 나를 규제할 순 없다는 무모한 착각

04_ 스포츠 인생 · 44
현금 위에 세운 스포츠 정신

05_ 고등교육 · 53
가장 값비싼 사회재, 대학장사

06_ 부실 자산 구제 프로그램 · 66
대체 누가 누구를 구제하겠다는 것인가?

07_ 번영의 복음 · 76
하느님은 우리가 부자가 되기를 원하십니다

08_ 민주당 · 83
서민을 위한 정당은 없다

09_ 와이어드 매거진 · 92
디지털 혁명의 탈을 쓴 봉건주의의 또 다른 단면

10_ 데미언 허스트 · 99
예술에서도 돈은 사랑만큼 중요합니다

11_ 미국 헌법 · 106
밥그릇을 챙기기 위해 만든 그들만의 협약

12_ 말콤 글래드웰 · 113
'사실'보다 중요한 것은 '그럴듯한' 허상

13_ 뉴욕타임스 · 123
현대의 귀족들이 세상을 보는 창

14_ 실력주의 · 132
개천에서 용이 날 거라는 달콤한 속삭임

15_ 대중주의 · 139
부시도 대중주의자라고 부르는 그들의 논리

16_ 스티브 포브스 · 145
모자라면 국민들의 주머니에서 충당하면 됩니다

17_ 자유시장 · 156
아담 스미스를 향한 미신적인 숭배

18_ 주식시장 · 162
1%만을 위한 건전성의 지표

19_ '계급투쟁' · 171
누가 감히 '공정'을 이야기하는가?

20_ 회고록 · 178
신식민주의적 상상의 산물

21_ 데이비드 브룩스 · 186
냉혹한 문화 결정론자

22_ 창조 계급 · 196
값비싼 취미를 즐기는 두뇌 노동자들

23_ 아인 랜드 · 208
원하는 것을 얻기 위한 유일한 방법은 파괴

24_ 대법원 · 218
부자에게는 확대적용, 서민들에게는 축소적용

25_ 로비 세상 · 226
부패를 팝니다

26_ 자유론 · 236
오로지 당신은 '시장'만 믿으면 됩니다

결론 언어 문제 · 249
주 · 271

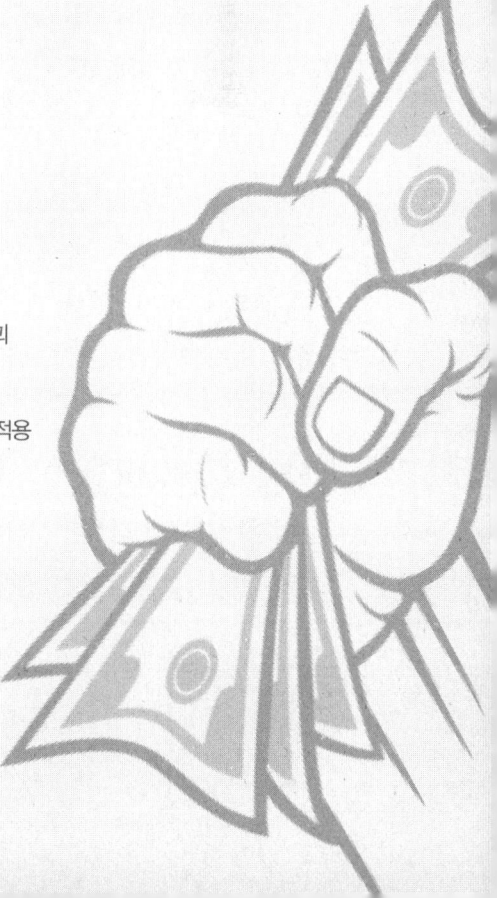

부자라는 족속들의 은밀한 전술

미국에서 계급 특권에 대한 인식은 가톨릭학교가 섹스에 대해 갖고 있는 인식과 상당히 비슷하다. 말하자면 이런 것이다. 애당초 없어야 할 것으로 생각되지만 일단 한 번 알고 나면 그것이 어디에나 존재한다는 사실을 깨닫게 된다.

우리 사회에서 정치경제적으로 대중을 억압하는 세력들은 전통적 신념으로 무장되어 있다. 그동안 사회 비평가나 학자들은 세대 전반에 걸쳐 상위 계층으로의 이동이 증가하는 사회적 현상 등에 관련된 글을 쓰느라 엄청난 양의 잉크를 소비했다. 이런 세력에 호소하는 학자들은 모두들 지금 우리가 이 '신세계'에서 어떤 식으로든 돈을 벌며 살아가는 모습이 진정한 부를 향해 나아가는 '과정'일 뿐이라고 설파한다. 그렇다면 누구도 그 계층에 남아 있으려 하지 않는 상황에서 누

군가 미국 노동자 계급의 이익을 대변할 필요가 있을까? 반대로 말하면, 현실적으로 모두가 높은 자리로 올라가고 싶어하는데, 그 과정에서 특히 일을 잘해내는 사람들을 귀하게 여기는 사회가 잘못되었다고 주장할 이유가 있을까?

2008년 금융위기로 금융 지배층의 소득이 부채로 허우적대는 평범한 미국 중산층이 생각하는 그런 부(富)의 개념을 넘어서자, 이후 '사회 계층'이라는 개념에 완강하게 저항하는 움직임이 나타났다. 그런 사태를 이해하려면 과거를 설명하는 엄격한 결정론에 대한 충성 서약부터 놓아버려야 한다. 대신, 경제적인 보상이나 처벌에 대한 사회의 합의를 전략적으로 업데이트하고 강화하는 독립적인 제도를 좀 더 유심히 관찰해야 한다.

이런 관점에서 볼 때 부를 '실제 가치 이상'으로 추앙하는 현상은 미국인들의 신념에 깊게 뿌리 내린 확고한 태도라기보다는 일시적으로 등장한 사후 합리화에 가깝다. 즉, 금융 지배층에 속하는 경영진에게 엄청난 액수의 보상이 주어지는 현상과, 그 어느 때보다 비현실적으로 여겨지는 자유시장과 상업 언론 간의 잘못된 관계 등을 목격한 결과라는 것이다.

하지만 어떤 관점에서건 어떤 계층의 역사가 상대적으로 오래지 않다고 그 계층의 사회적 권력 자체가 약화되는 것은 아니다. 실제로는 그 반대다. 미국인들은 부와 사회적 특권에 대해 질문을 받으면 빈약한 근거를 제시한다. 이런 태도야말로 사회적 권력이 존재하고 있다는 반증이 아닐 수 없다. 찰스 라이트 밀스는 냉전이 한창이던 1956년에 이와 같은 문제에 영향을 미친 '형성 합의(formative consensus)'에 관한 글을 썼다. 당시 그는 진보주의자든 보수주의자든 "단독으로 권력을 휘두를 수 없는 수준으로 핵심 권력층이 다양해졌다는 사실을 발견했다. 권력 문제에서는 그 누구도 홀로 결정을 내릴 수 있을 만큼 강력한 힘을 갖고 있지 않다. 국민을 대표하는 정부의 공식적인 이미지를 생각해보자. 부자나 고소득자들이 사회의 전반적인 분위기에 영향을 미치는 것은 사실이지만 그렇다고 결정적인 결과에 기여하는 것도 아니다. 그뿐 아니라 요즘은 미국인들 누구나 부유하다. 이와 같은 경솔한 자유주의가 현재의 보수적인 분위기의 핵심이다"라고 설명했다.[1]

사회적 합의를 주장하는 사람들이 '모든 미국인이 부유'하다는 주장을 펼치기가 조금 더 힘들어졌다는 점을 제외하면, 밀스의 글은 반세기 후 미국이 처할 사회경제적인 곤경을 한 치의 오차도 없이 정확하게 진단하고 있다. 그럼에도 지금의 위기가 모든 측면에서 정치적 약속의 기본 조항을 거의 바꾸지 못했다는 사실은 매우 인상적이다.

오늘날 미국은 서류 경제(생산 경제와 반대되는 의미—옮긴이)가 무분별하게 성장을 거듭한 결과, 비즈니스 부문 전반의 생산성이 과거의 일이 되어버렸다. 또한 정부의 구제금융에 의지하여 간신히 살아난 자본가 계층은 여전히 터무니없이 많은 성과급을 챙기고 있다. 그 와중에 부채 증권화(負債證券化, debt securitization)로 인해 미국의 수백만 가구가 재산을 압류당하고, 또 다른 수백만 가구가 궁핍한 처지로 살아가고 있다. 바로 이러한 때에 계층 분열에 대한 기본적인 진실이 미국에 뿌리를 내리도록 하려면 어떻게 해야 할지 질문을 던지는 사람도 있을 것이다.

하지만 대부분의 사람들은 그렇게 하는 대신 여전히 경솔한 자유주의에 사로잡혀, 전문 투자은행가와 보수적인 운동의 슬로건에 중대한 경제 정책의 결정을 맡겨두고 있다.

경기부양책을 시행하면 대다수의 국민들이 실질적으로 감세 효과를 누리게 된다. 그럼에도 보수 세력이 스스로 심각한 부조리에 처해 있으면서도 경기부양 정책을 정부 규모를 키우려는 무책임한 세금 인상안이라며 반대하고 있다는 사실은 이제 전혀 놀랍지 않다. 마찬가지로 그다지 개선된 내용도 없는 의료보험 개혁 최종안(보험회사와 제약업체를 대변하는 로비 세력에게 엄청난 혜택이 주어지는 내용으로 가득한 개혁안)이 미국 정부를 '제약업계가 장악했다'느니 전면적인 '사회주의'라느니 하고 묘사되는 상황도 전혀 놀랍지 않다.

과거에는 정치경제학이 사회의 체계를 세우는 데서 중추적인 역할을 담당했다. 하지만 지금 미국 사회는 '떠다니는 기표'들, 즉 어떤 말이든 갖다 붙여 설명할 수 있는 사회로 변질되고 말았다. 그중에서도 가장 큰 문제는 이런 상황으로 인해 국가 지도자나 정책가 들이 금융 시스템, 노조 설립 권한, 의료 체계 등을 되살리고 바로잡으려 할 때 그 혜택을 받을 사람이 누구인지 일관성 있게 설명할 수 없다는 데 있다.

정치적 담론이 오갈 때 이 같은 점진적인 개혁을 진보주의의 권력에 대한 욕망이 삐딱하고 광범위하게 표출된 것 정도로 여긴다면, 진정한 변화(진정으로 국유화된 의료 체계, 서류 경제의 투기세력보다는 생산적인 업계에 보상을 제공할 수 있는 방향으로 금융계를 변화시키려는 노력, 여전히 주택시장을 지배하고 있는 불평등을 없애려는 노력, 교육 부문의 투자)를 바라는 것은 유토피아적 공상에 빠지는 것과 다를 바 없다.

원고 집필을 시작할 무렵, 나에게는 그다지 맹렬한 의지가 없었다. 사실 모든 것이 우연히 시작되었다. 2009년 초, 편집자로 일하다 해고된 두 친구가 자신들이 만들 웹사이트(친구들은 무슨 이유에선지 자신들의 웹사이트에 올(Awl, 송곳)이라는 이름을 붙였다)에 관한 이메일을 보내면서 나에게 원고를 부탁했다. 내용을 훑어본 후 나는 원고를 청탁받은 사실을 기억 저편 어딘가에 묻어두었다(필진에게 원고료를 지불할 수 없다는 문구만은 선명했다). 그런데 올 웹사이트 프로젝트가 출범하고 몇 주가 지난 후 또 다른 친구가 나의 전 직장인 〈뉴욕(New York)〉의 표지 기사를 소개했다. 기사는 미국 정부가 부실 자산 구제 프로그램(Troubled Asset Relief Program)을 통해 아무 조건 없이 금융계에 돈을 퍼준 데 대해 국민들의 분노가 터져 나오자 뉴욕의 금융 재벌들이 쏟아낸 불만과 그들의 특권의식을 상세히 다루고 있었다.

나는 돈의 전쟁에 관한 〈뉴욕〉의 매국노 같은 기사의 이면에 어떤 태도가 숨겨져 있는지 너무도 잘 알고 있었기 때문에 말없이 입을 다물고 있을 수가 없었다. (애덤 모스가 편집장으로 일하는 〈뉴욕〉은 돈을 우선시하는 문화가 마치 자사의 실질적인 강령이라도 되는 듯 강조한다.) 그뿐 아니라 경의를 표해도 모자람이 없을 만한 출판업계의 정치에 대해서도 잘 알고 있었다. 출판업계가 어떤 곳인지 잘 알고 있을

뿐 아니라, 어떤 글을 집필하건 내가 쓰는 글은 결국 올 같은 곳에서나 빛을 볼 수 있을 것이라는 사실도 잘 알고 있었다. 그래서 기고를 요청했던 친구들에게 원고를 한 편 첨부하여 이메일을 보냈다. 내가 쓴 글이 웹사이트에 실릴 때 공동 편집자 알렉스 보크는 그 칼럼에 '부자들이 다해먹는 세상'이라는 제목을 달았고, 나는 그 제목에 별다른 관심을 쏟지 않았다. '부자들이 다해먹는 세상'을 칼럼 제목으로 여기지도 않았고 지속적인 집필 프로젝트로 생각지도 않았다.

하지만 그즈음 또 다른 친구 덕에 경제적인 특권에 충성하는 경솔한 언론을 언급한 또 다른 기사를 읽게 되었다. 이번에는 〈워싱턴포스트(Washington Post)〉의 일면 기사였다. 기사는 오바마 행정부의 지출 우선순위로 인해 연간 25만 달러 이상을 벌어들이는 납세자들이 과도한 액수의 세금을 부담하게 될 것이라고 설명했다. 〈워싱턴포스트〉의 기자들이 주장하듯이 중소기업 사장들과 사회에서 상향 이동을 꿈꾸는 전문직 종사자들(2008년 대선 당시 오바마를 열렬히 지지했던 두 부류의 알짜배기 유권자들)이 집권 초기 오바마 행정부가 야심 차게 추진해온 사회적 의제에 반대하게 될 수도 있는 상황이었다. 나는 〈워싱턴포스트〉 기사의 본질이 세금 분석이었든, 정치적인 훈수였든, 기사 자체가 말도 안 된다는 생각이 들었다. 특히 연방 정부가 보조하는 의료보험같이 오바마 행정부의 야심 찬 사회적 의제에 포함된 다양한 항목이 기업을 운영하는 기업가들의 수익성에 상당한 도움이 된다는 점에서 볼 때 그 기사에 대해 의구심을 떨쳐버릴 수가 없었다.

언론들에서 내보내는 기사에 문제가 있음을 깨달은 후 나는 스티브 포브스가 기업의 리더십에 관해 쓴 말도 안 되는 성명서, 노동조합에 대해서 단 한마디 언급도 없이 노동의 미래를 언급한 주요 시사 주간지 등 칼럼의 소재를 찾아 곳곳을 뒤지기 시작했다. 당시 미국은 대공황 이후 최악의 경제 위기를 겪고 있었지만 주요 여론 기관을 필두로 대다수의 의원과 규제 담당자, 거의 모든 비즈니스 언론 등은 마치 미국 사회가 날려버린 돈에 대해 연구할 것이 아니라 넉넉한 돈으로 인한 방종을 다뤄야 할 것처럼 여전히 평화로운 태도로 일관했다.

나는 비판적으로 사고하는 데 꽤 익숙한 사람이다. 하지만 무작위로 습득한 경제 관련 지식과 실제 경제 상황 간의 괴리가 너무도 크다는 생각이 들었다. 자주 등장하는 비즈니스 관련 소식과 경제 관련 논평이 무척 이상하게 들릴 정도였다. 세상이 실제로 돌아가는 방식을 냉철하고 빈틈없이 평가했다기보다 《맥베스(Macbeth)》의 첫 장면에서 마녀들이 외는 마법의 주문에 견줄 수 있을 만큼 기이한 주문처럼 느껴졌다. 기사를 쓰는 사람의 입장에서는 상당히 좋은 일이었다. 불황이 컨트리클럽에 끼친 피해를 취재해 특집 기사를 써달라는 〈머니(Money)〉의 제의를 수락한 뒤로는 분노를 가라앉히고 컴퓨터 화면에 워드 문서를 새로 띄우기만 하면 얼마든지 제법 짭짤한 원고료를 받을 수 있었으니 말이다.

하지만 묘한 희열 속에서 매주 작성한 칼럼들이 미국이라는 나라의 거의 변치 않는 특징을 설명하고 있다는 사실을 분명하게 느낄 수 있었다. 미국이라는 공화국에서 연출되는 국민들의 집단적 삶을 기술할 때, 실제 경제 상황에 관한 내용을 제외하는 방식은 사실 매우 뿌리

가 깊고 널리 확산되어 있다. 뜻하지 않게도 대학원 졸업 이후 오랫동안 잊고 있었던 역사가 마음을 사로잡았고, 집필한 칼럼 구석구석에서 미국의 역사가 모습을 드러내었다. 예를 들어 다음과 같은 식이다. 〈뉴스위크(Newsweek)〉는 여전히 급변하는 수요를 진작시키기 위해 노동자의 수입 중 더 많은 부분을 소비자 경제에 쏟아 부어야 하는 까닭을 설명하고 새로운 세대의 젊은 노동자들이 이런 상황에 대해 얼마나 예민한 태도를 취할 것인지 집중 분석한 기사를 실었다. 그런데 대공황기에 취업 연령에 도달한 사람들(심각한 외상을 입은 구원자들로 이루어진 마지막 세대)과 지금의 젊은 노동자들이 처한 상황 자체가 다르다는 점을 언급하지 않고서는 〈뉴스위크〉 기사를 혹평할 수 없었다. 전자에는 후자와 달리 탄탄한 공공 부문과 상당히 공격적인 노동운동, 기업과 노동자와 정부를 경제발전이라는 공통의 목표로 묶어주는 비공식적인 사회계약에 대한 확신이 있었기 때문이다. 앞서 언급한 모든 요인들이 있었기에 대공황 시대의 임금 노동자들은 미국 경제가 다시 성장하기 시작했을 때 그와 더불어 나타난 물가상승 압력에 상응하는 수준의 임금을 받을 수 있었다. 반면 오늘날의 젊은 노동자들이 가진 것이라곤 비겁한 '개혁파 민주당원' 지도부가 추구하는 은행 친화적인 정책과, 뉴딜 정책을 기반으로 한 사회보장 방식에 반대하여 레이건 대통령이 선포했던 전쟁의 악취 나는 잔재뿐이다.

이 책의 제목은 칼럼을 작성한 후에 만들어진 것이다. 처음부터 이런 제목으로 글을 쓰려던 생각은 아니었다. 하지만 시간이 지날수록 날카로운 비판과 경멸의 뉘앙스가 느껴지는 《부자들이 다해먹는 세상》이라는 표현에 내가 처음 생각한 추세나 운동, 관습이 대체로 반영되어 있음을 깨달았다. 이 제목이 아니라면 미국의 헌법, 끊임없이 반복되는 선거운동 및 선거, 종교에 가까울 정도로 유명인을 숭배하는 현상, 도시 개발 정책, 이제 좀처럼 볼 수 없는 수준 높은 문학 토론 등에 관한 이야기를 어디서 할 수 있겠는가. 그렇다면 우연히 시작된 칼럼의 시야를 넓혀 미국이 처해 있는 상황을 좀 더 포괄적으로 살펴보는 것이 좋지 않을까?

이 책에서는 그다지 대단할 것 없는 방법을 활용했다. 주로 '이런 말도 안 되는 걸 믿을 수 있나요?'라는 투로 우리의 일상적인 삶에 내재한 견고한 특성에 접목하려 했다. 이런 생각을 바탕으로 하여 집필하는 과정에서 나는 올을 비롯한 각종 매체에 기고한 글 가운데 이 책의 시야를 넓히는 데 도움이 되는 글을 재사용하기도 했다.

이 책을 쓰는 동안 미국의 역사에 대한 나의 시각에도 금융위기를 전후로 하여 엄청난 변화가 있었음을 느낀다. 책을 쓰면서 카타르시스를 느낄 수 있었다. 독자 여러분들도 같은 효과를 얻으시기를 기대한다.

01

아이패드

누군가의 죽음과 맞바꾼 'i'의 품격

　　캘리포니아 주의 쿠퍼티노 무한루프 1번지에 위치한 애플은 얇고 매끈한 태블릿 PC 아이패드(iPad)를 출시한 후 재무적으로 중요한 이 정표까지 통과했다. 시장에서 발행한 주식 수와 주식의 가치를 곱한 값을 뜻하는 시가총액 면에서 소프트웨어 분야의 오랜 라이벌인 마이크로소프트를 능가했던 것이다.[1] 애플은 마이크로소프트를 3위로, 월마트를 4위로 밀어내고 엑슨모빌(Exxon)의 뒤를 이어 미국 주식시장에서 시가총액 기준 2위 업체로 등극했다.

　　새로 공개된 주식 평가액에는 아이패드 판매 내역이 포함되어 있지도 않다. 아이패드는 애플이 만들어낸 신제품 모델이라기보다 애플이라는 브랜드와 라이프스타일을 알리기 위한 광고에 가까운 만큼, 어쩌면 당연한 것인지도 모른다. 한동안 컴퓨터 업계, 특히 애플은 마치 멕시코 요리를 내놓듯 동일한 재료 몇 가지를 이용해 다양한 제품을 개발하고 약간 변형된 전달 체제를 선보였다.

최첨단 전자 기기를 좋아하는 새로운 세대가 자신을 나타내는 상징으로 구매에 열을 올렸던 최신 제품인 아이폰을 좀 더 얇고 크게 만들어놓은 듯한 아이패드는 이미 존재하는 경쟁제품과 유사하다는 점을 상찬하는 논평가들에게서 주로 환영을 받았다. e-북 플랫폼의 측면에서 볼 때 아마존의 킨들(Kindle)보다 훌륭한 그래픽 인터페이스를 선보였으며 9.7인치에 달하는 터치 스크린은 디지털 업그레이드와 그에 따르는 공인된 매체를 절실하게 필요로 하는 힘겨운 잡지 업계를 구원해줄 존재로 여겨졌다.[2] (하지만 잡지 발행업자들에게는 안타깝게도 이와 같은 장밋빛 예언은 완전히 틀린 것으로 밝혀졌다. 아이패드가 판매부수를 늘리는 데 도움이 된다는 소식에 발 빠르게 대처한 콘데 나스트가 아이패드용 월간 남성 패션잡지 〈GQ〉를 선보인 후 첫 두 달 동안 총 365부가 판매되었을 뿐이다.[3]) 애플이 신제품을 출시할 때마다 애플 제품을 흠모하는 기술 전문지들은 신제품을 적극적으로 소개했다. 하지만 마음 아프게도 출시 홍보기간이 끝나갈 무렵 아이패드를 열렬히 원하던 사람들의 목소리는 이 값비싼 기기가 컴퓨터 모니터의 역할도 할 수 있다고 주장할 정도로 식어버렸다. 아이패드를 모니터로 이용할 수 있다고 홍보하다니, 마치 희귀한 초판 서적을 두고서 창문이 닫히지 않게 고정할 때 사용할 수 있다고 선전하는 것과 다를 바가 없지 않은가.[4]

하지만 역시 기능성은 아이패드의 성공을 측정하는 기준이 되지 못

했다. 아이패드를 소유한다는 것의 핵심은 자신이 아이패드를 소유할 수 있는 부류의 사람, 즉 세련된 디자인을 선호하는 취향이 있고, 기술에 통달했으며, 전문가 및 관리자로서 야심을 갖고 있고, 아이폰을 약간 변형해놓은 아이패드를 없어서는 안 될 삶의 부대용품으로 여기는 사람이라는 사실을 알리는 것이다. 아이패드의 잠재 시장 점유율에는 한계가 없다. 아이패드는 미국 팬의 관심을 받는 수준에서 벗어나 세계적인 현상이 되어버렸다. 일본 등지에서는 속물적이고 광신적인 애국심으로 악명이 높은 괴짜들이 새로운 버전의 아이패드를 조금이라도 먼저 구입하기 위해 애플 매장 밖에서 밤을 지새울 정도였다.[5]

아이패드 출시는 애플의 첨단 신제품 라인임을 알려주며 마치 상형문자 같은 모습을 하고 있는 접두사 i에 대해 다시 논의하는 기회를 제공했다. 데스크톱 컴퓨터 아이맥(iMac)과 함께 i가 맨 처음 등장했을 때는 소문자 i가 '인터넷'을 상징한다고들 했다. 1998년경 애플이 내세운 마케팅 문구는 아이맥이 당시 세계 경제에 대변화를 일으키고 있던 그래픽 인터페이스를 갖고 있는 걸출한 기기라는 것이었다.

하지만 모든 기발한 제품 메시지와 마찬가지로 i에도 '개인(individual)'을 상징하는 훨씬 강력한 부차적인 의미와 더불어 '정체성(identity)'이라는 의미도 들어 있었다. 물론 i는 문자 그대로 일인칭 대명사를 의미하기도 한다. 마치 E. E. 커밍스(자신의 이름뿐 아니라 작품에서도 소문자만을 고집했던 작가–옮긴이)처럼 세련되게 자신을 나타내는 I를 소문자 i로 표시한 것이다. 모든 종류의 시가총액을 선택할 수 있게 만들어준 통신 매체를 나타내는 데는 매우 적절한 수식어가 아닐 수 없다.

한마디로 말해서 i는 현대 세계에서 기술이 모든 것을 지배하는 현상을 비난하는 20세기 초반의 한탄 속에서 기술이 잔인하게 말살하려 했던 모든 것을 의미했다. 여기에 해방이 있고, 표현이 있고, 즉각적인 만족이 있었다. 그것은 바로 아서 클라크의 소설 《2001 스페이스 오디세이(2001, A Space Odyssey)》를 각색한 스탠리 큐브릭의 영화에 등장한 거대한 태아를 위해 설계된 인터페이스였다. 그리고 대부분의 애플 광고가 명료하게 느낄 수 있는 기꺼이 비싼 값을 치르는 애플의 소비자들에게 가장 이상적인 사용자 경험은 어린아이의 경험이다. 최근에 내놓은 아이패드 광고에 등장하는 목소리는 아이패드의 특징에 대해 신비롭게 속삭인다. "세련되고 황홀한 외관, 당신은 이미 이것의 사용 방법을 알고 있어요."라고 이야기하는 것이다.[6] 마치 자주권을 지닌 소비자를 위한 자장가의 후렴부 같다.

하지만 아이패드의 등장과 함께 마치 휘트먼의 시와 같은 애플 제품의 접두사 i가 좀 더 욕심 많고, 좀 더 자기만족적이며, 무엇보다도 좀 더 자신의 지위를 의식하는 듯한 단어 'me'로 변해버렸다. 〈비즈니스위크(Business Week)〉는 애플 매장 밖에서 밤을 지새우며 매장 문이 열리기를 기다리던 사람이 "나는 미국에서 처음으로 아이패드를 갖는 사람 중 하나가 되고 싶다"라고 열광적인 고백을 했다고 보도했다.[7]

아이패드가 갖고 있는 소극적인 'me'의 특성이 아이패드의 컨텐츠 메뉴에까지 확장되었다. 애플은 실질적인 전화 기능은 제외한 채 아이폰의 어플리케이션으로 가득 채운 컴퓨터 패드를 시장에 내놓아 자사의 이상형과 같은 제품을 외부 세계의 잔인한 침입에서 차단했다.

그 결과 아이패드 애호가들은 자신들이 직접 선택한 사용자 경험의 틀 속에 갇히게 되었다. 애플과 호환 가능한 소프트웨어 및 어플리케이션의 경우 엄격하게 재산권이 보호된다. 때문에 '아이패드 경험'은 사용자들을 오픈 소스 혁신과 별 볼 일 없는 글로 이루어진 성가신 영역과 분리시킨다. 오픈 소스 혁신과 별 볼 일 없는 온갖 잡문들을 통해 사용자들은 넷의 중립성, 엄격한 저작권 시행, 강력한 프라이버시 통제를 위한 제도 등 주요 컴퓨터 정책 논의에서 무엇이 중요시되는지 생생하게, 그리고 직접적으로 이해할 수 있는데 말이다. 이런 문제 외의 영역으로 옮겨가면 컴퓨터 경험에서 정치색이 사라진다. 정치색이 없는 영역에서는 애플이 소유권을 갖고 있는 컨텐츠를 아무런 마찰 없이 판매하기가 한층 수월한 만큼 애플의 엔지니어들은 이런 영역을 무척 선호한다.

아이패드의 경험은 훨씬 잔혹한 방식으로 사람들을 분리한다. 세계 노동시장에는 이상적인 애플의 소비자에서 아이패드를 조립하는 노동자로 격하되는 사람들이 있기 때문이다. 2010년, 애플 제품과 다른 글로벌 업체의 전자 디지털 기기를 생산하던 중국의 대형 제조업체 팍스콘(Foxconn)에서 여러 명의 직원들이 연이어 자살하는 사태가 벌어졌다. 스스로 목숨을 끊은 직원들은 대개 시골에서 상경한 십대, 이십대의 젊은이들로 공장 건물에서 뛰어내렸다.

룽화라는 시골에 위치한 팍스콘의 생산시설은 세계에서 가장 큰 공장으로 총 30만 명의 직원을 고용하여 매달 평균 130달러의 임금을 지불한다. 노동자들은 현지 기숙사에 거주하며 하루 12시간씩 교대로 살인적인 근무를 견뎌낸다. 필요에 따라 일주일 내내 하루 12시간씩 일을 할 때도 있다. 노동자들은 사회와 분리되어 열악한 노동 조건과 생활 환경을 견뎌내야 한다. 노동자들은 근무시간에 서로 대화를 나눌 수 없으며 지칠 대로 지쳐서 짧은 휴식 시간이 주어져도 서로 어울리지 못하고 바퀴벌레가 득실대는 공동 기숙사에서 시간을 보낸다.[8]

2010년 초, 중국 기자 리우 지이는 팍스콘에 잠입하여 노동자들의 근무 환경을 취재했다. 기사 내용 중 일부를 살펴보자. "팍스콘 노동자들이 세계에서 가장 정교한 기기들을 만들어내는 모습을 지켜보면 마치 이들이 기계를 통제하는 것처럼 보인다. 하지만 다른 측면에서는 기계가 이들을 지배한다. 부품이 조립 라인을 따라 올라오면서 서로 결합되면, 노동자들의 완전하고 유일한 젊음은 사라져버린다."[9]

이 같은 으스스한 현실을 더욱 심각하게 만드는 것은 노동자들이 중국의 3대 증권 거래소 중 하나가 있는 첨단 금융 산업의 중심지이며 룽화에서 가까운 대도시 선전을 방문했을 때 느끼게 될 소외감이다. 〈텔레그래프(Telegraph)〉의 한 특파원은 다음과 같이 기술했다. "그곳에서 팍스콘 노동자들은 자신과 동년배인 사람들이 값비싼 차를 몰고 자신들이 생산했지만 결코 구입할 수는 없는 아이폰을 들고 다니는 모습을 부러워하게 될 수도 있다."[10]

대부분의 서구 소비자들은 애플 제품에 대해 궁핍이나 사회 투쟁에 대한 세속적인 개념을 매혹적으로 뛰어넘은 멀티미디어 기기라는 이미지를 갖고 있다. 그래서 사람들은 품격 있는 애플의 i시리즈 제품을 통해 체험하는 고급스러운 소비자 경험과 19세기 수준의 노동 환경

을 쉽사리 연관지어 생각하지 못한다. 팍스콘 노동자들의 실상은 전혀 그렇지 않다. 아이북(iBook)의 윤을 내는 일을 맡고 있는 19세 노동자는 군대 방식의 엄격한 규율과 거의 24시간 감시 체제로 노동자를 감시하는 보안요원들에 대해 언급하며 영국의 조간신문 〈데일리 메일(Daily Mail)〉에 다음과 같이 설명했다. "훈련을 통해 수련을 하게 된다고들 얘기합니다. 우리는 수련을 필요로 합니다. 애플 제품은 값이 비싸고 실수가 용납되지 않기 때문이지요."[11]

2010년 5월 말, 팍스콘에서 11번째 자살이 일어났다. 이런 비극이 발생하기 하루 전 팍스콘은 직원들의 정신 건강 문제를 해결하기 위해 2000명의 심리학자를 고용할 계획이라는 발표를 내놓았다. 애플은 직원들의 노동 시간을 주당 60시간으로 제한하는 하청 계약서(중국처럼 저렴한 인건비가 강조되는 곳에서는 별로 신뢰를 받지 못하는 합의)를 언급하긴 했지만 팍스콘 노동자의 자살 사태에 대해서는 어떤 이야기도 하지 않았다. 어쨌든 설립 후 초창기에 직원들에게 '주당 90시간 이상 즐겁게 일할 것'을 요구한 기업에서 노동 시간의 제한을 요구하는 계약서를 작성했었다니 솔직하지 않게 들린다.[12]

기술 기업들은 기기의 도움으로 많은 것을 누릴 수 있게 됨으로써 삶의 만족도가 한층 높아져 노동자 생산성, 시간 관리 등을 측정하는 기존의 지표 중 많은 것들이 쓸모가 없어졌다고 주장해왔다. 그들은 오랫동안 일과 여가의 경계가 모호해졌다는 근거 없는 신화를 맹신했다. 하지만 지식 경제를 구성하는 특권층이 이런 환상을 가질 수 있는 이유는 지구 반대편에서 집중적인 관리를 받으며 삭막한 환경에서 노동을 하는 사람들이 있기 때문이다. 결국 아무리 부드럽게 이야기한 다 하더라도 이와 같은 유토피아적인 공상은 불편하기 짝이 없다. 무 한루프 1번지에서 '남다른 생각(thinking different)'이란 넓은 이 세상에서 전략적으로 아웃소싱을 한다는 의미인 듯하다. 디킨스 소설에 나오는 악마의 공장이나 맞춤형 제품 생산 방식과 다를 바가 없다.

02

리얼리티 프로그램

신분상승을 꿈꾸는 싸구려 영혼들의 가련한 열망

오래전부터 방송에서 사용해온 당혹스러운 장치가 있다. 실제로는 시청자들에게서 정해진 반응을 이끌어내려 하면서 마치 진실된 것을 보여준다는 듯 꾸미는 것이다. 프로그램 연출자들이 '리얼리티'라는 개념을 하나의 장르로 만들면서 이런 현상은 더욱 심화되었다. 리얼리티 프로그램들은 단순한 오락 프로그램보다 인간이 갖고 있는 극적인 요인을 좀 더 깊이 파고들려는 목적이 있는 만큼 시청자들은 인간의 밑바닥을 엿보는 재미에 좀 더 깊숙이 매료될 것으로 보인다.

인기를 끌고 있는 리얼리티 프로그램 시리즈 '서바이버(Survivor)'에서는 참가자들이 희귀한 자원을 얻기 위해 경쟁하면서 자연 상태에 놓인 인간에게 가장 중요한 필요조건을 검증한다. '아메리칸 아이돌(American Idol)'은 가수가 되고 싶어하는 참가자를 모아 경쟁을 시키고 시청자 투표를 실시하여 성공과 인정을 향한 갈망의 근원을 돌아보고, (덤으로) 미국 어디서나 들을 수 있는 '능력 있는 사람만이 살아남는다'는 성공에 관한 진부한 표현을 강화한다. '어프렌티스(Apprentice)'에서는 참가자들을 트럼프의 이사회실로 보내 기업 성과라는 불안정한 복합체를 구성하는 무자비함, 자만, 아부가 어떻게 섞이는 것이 가장 적절한지 평가한다.

하지만 리얼리티 프로그램은 그 어떤 의미에서도 '진실'하지 않다. 여기서 진실되지 않음은 사람 사이의 대립을 있는 그대로 기록하기 위해 최소한 한 명 이상의 카메라맨을 현장에 배치해두어야 하며 카메라에 잡히지 않는 조명과 오디오 장비를 현장에 설치해야 하기 때문을 뜻하는 게 아니다.

좀 더 근본적으로 이야기하면, 우리는 참가자들이 사회구조의 상부로 올라가기 위해 노력하는 모습을 담은 리얼리티 프로그램이 진짜가 아니라고는 말할 수 없다. 미국 문화에 내재되어 있는 계급을 향한 경멸의 시선을 있는 그대로 보여주기 때문이다. 브라보 TV의 프로그램 '진짜 주부들(Real Housewives)', 생일을 맞은 어린 자녀를 위해 엄청난 돈을 쏟아 붓는 MTV의 소름 끼치는 리얼리티 프로그램 '열여섯이 된 사랑스러운 나의 아이(My Super Sweet Sixteen)' 등 최상류층이 여가를 즐기는 모습을 쉴 새 없이 내보내는 이런 프로그램들은 국민들의 혈세로 지급되는 AIG와 골드만삭스의 경영자들의 보너스만큼이나 황당하고 짜증나는 부와 특권에 대한 연구거리를 제공해준다.

이런 프로그램이 지닌 가장 이상한 점은 우리 사회의 의심할 수 없

는 사회적 위계질서에 관한 자연스러운 생각을 반영한다고 공언한다는 것이다. 이들 프로그램에서 끝없이 내보내는 돈의 향연은 도덕적 잣대가 아니라 그저 취향의 관점에서 평가된다.

이런 점에서, 그리고 수없이 많은 다른 점을 고려했을 때, 오늘날의 리얼리티 프로그램 열풍은 1930년대에 영화와 사진 부문에서 등장한 최초의 다큐멘터리 사실주의와 극명하게 대비된다. 당시에는 급격한 경제 환경의 변화로 인해 미국의 문화 창작자들 사이에서 대공황이 일반 미국인들의 삶에 미치는 영향을 기록하려는 순수한 열정이 있었다. 도로디어 랭과 워커 에반스는 애팔래치아 지방 농부들과 더스트 볼(Dust Bowl)을 피해 떠돌아다니는 노동자들의 힘든 삶을 기록하기 위해 사진 예술의 힘을 빌렸다. 이들의 작품은 제임스 에이지의《유명 인사를 위한 찬양(Let Us Now Praise Famous Men)》과 존 스타인벡의《분노의 포도(The Grapes of Wrath)》등 같은 주제를 다룬 문학·비문학 작품에도 많은 기여를 했다. 문예 평론가 에드먼드 윌슨은 대공황이라는 엄청난 변화가 미국 사회와 문화를 근본적으로 변화시켰다며 서구 사회주의 문학을 익히는 것뿐 아니라 미국 노동자의 곤경을 알리는 것 또한 자신의 사명이라고 여겼다. 이후 윌슨은 정치 시사 잡지〈뉴 리퍼블릭(New Republic)〉에 쓴 자신의 글을 모아 문집《미국의 불안(The American Jitters)》을 발표했다. 심지어 할리우드 영화도 '나는 탈옥수(I Was a Fugitive from a Chain Gang)' 등의 작품에서 다큐멘터리와 비슷한 유형의 전개 방식을 채택했다. 이후 할리우드 영화에 다큐멘터리 형식이 도입되는 방식은 너무도 흔해졌다. 1941년에는 극작가 프레스턴 스터지스가 현실도피적인 코미디 영화를 대공황에 대한 타당한 예술적 반응으로 변화시킨 영화 '설리번의 여행(Sullivan's Travels)'에서 '나는 탈옥수'를 패러디하기도 했다.

풍자가 사라져버린 이 시대에 이처럼 직접적인 사회적 사실주의가 되살아날 것이라고 기대하는 사람은 없다. 사실 1930년대에 윌슨을 사로잡았던 자유분방함을 갖고서 미국이 직면한 경제 위기 속에 곧장 뛰어드는 문학계의 인사가 있다면 사람들은 그의 작품을 통해 가슴이 아픈 와중에도 웃음을 터뜨릴 수 있을 것이다(이런 측면에서 존경할 만한 인물이 있다. 그분은 바로 비평가인 앤드루 로스다. 로스는 사실상 노동사회학자라서 학계나 정계의 지지를 받지 못하고 있다.)

하지만 반대로 상대적으로 운이 좋지 않은 현대 미국인들이 리얼리티 프로그램이라는 거짓 다큐멘터리 장르를 통해 보여주는 모습을 보고 있자면 문제의 심각성을 깨닫는다. '돈을 좋아해(I Love Money)'부터 어린이 버전의 미인 대회를 콘셉트로 한 TLC의 '아이와 왕관(Toddlers and Tiaras)'에 이르기까지 연일 쏟아져 나오는 대중적인 리얼리티 프로그램은 옳지 않은 야심이 노동 계층의 마음속에 뿌리를 내리면 얼마나 말도 안 되는 결과가 초래되는지 일깨워준다.

매주 길 잃은 영혼들은 감당할 수 있는 수준을 넘어선 유명세를 갈구한다. 그보다 더 심각한 것은 촬영용 조명 아래에서 약물 남용, 난잡한 행위, 취직 실패, 자녀를 전리품으로 변신시키는 행위 등 계급 소외의 가장 저속한 징후를 드러내기 위해 출연자 개개인의 약점을 하나하나 파헤친다는 것이다.

수많은 시청자들의 눈과 귀를 즐겁게 해주는 리얼리티 프로그램의 제작자들은 참가자들을 21세기판 서커스 홍보용 광대(축제에서 단순히 사람들의 관심을 끌기 위해 닭의 목을 물어뜯는 사람)쯤으로 여긴다. 리얼리티 프로그램에 참가하는 싸구려 영혼들의 가련한 야망과 실패담은 소름 끼칠 정도로 과도한 관심을 받는다. 리얼리티 프로그램 참가자들이야말로 절호의 기회를 얻기 위해 노력하는 일반 국민들의 노력을 가련한 야망과 개인적인 실패에서 격려할 수 있는 가장 명확한 근거이기 때문이다. 리얼리티 장르의 관례가 그러하듯 리얼리티 프로그램 참가자들이 결국 그런 대우를 요구하고 있다. 이들이 결국 무관심한 대중에게 외면당하는 현상은 스스로 자초한 셈이다.

'언더커버 보스(Undercover Boss)'와 같이 오만한 부자들에게 계급을 근거로 마땅한 벌을 주기 위해 제작된 프로그램도 결국 성공 복음의 흔들리지 않는 위계질서에 굴복하고 만다. 신분을 숨긴 채 회사의 가장 밑바닥에서 일하는 직원들과 함께 일한 CEO는 프로그램이 매 회 끝날 때마다 승진을 시켜주거나 유급 휴가를 주는 등 감상적인 방식으로 노블레스 오블리주를 실천한다. 미국의 배관 서비스 회사 로토루터(Roto-Rooter)의 CEO는 콜센터에서 일하는 직원이 집을 구할 수 있도록 보증금 5000달러를 제공하기도 했다. 〈뉴욕타임스(New York Times)〉의 텔레비전 평론가는 매 회가 끝날 때마다 경영자가 제공하는 과장된 보상이 '곤혹스러울 정도로 봉건적'이라고 비난했다.[1]

하지만 그것은 시작에 불과하다. 노동 계층이 처한 현실에서는 '언더커버 보스' 프로그램을 찍는 동안 어려움을 겪어보고 잘못을 깨달은 것처럼 보이는 경영자들이 사내의 불공정한 관행을 전과 다를 바 없이 외면한다. 불공평하기 짝이 없는 실제 노동 현장에서는 경영자가 개인적인 감상을 담은 표현을 하는 경우가 극히 드물고 실제 그런 일이 일어난다 하더라도 별다른 반향을 일으키지 못한다. 로토 루터의 CEO는 리얼리티 프로그램을 통해 서비스 경제에서 갖추어야 할 친절함에 대한 기초적인 교훈을 얻었다. 하지만 로토 루터는 초과 근무를 시키고도 수당을 지급하지 않는가 하면 식사 시간을 주지 않고 일을 시키는 등 부당한 방식의 근로를 강요했다며 캘리포니아의 배관공들이 집단 소송을 제기하자 200만 달러를 물어주었다. '언더커버 보스'에 등장한 또 다른 기업 1-800 플라워스(1-800 Flowers)는 전직 사내 변호사가 제기한 성차별 소송에 휘말린 상태다. 소송을 제기한 여성 변호사는 고위 경영진이 자신을 '자기'라고 부르고, 커피를 가져오는 놀라운 능력에 대해 농담을 하고, 끊임없이 모욕적이고 성적인 내용이 담긴 농담을 던졌다고 주장하고 있다.[2]

이처럼 곤경에 처한 노동자들은 상사들이 매주 일요일 밤이면 고압적인 데다 방송용 설정으로 가득한 감상적인 교육을 받는 모습을 지켜볼 필요가 없다. 노동자들에게 필요한 것은 직장 내에서 자신들의 권리를 지켜주고 공정한 급여와 인간적인 노동 환경을 보장해주는 노동조합이다. 이들이 필요로 하는 것은 미국 노동자의 노조 참여율을 역사상 최저 수준인 7퍼센트로 떨어뜨린 레이건식 파업 방해와 법적 방해가 시작된 지 한 세대가 흐른 지금, 직장 내에서 노조를 설립할 수 있는 권리를 보호해줄 법률이다. 이들에게 지금 필요한 것은 자신들의 임금 중 약 15퍼센트를 경영진의 주머니 속으로 되돌려주는 '임금 절도' 행위를 중단해줄 연방 정부 및 주 정부의 규제 기관이다.

하지만 지금과 같은 암울한 경제 상황을 생각해보면 그런 감흥이 들어설 자리가 없다. 가짜 다큐멘터리도 마찬가지다. 어쨌든 가짜라고 생각했던 충격적인 일들이 실제 세상에서 이따금씩 발생하여 시청자들에게 리얼리티 프로그램이 실생활에 아무런 해가 없는 쇼일 뿐이라는 생각이 잘못되었다는 것을 일깨워주기 때문이다. 예를 들어, 2009년에는 친밀한 인간관계의 밑바닥에 깔려 있는 지저분한 모습을 그대로 보여주던 VH1의 연애 리얼리티 프로그램 '메간은 백만장자를 원해(MeganWants a Millionaire)'가 갑작스레 폐지되었다. 프로그램에 참여했던 백만장자 라이언 젠킨스가 프로그램에서 만나 결혼한 아내 재스민 피오르를 살해하여 시신을 여행가방 속에 넣은 후 캘리포니아 부에나비스타에 있는 쓰레기통에 유기한 살해 용의자로 지목되었기 때문이다.[3] 이후 젠킨스는 캐나다 경찰의 눈을 피해 도주하던 중 자살했다(VH1은 젠킨스가 '메간은 백만장자를 원해'에 출연하기 전 참여해 우승자가 되었던 '돈을 좋아해'의 세 번째 시즌 방영도 중단했다. 물론 '돈을 좋아해'라는 끔찍한 프로는 네 번째 시즌으로 이어졌다. 리얼리티 프로그램을 제작하는 감독들은 결국 품위에 대한 환상을 어느 정도까지 키워낼 준비를 하고 있을 뿐이다).[4]

이와 같이 끔찍한 사건이 리얼리티 프로그램이라는 무기력하고 지겨운 세상에 별다른 영향을 미치지 못한다는 사실은 너무도 놀랍다. 젠킨스가 목숨을 끊었기 때문에 참가자의 일거수일투족을 감시하는 리얼리티 프로그램이 도덕적으로 추잡한 결말에 어떤 영향을 미쳤는지 결코 알아낼 수 없을 것이다. 하지만 젠킨스 사건을 계기로, 리얼리티 오락 세상에 참여하면 누구나 쉽게 돈을 벌고 노력하지 않고도 하룻밤 새 유명해질 수 있다는, 허황한 이야기로 인간의 '진정한' 본성을 파악하려 함으로써 실제로는 인간의 본성을 괴물의 그것처럼 망가뜨려놓은 것은 아닌지 오랫동안, 그리고 고통스럽게 고민했어야 한다.

모든 방송사에서 필수적이고 매우 인기 있는 장르라고 여겨지는 리얼리티 프로그램 중에 이와 같은 자기 성찰의 계기를 만들어주는 것은 단 한 편도 없다. VH1의 수석 부사장 마이클 허시혼은 2007년 〈애틀랜틱(Atlantic)〉에 자축의 의미가 담긴 글을 기고했다. 허시혼은 무덤덤하게 리얼리티 프로그램이 '지금 현재로서는 가장 생동감 넘치는 장르'라고 이야기했다. "리얼리티 쇼는 쟁점이 되는 문화적인 문제 즉, 계층과 성별, 인종 등 점잖은 프로그램에서 좀처럼 다루지 않는 그런 주제를 다룬다. 그뿐 아니라 웹이 좀 더 전통적인 방식으로 몰리에르만큼이나 따분한 영상을 만들어내고 있을 때 리얼리티 프로그램은 조금 색다른 방송을 향한 시청자들의 뜨거운 욕구에 답하고 있다." 허시혼은 리얼리티라는 장르가 실제 상황을 담담하게 담아내기 때문에 출연자들의 감정을 잘 포착할 수 있으며 그 과정에서 과거에 유행하던 다큐멘터리 같은 방식의 프로그램이 탄생한다고 주장한다. "다큐멘터리는 발견한 사실을 토대로 설명을 만든다. 반면 리얼리티 프로그램은 감정적인 영향을 극대화할 수 있도록 인위적으로 조성된 환경에 실제 사람을 배치한다." 대중이 원하는 것을 주는 방식의 대중문

화 속에서 살아가는 시민이라면 누구나 그래야 하듯이 허시혼도 '리얼리티 프로그램을 거부하는 까닭은 우월의식 때문'이라고 우리를 안심시킨다(분명히 말하지만 내가 리얼리티 프로그램을 거부하는 이유는 이것이 논란이 되고 있는 계급 문제에 대해 놀랍도록 독창적인 시각으로 접근하기 때문이다).[5]

라이언 젠킨스가 리얼리티 프로그램을 촬영하는 과정에서 실제로 '극대화된 감정적인 영향'을 경험했을 것이라는 추정은 타당한 듯하다. 하지만 끝없이 출연자를 파고들고 까발리는 리얼리티 프로그램에서 이런 질문은 그리 오래 유효성을 갖지 못할 것이다. 어쨌든 허시혼은 젠킨스 사건에 대해 나름대로 진술을 거부할 수 있다.

허시혼은 2009년에 VH1을 나와 이시 네트워크(Ish Network)라는 독립 제작사를 설립했다. VH1을 떠날 무렵에 허시혼의 연봉은 100만 달러 이상의 연봉이었다. 그 돈은 다른 투자자를 끌어들이는 데 종잣돈으로 쓰였을 것이다. 물론 그중 4분의 1 정도는 홀로 피오르를 키워온 가련한 어머니의 끔찍한 고통을 조금이나마 덜어주는 데 사용되었을 것이다. 하지만 허시혼이 피오르의 어머니에게 자신이 VH1에서 받은 돈의 일부를 나누어준 일화는, 웹세상을 잘 알고 있는 시청자가 원하는 노골적인 이야기가 아니라, 감상적인 오 헨리의 소설이나 몰리에르의 희곡에서나 나타날 법한 부자연스러운 결말 같다. 나도 정말 돈을 좋아한다.

03

앨런 그린스펀

누구도 나를 규제할 순 없다는 무모한 착각

미국의 공공 부문에서 활동하는 사람 중 가장 극적으로 사람들의 신뢰를 잃어버린 인물을 떠올려보자. 최근의 기억을 돌이켜보면 앨런 그린스펀이 그중 하나일지도 모른다는 생각이 든다. 시장이 모든 것을 지배하던 시절, 레이건의 임명을 받아 연방준비제도이사회(FRB) 의장이 되었던 그린스펀은 거의 20여 년 동안 그 자리를 지키면서 그 누구와도 견줄 수 없는 선지자로 여겨져왔다. 아첨에 일가견이 있기로 유명한 밥 우드워드에게서 미국 경제의 '거장(The Maestro)'이라고 추켜세워졌고 자신을 숭배하는 수많은 금융 칼럼 및 잡지 기사에 이름을 올렸던 그린스펀은 현재 2008년의 모기지 시장 몰락을 초래한 대표적인 인물이라며 공공연하게 조롱을 받고 있다.

그린스펀이 유죄임을 보여주는 근거가 많다. 그린스펀의 임기가 끝

나가던 2006년, 미국의 저축률이 마이너스를 기록했다. 은행의 연이은 부도로 금융 시스템 자체가 흔들렸던 1933년 이후 저축률이 마이너스로 돌아선 것은 처음이었다. 미국에서 마치 카지노에서 도박을 하듯 부채를 끌어다 쓰는 일이 벌어진 이유는 주택 가격이 지나치게 과대평가되어 있었기 때문이다. 주택 가격이 과대평가되자 이미 주택 담보 대출을 갖고 있는 사람들 사이에서 제2, 제3의 대출을 받는 것이 충분히 그럴 만한 가치가 있는 선택일 뿐 아니라 지극히 상식적인 결정이라는 분위기가 확산되었다.

이런 일이 벌어진 것은 우연이 아니었다. 《세계사를 바꿀 달러의 위기(Empire of Debt)》의 저자 빌 보너와 애디슨 위긴은 "미국이 국내외에서 기록적인 부채를 지고 있는 현재의 상황에 직접적으로, 그리고 즉각 책임을 져야 할 사람이 있다면 그 사람은 바로 앨런 그린스펀이다"라고 기록한다.[1] 클린턴 대통령 시절 FRB 의장이던 그린스펀이 연방 정부의 부채 증가 가능성에 대해 강경한 경고를 보낸 것이 사실이다. 하지만 2000년대 들어서 미국 경제가 탄탄한 성장세를 보이자 그린스펀은 호황에 도취되어 정책을 결정하기 시작했다. 2004년 초, 그린스펀은 미국 주택 소유주들에게 변동 금리 주택담보 대출을 받을 것을 권하며 "미국 가계 부문이 전반적으로 상태가 양호하며 대출 기관이 기존의 고정금리 대출을 대신할 한층 뛰어난 모기지 상품을 권한다면 미국 소비자가 이익을 얻게 될 것"이라고 설명했다.[2] 지금에 와서 돌아보면 변동 금리 주택담보 대출은 미국 전역에서 주택 압류 사태를 불러 온 악성 부채를 섬뜩하리만치 효과적으로 확산시키는 시스템이었다. 미국인들은 모기지를 밑거름으로 하는 미국 경제의 과도한 성장이 소비자에게는 아무런 득이 되지 않는다는 사실을 힘들게 깨달았다.

부시 행정부가 2001년에 내놓은 경제 프로그램은 그린스펀이 클린턴 행정부에서 이끌어내려 했던 재정 정책과 닮은 구석이 하나도 없었다. 하지만 그린스펀은 부시 행정부가 2001년에 공개한 첫 번째 세금 감면 정책을 두 팔 벌려 환영했다. 이때부터 미국인들의 모기지 사랑이 시작되었고, 그린스펀이 2004년에 어리석기 짝이 없는 발언을 하자 미국인들의 모기지 사랑은 더욱 강렬해졌다. 미국 정부가 적자의 바다에서 허우적거리자 미국 소비자들도 같은 길을 걸었다. 1999년에 6조 달러 수준이었던 주택담보 대출 규모가 2005년에는 9조 달러가 넘는 수준으로 껑충 뛰어올랐다.[3] 그린스펀의 임기가 시작된 1987년부터 2005년 사이에 가계 평균 부채 수준이 2만 8892달러에서 10만 1386달러로 거의 4배나 증가했다.[4] 당시 눈앞에 닥쳐온 재앙을 예측할 선견지명이 있었던 경제학자 중 한 명인 스티븐 로치는 2005년에 다음과 같은 말을 남겼다. "지난 4년 동안 미국 가정의 누적 부채 규모가 미국 전반의 경제 성장 수준보다 60퍼센트나 커졌다."[5]

로치는 급증한 부채 규모가 2001년부터 2002년까지 지속된 불황 이후 나타나고 있는 실물 경제의 무기력한 '회복세(미국의 대부분 노동자들에게는 마치 블랙 유머처럼 느껴지는 회복세)'를 감추고 있다고 지적했다. "일자리 창출이나 실질 임금 성장이 제대로 이루어지지 않는 상황에서 회복세가 시작된 후 37개월 동안 민간 부문 실질 임금

과 급여 지급금이 불과 4퍼센트 증가했을 뿐이다. 과거 다섯 번의 호황기에도 평균 증가율이 14퍼센트를 상회한 점을 미루어볼 때 과거의 기록에 비해 10퍼센트포인트나 못 미치는 수준이다. 예전이었다면 지출의 커다란 장애물이 되었을 상황이 존재하는데도 소비자들은 전혀 움츠러들지 않았다. 2003년 초에는 가계 소득이 충분치 않음에도 불구하고 주택담보 대출과 부시 행정부의 감세 정책에 힘입어 미국 GDP에서 소비가 차지하는 비중이 71.1퍼센트라는 전례 없는 수준을 기록했다(2004년 4분기에도 무려 70.7퍼센트를 기록했다). 1975년부터 2000년까지 GDP에서 소비가 차지하는 비중이 평균 67퍼센트였던 것을 감안하면 전례 없이 높은 수준임에 틀림이 없다."[6]

이 모든 걱정스러운 일이 진행되는 상황에서도 그린스펀은 차분하게 상황을 관망할 뿐 아무런 대응을 하지 않았다. 2003년에 모기지 거품이 형성되고 있다는 우려를 일축한 그린스펀은 모기지 시장이 "이따금씩 금융 시장에서 거품을 만들어내는 그런 종류의 매수 매각 열풍"과 분리되어 있다고 선언했다. 그린스펀은 "미국에는 전국적인 주택시장 자체가 없기 때문에" 거품이 일단 발생하더라도 그 여파가 지역 경제에 국한될 것이라고 덧붙였다. "메인 주 포틀랜드의 주택 가격이 오리건 주 포틀랜드의 주택 가격에 영향을 미치지는 못한다. 따라서 거품이 나타난다 하더라도 그 범위가 지역적인 것일 뿐 전국적인 것이 아니다." 또한 주택 가격이 "미국의 일반적인 물가 수준과 비례해서 올라가고 있는" 상황이며 무엇보다 기쁜 것은 "거품이 터져서 주택 가격이 급격하게 하락하는 일이 벌어질 가능성은 극히 낮다는 것"이었다.[7]

설마 그럴 리가 있겠는가. 그린스펀은 주택 관련 데이터를 사람들이 잘 모르는 방식으로 조작해 이처럼 대담한 소설을 확신시킬 수 있었다. FRB는 소비자물가지수(Consumer Price Index)를 산출할 때 주택 가치를 측정하기 위해 임대기회비용(Owners Equivalent Rent)이라는 한물간 지표를 사용한다. 하지만 주택시장 거품으로 인한 한 가지 부작용은 시장에 거품이 있으면 더 많은 돈이 부동산 시장으로 흘러가기 때문에 임대료가 실제보다 낮은 수준으로 유지된다는 것이다. FRB가 주택 가치 측정을 위해 좀 더 정확성이 높은 케이스-실러(Case-Schiller) 지표를 사용했더라면 거품이 최고조에 달했던 2005년에 주택 가치와 연방기금금리가 각각 8퍼센트와 4퍼센트 수준으로 둘 사이의 간극이 크다는 사실을 파악할 수 있었을 것이다.[8]

그린스펀이 그런 실수를 저지른 것은 좀 더 근본적이고 이념적인 이유 때문에 현실을 보지 않으려 했기 때문이다. 아인 랜드(미국의 소설가, 평등주의 및 사회주의 사상에 반대했다-옮긴이)가 발행한 〈오브젝티비스트 뉴스레터(Objectivist Newsletter)〉의 편집자로 일한 경험이 있는 그린스펀은 시장이 신비에 가까운 자기 규제 역량을 갖고 있다는 준(準)자유주의적인 신념을 고집스럽게 따랐다. 따라서 그린스펀이 이끄는 FRB는 모기지 시장과 금융 시장의 규제를 완화하기 위해 클린턴 행정부가 제안한 주요 법안들을 적극 지지했다. 1999년에는 상업은행과 투자은행을 엄격히 분리하는 글래스-스티걸법의 폐지로 이어진 그램-리치-블라일리법을 전폭 지지했고, 2000년에는 장외파생 금융상품 시장의 규제를 완화하고 부채담보부증권과 신용부도스왑을 통해

주택저당 증권 부채의 시대를 연 상품선물현대화법(Commodity Futures Modernization Act)을 지지했다. 이후에 하원 정부관리 정부개혁 위원회(House Committee on Government Oversight and Government Reform)에서 고백했듯이 그린스펀은 시장이 과잉 현상을 억제하는 유기적 역량을 갖고 있다는 자신의 가정에 '문제가 있다는 사실을 발견'했다. "그 문제가 얼마나 중대한지, 혹은 얼마나 영구적일지 나도 모릅니다. 하지만 나는 그러한 사실로 인해 매우 고통스러워하고 있습니다."9

2008년에 글로벌 금융위기가 발생한 후 그린스펀은 다음과 같은 이야기를 털어놓았다. "저를 비롯해 주주들의 자본을 보호하기 위해 대출기관의 이익을 중요하게 여겼던 우리 모두는 충격적인 불신의 상태에 빠졌습니다."10 이들이 그래서는 안 된다. 우선, 그린스펀이 진두지휘를 맡고 있었던 FRB는, 서민들에게 많은 피해를 안기는 서브프라임 대출의 실태를 현장에서 목격한 지역사회 활동가들이 이런 종류의 대출이 급증하는 것을 막아달라며 정기적으로 소원하고 있다는 사실을 익히 전해 듣고 있었다. 그럴 때마다 FRB 관리자들은 이들의 간청을 묵살했다. 〈워싱턴포스트〉의 기자 비냐민 아펠바움은 다음과 같은 내용의 기사를 내놓았다. "미국 전역의 활동가와 다른 정부 기관들이 여러 번 요청했음에도 1998년에 은밀히 등장한 정책에 따라 FRB는 대출기관이 대출자를 보호하는 연방법을 준수하는지 감독하기를 거부했다."11 그린스펀은 서브프라임 감독이 한 가지 규제 업무로 보기에는 너무 복잡할뿐더러 FRB의 개입이 대출자들에게 안보에 대한 잘못된 생각을 안겨줄 수도 있다고 주장하며 문제를 모르는 체했던 FRB의 태도를 옹호했다. 두 번째 주장은 두 가지 측면에서 터무니없다. 기껏해야 그린스펀은 서브프라임 감시감독에 대해 피상적으로 들리는 접근방법을 생각해냈을 뿐이다. 좀 더 근본적으로 따져보자면, 그린스펀이 FRB의 승인이 미심쩍은 비즈니스 모델을 지지하는 결과로 이어지는 것은 아닌지 의심을 했다면 서브프라임 시장이 불안한 상태라는 사실에 암묵적으로 동의한 것이나 다름없다.

그럼에도 그린스펀이 지휘하는 FRB를 향한 맹목적인 숭배는 계속되었다. 그린스펀이 입을 열면 그에 따라 정책이 결정되었고 결국 비은행 금융기관, 은행과 연계된 기관, 기타 모기지 업체 등에 악성 서브프라임 부채가 집중되면서 서브프라임 대출이 연방 정부의 적극적인 감독을 받지 않은 채 증권화 부채라는 구렁텅이로 빠져드는 현상은 멈추지 않았다.

서브프라임 사태는 그린스펀이 의장으로 있는 FRB가 얼마든지 개입할 수 있었음에도 불구하고 개입을 포기한 수많은 기회 중 하나에 불과하다. 그린스펀의 뒤를 이어 FRB 의장이 된 벤 버냉키는, 2007년부터 몰락하기 시작한 수많은 은행들이 미상환 대출금과 부채증권으로 인한 위험을 피하기 위해 최소한의 자본을 유지하라고 요구하여 은행 업계의 위험 노출을 최소화하려 했던 연방예금보험공사(Federal Deposit Insurance Corporation)의 지지를 받고 있었다는 사실에 깜짝 놀랐다고 고백했다. 하지만 실제로 FRB 은행 감독관들이 금융기관들은 위험한 서브프라임 시장으로 너무 깊숙이 들어가는 시점이 언제인지 파악할 수 없었다. 다시 한 번 설명하지만 아펠바움의 설명처럼 FRB가 '철

학 문제'를 이유로 독립적인 감독을 거부했기 때문이다. "FRB는 은행을 직접 감시하기보다 은행에 내부 위험 관리자를 임명해 견제와 균형을 유지하는 역할을 맡길 것을 요구했다. 규제 담당자들은 감독의 역할을 하는 사람만 감독할 뿐이었다." 그린스펀이 "1994년에 직설적으로 이야기한 것처럼 '정부 규제 기관은 그 일을 해낼 수 없기 때문에' 자기 규제의 필요성이 점차 증대되고 있다."[12]

워런 버핏 등 시장을 중시하는 사람들마저도 파생상품 거래가 투기를 초래할 수 있다며 경고를 보내는 상황에서, 그린스펀은 독단적일 정도로 파생상품 거래에 대한 규제를 반대하는 태도를 취했다. 2002년에는 상원에서 2000년에 도입된 규제완화 법안으로 인해 생겨난 파생상품 시장에 적절한 규제를 가해야 할지 논의가 벌어졌다. 이때 그린스펀은 부시 행정부의 경제 담당자들과 손을 잡고, 규제를 옹호하는 주장을 공격하고 나섰다. 이들은 상원에 보낸 공동 서신에서 "미국 경제가 지난 2년 동안 온갖 스트레스와 도전에 대응하는 데 파생상품이 중요한 역할을 했다"라면서 시장이 원활하게 돌아갈 수 있도록 돕는 파생상품의 놀라운 역할을 규제하려 할 경우 '미국 경제가 미래에 발생 가능한 스트레스에 노출될 위험'이 커진다고 설명했다.[13]

유사한 제안이 2003년에 상원에 다시 모습을 드러냈다. 그린스펀과 부시 행정부의 경제 담당자들은 좀 더 단호한 태도를 취했다. 서신의 내용을 다시 살펴보자. "미국 경제에서 활동하는 기업, 금융기관, 투자자들은 예상치 못한 경제 사건으로 인해 촉발된 시장 변동성으로부터 스스로를 보호하기 위해 파생상품에 의존한다. 위험 관리 능력은 경제의 탄력성을 높인다. 따라서 위험 관리 능력의 중요성을 과소평가해서는 안 된다. 정부 규제를 부적합하게 확대하면 이런 시장을 효과적으로 규제하기 위한 민간 감시 역량이 약화될 수 있다고 판단한다.”[14]

1998년, 그린스펀이 몇 건의 형편없는 파생상품 거래로 인해 몰락한 거대한 헤지펀드 롱텀 캐피털 매니지먼트의 구제를 지휘하며 민간 시장의 운영 방식에 대한 아인 랜드의 모든 신성한 이론(23장을 참조할 것)을 위반할 수밖에 없었다는 사실을 떠올려보라. 그린스펀이 파생상품 시장에 그토록 강력한 매력을 느꼈다는 사실을 받아들이기가 특히 힘들다. 제아무리 확고하게 자유시장을 지지했더라도 ‘대마불사(Too Big To Fail)’라는 표현이 미국의 정치경제 어휘 목록에 들어가게 한 롱텀 캐피털 매니지먼트 구제 사건을 통해, 마땅히 오래전부터 시작되었어야 할 자기성찰의 시간을 가졌어야 한다. 결국 금융위기와 거의 동의어로 취급되는 금융상품의 판매업자들은 금융 시장의 엄청난 위험을 제거할 적임자가 아니다. 오히려 정반대로, 롱텀 캐피털 매니지먼트의 몰락에 대해 기술한 뛰어난 책《천재들의 실패(When Genius Failed)》에서 저자 로저 로웬스타인이 설명한 바를 살펴볼 필요가 있다. “그린스펀이 지속적으로, 그리고 장기적으로 저지른 실수는 규제와 파생상품에 대한 좀 더 철저한 ‘공개의 필요성’을 외면했다는 것이다. 금융위기가 발생하기 전 은행이 스스로를 규제할 수 있을 거라는 착각에 사로잡혀 있었던 그린스펀은 금융위기가 터지고 6개월이 지나자 부담이 덜한 규제체제를 요구하는 목소리를 높였다. 공개 강화 정책에 굳건하게 반대하는 그린스펀의 태도(그래야만 투자자가 스스

로 감시 활동을 할 수 있기 때문에 그린스펀의 이런 태도는 자유 자본 시장을 옹호하는 최고의 아군이나 다름없다)는 '규제의 기본은 무력 (armed force)'이라는 글을 썼던 젊은 시절의 그린스펀(아인 랜드에 매료되었던 그린스펀)을 떠올리게 한다."15

로웬스타인은 한 단계 더 나아갔다. "롱텀 캐피털 매니지먼트 사태가 무언가를 증명한다면 그것은 바로 전통적인 형태의 증권에 관해서는 무척 훌륭한 역할을 해냈던 공개 시스템이 파생상품에 관해서는 제 역할을 못한다는 것이다. 분명하게 말하자면, 투자자들은 대차대조표와 관련된 위험에 대해 매우 훌륭한 생각을 갖고 있다. 하지만 이들은 파생상품과 관련된 위험에 대해서는 완전히 어리둥절해 있는 상태다. 그렇다면 얼마가 되든 그 위험이 파생상품의 형태로 되어 있기만 하다면 은행들이 스스로 위험 노출 수준을 선택할 수 있도록 허용하는 시스템을 그린스펀이 인정한 이유가 무엇일까?"16

로웬스타인은 앞서 '규제의 기본은 무력'이라는 짧고 간결한 아인 랜드의 오래된 사고방식을 인용했다. 로웬스타인이 잘 알고 있었던 것처럼 이 문장은 위 질문에 대한 유일한 대답이다. 머릿속으로 그토록 무모한 생각을 하는 사람에게 궁극적인 경제 권한을 주었다면 그를 거장이라 칭송하는 언론정치 분야를 제외하고는 그 어떤 일이 일어나더라도 놀라서는 안 된다.

04

스포츠 인생

현금 위에 세운 스포츠 정신

미국인들이 믿고 있는 여러 진리 중 경기 스포츠가 덕성을 길러준다는 생각만큼 더욱 귀하게 여겨지는 것은 별로 없을 것이다. 주요 스포츠 리그는 젊은이들에게 개개인의 우수성, 자기 수양의 장점, 경쟁에서 상대를 존중하는 태도 등에 관한 매우 귀중한 가치를 알려준다. 또한 스포츠 영웅들은 스스로 원하든 그렇지 않든 젊은이들을 위한 역할 모델로 여겨진다. 즉 팬들이 스포츠 스타를 자신의 업적과 인격을 평가하기 위한 기준으로 삼는 것이다.

그렇다. 지금처럼 퇴폐적인 스포츠 문화가 상당히 진행된 상황에서 엄청난 현금을 끌어내기 위해 스포츠에서 이와 같은 견고한 덕목들을 조직적으로 뽑아내었다고 이야기한다 한들 그다지 충격적이지는 않다. 선수들은 여전히 모든 것을 바치고(이따금씩 선별적으로 약물

의 도움을 받기도 한다), 팬들은 여전히 선수 개인과 팀의 성적에 대해 논하고, 주최 도시는 엄청난 금액의 공적 자금이 투입된 경기장을 제공하는 등 여전히 홈 팀을 향해 열렬한 지지를 보낸다. 하지만 현대 스포츠는 무엇보다도 나날이 치솟는 슈퍼스타의 연봉과 티켓 가격에서부터 판촉 거래, 오래도록 지금과 같은 과잉 현상을 지지할 재력이 되는 팬을 위한 고급 관람 문화에 이르기까지 부자들의 노리개라고 볼 수 있다.

프로 스포츠를 천박하고 물질주의적인 것으로 여기는 사람들은 프로 스포츠가 대중의 마음을 사로잡는 수단이라고 생각한다. 즉 정치계가 많은 돈을 들여서 고통 받는 대중을 달래고 유순하게 길들이기 위해 만들어낸 사악한 활동이 프로 스포츠라고 여기는 것이다. 하지만 이런 관점에는 스포츠를 팔아 먹고사는 세계가 훨씬 보편적이고 은밀하게 멀리 뻗어나가 있다는 사실이 반영되어 있지 않다. 그뿐 아니라 현대 스포츠가 긴급 구제를 받고 간신히 살아난 미국 경제 내에 존재하는 사실상 모든 금융 및 상업 부문의 정실 자본주의 모델을 충실하게 따르고 있다는 사실도 반영되어 있지 않다. 스포츠는 개인의 성취감과 팀워크라는 덕목을 앞장서서 강조하기는커녕 돈을 앞세운 허영심이 판을 치는 문화에서 현금을 쓸어 담는 저장고의 역할을 하고 있다.

이제 하루가 멀다 하고 프로 스포츠 스캔들이 터져 나오는 마당이라, 스포츠를 즐기는 무심한 팬들은 그런 사건을 제대로 기억조차 하지 않는다. 용맹스럽게 간통을 저지른 타이거 우즈의 위업도, 미식축구 선수 벤 로슬리스버거의 데이트 강간 혐의도, 하이즈먼상 수상 경험이 있으며 소위 아마추어 대학 선수라 불리는 미식축구 스타인 레지 부시가 성적에 따라 받는 엄청난 금액의 돈도, 한때 이름을 날렸던 야구 선수들이 스테로이드와 성장 호르몬을 남용했다는 망연자실한 보도도 이제는 문제가 되지 않는다. 이제 탁월한 운동 실력은 그 모든 것을 가리고 미국의 성공 복음을 빛나게 하는 역할을 할 뿐이다. 더 이상 '스포츠 정신' 운운하며 자신의 인격을 시험해보는 일은 없다. 대신 운동선수 생활을 하며 많은 돈을 받고 최대한 현금을 끌어낼 뿐이다.

이런 관점에서 본다면 약물의 힘을 빌려 개인 성적을 향상시키는 것은 전적으로 합리적인 경제적 선택이다. 선수의 소득 잠재력이 연간 수천만 달러가량 증가하니 말이다. 스테로이드 오남용 문제가 가장 심각한 스포츠는 프로 야구다. 프로 야구 부문에서는 의회가 2005년에 스테로이드 파문에 관한 청문회를 열어 압박을 가하기 전까지만 하더라도, 믿기 어려울 정도로 부패한 데다 엄청난 갈등을 겪고 있었던 버드 셀릭 총재가 성적 향상을 위한 약물 사용에 대해 '묻지도 말고 말하지도 마라(don't ask, don't tell)'는 접근방법을 취할 것을 주문했을 정도다. 버드 셀릭은 구단 소유주였다가 메이저리그 총재가 된 최초의 인물이며 메이저 스포츠계에서 쿠데타를 일으켜 총재의 자리에 앉은 유일한 인물이다. 셀릭은 자신과 자신이 소유한 팀 밀워키 브루어스와 관련이 있는 결탁을 도모했다는 혐의로 페이 빈센트를 몰아내고 메이저리그 총재가 되었다.

30년 간 메이저리그에서 야구선수들을 훈련해온 래리 스타가 회상

하듯이 성적 향상을 위한 약물의 광범위한 오남용에 관한 질문이 수면 위로 떠오른 것은 셀릭이 메이저리그 총재 자리에 앉은 직후인 1980년대 말이다. 스타는 ESPN 기자 T. J. 퀸에게 다음과 같이 이야기했다. "시즌이 끝난 후에 열린 회의에서 어느 팀 의사가 일어나 얘기했습니다. '우리에게는 문제가 있어요. 그 문제는 선수들이 사용하는 약물과 관련이 있고 그 문제를 해결하기 위한 유일한 방법은 검사뿐입니다.' 그 회의와 이후 몇 년 동안 열린 여러 회의에서 구단 소유주들이 보인 기본적인 반응은 다음과 같았어요. '우리도 동의합니다. 우리도 검사를 할 필요가 있다고 생각합니다. 하지만 선수 협회가 검사를 허용하지 않아요.' 선수 협회도 이렇게 이야기할 것입니다. '우리는 동의해요. 선수 협회 구성원 대부분은 검사를 하는 편이 좋다고 답할 겁니다. 하지만 우리는 구단 소유주를 신뢰할 수 없어요.'"[1]

사실 야구 관중이 늘어난 만큼 구단주와 선수 협회, 그 어느 쪽도 약물 사용 문제를 공론화할 강력한 인센티브를 느끼지 않았다. 특히 메이저리그 소속 선수들이 1994년에 셀릭의 고객이랄 수 있는 구단 소유주들이 주장하는 비타협적인 제도에 반기를 들며 파업을 벌인 뒤부터 미국인들이 여가 로 즐겼던 대중적인 스포츠인 야구의 인기가 급락한 터라 어느 쪽도 약물 오남용 문제를 적극 해결하려는 뜻을 갖고 있지 않았다. 처방전 없이 성적 향상을 위한 약물을 구입하는 것은 엄밀히 말해 불법이다. 하지만 메이저리그 단체교섭 협의에서 처방전 없이 관련 약물을 구입하는 행위는 공식적으로 금지되어 있지 않았다. 결국 선수들과 구단 소유주들은 그 시대의 스포츠 정신이 요구하는 것, 즉 돈을 따랐다.

조금씩 형태는 다르더라도 미국의 모든 메이저 스포츠 리그에서 얼마든지 반복될 수 있는 약물 남용 사태는 미국인들의 공분을 불러일으키지 않았다. 그 이유가 무엇일까? 이제 더 이상 그 누구도 프로 선수가 엄청난 금액의 부정 이득과 부정 행위 없이 경력을 이어나갈 수 있을 것이라고 믿지 않기 때문이다. 사람들은 전혀 오염되지 않은 스포츠 경기를 원한다면 아마추어 경기의 진실성(올림픽 대회에서 유지되는 진실성 이상의 것)이 무엇보다 중요하다고 이야기한다.

국제 올림픽 대회는 진정한 스포츠 정신의 마지막 희망으로 여겨진다. 사람들이 흔히들 이야기하듯 올림픽은 성적에 따라 승리가 정해지는 장소일 뿐 아니라 평화를 도모하고 국가간 이해를 장려하기 위한 국제 경쟁의 장이기도 하다. 4년에 한 번씩 아마추어 선수들이 공정한 심판 앞에서 패기를 겨루기 위해 모이는 하계 올림픽은 세계인의 시선을 사로잡는다. 하계 올림픽이 뛰어난 운동 기량을 겨루는 곳이 되지 못한다면 모든 것이 글렀다고 볼 수 있다.

그렇다면 이제 작별을 고할 준비를 하기 바란다. 미국이 1980년에 열린 모스크바 올림픽을 보이콧하는 등 올림픽이 이념을 위한 선전의 장으로 사용된 적이 있다. 현대 올림픽이 이와 같은 오명에서 벗어난 이후 국제 올림픽위원회(International Olympic Committee)에 가장 많은 돈을 기부한 아디다스의 호르스트 다슬러 회장은 안타깝게도 올림픽을 방송, 홍보, 판촉을 위한 행사로 재탄생시켰다. 다슬러는 올림픽이 국제적인 전성기를 맞이할 수 있도록 프란시스코 프랑코가 이끈 파시스

48

트 정부가 비참한 말로를 맞이할 때까지 충성했으며, 모스크바 주재 스페인 대사를 지내면서 스페인이 서방의 1980년 모스크바 올림픽 보이콧에 동참하지 않도록 성공적인 로비를 펼쳤던 후안 안토니오 사마란치를 고용했다. IOC 신임 위원장 사마란치는 모리스 슈발리에의 유명한 말처럼 어떤 부대가 마을에 있건 그 부대를 위해 노래를 할 그런 부류의 인물이었다.

사마란치는 자신의 직위를 이용해 자신과 비슷한 생각을 가진 세계의 지도자들에게 보상을 제공했다. 사마란치는 올림픽을 후원하는 주요 기업인 다슬러뿐 아니라 루마니아에서 많은 사람들을 학살한 니콜라스 차우셰스쿠와, 1980년에 일어난 5·18 광주 민주화 운동에서 시민 학살을 지휘해 200명에 달하는 학생들의 목숨을 빼앗았으며 6억 5000만 달러의 비자금을 조성해 결국 실형을 선고받은 대한민국의 전 대통령 노태우에게도 영광스러운 올림픽 훈장을 수여했다.

사마란치는 IOC 이사회에 온갖 부패한 인물을 데려다 앉혔다. 4년마다 한 번씩 열리는 하계 올림픽이 자랑하는 형제애를 고양하기 위한 노력에 동참이라도 하려 했던 것일까? 특히 눈에 띄는 사례로 IOC 복싱 위원회의 파키스탄 회장 앤와 차우드리를 들 수 있다. 차우드리는 86대의 펀치를 날린 미국의 복싱 선수 로이 존스가 아닌 33대의 펀치를 날린 박시훈에게 금메달을 안겼던 1988년 서울 올림픽 경기의 심판이었다. 심판들의 오판이 너무도 명백했던 탓에 박시훈은 금메달이 자신의 목에 걸리자 '창피하다'고 말했다. 경기가 끝난 후 박시훈은 존스가 승자라는 것을 알리기 위해 존스의 손을 들어올리기도 했다. 올림픽에 관한 3권의 폭로성 책을 통해 구체적이고 교훈적인 내용 대부분을 대중에게 알렸던 영국 기자 앤드루 제닝스는 동독 비밀경찰 문서 보관소에서 한국의 백만장자가 당시 복싱 경기 심판을 봤던 사람들에게 박시훈에게 유리한 판정을 내려달라며 뇌물을 제공했다는 기록을 발견했다.[2] 차우드리와 심판진은 1999년에 열린 하바나 경기에서도 같은 일을 되풀이하여 승리가 분명한 쿠바의 페더급 선수 후안 헤르난데스의 손을 들어주지 않았다. 복싱 오판 사건은 결국 올림픽 역사상 처음으로 국가대표팀이 판정에 항의하며 경기장을 떠나는 초유의 사태로 이어졌다. 이후 헤르난데스는 결국 타이틀을 되돌려 받았고 심판진 중 4명이 '지독하고 노골적인 일탈'을 이유로 정직 처분을 받았다.[3]

사마란치는 2001년 IOC 의장에서 사퇴했고 2010년에 사망했다. 하지만 제닝스의 설명에 의하면 사마란치가 임명한 사람들이 총 112개에 달하는 IOC의 위원 자리 중 70개를 차지하고 있다.[4] 그뿐 아니라 이들은 올림픽 게임 유치를 간절히 원하는 도시 당국자들이 제시하는 뇌물에 쉽게 넘어가기로 악명이 높다. 2002년에만 솔트 레이크 시티에서 동계 올림픽을 유치하려는 사람들이 24명의 IOC 위원들에게 100만 달러가 넘는 뇌물을 안겨주었다. 〈앵커리지 데일리 뉴스(Anchorage Daily News)〉 기자였던 데이비드 포스트맨에 의하면 진취적인 기상으로 가득한 사마란치의 아들이 IOC 위원들의 지지를 얻기 위해 애쓰는 다른 도시들에서 돈을 받았음에도 사마란치의 개인 비서는 앵커리지의 민간 후원자들에게 12만 달러의 '지원 컨설팅' 요금을 주고 사마란치의 아들을 고용할 것을 권했다.[5]

50

IOC 위원들에게 제공할 엄청난 금액의 뇌물은 개최지로 선정된 도시가 미디어의 많은 관심을 이끌어내기 위해 미리 부풀려 책정한 예산에 포함되어 있었다. 2000년 시드니 올림픽이 열리기 전 4000명에 달하는 고위급 올림픽 관계자(IOC 위원과 가족들, 각국 올림픽 위원회 수행원 및 많은 혜택을 받는 온갖 부류의 관료 등)를 위해 4700만 달러가 별도로 책정되었으며 1800대의 리무진이 준비되었다. 이 같은 사실이 공개되자 리무진을 제공하는 대신 인근에 있는 메르세데스 매장에서 자동차를 빌려 사용하기로 결정을 번복했다.[6] 2004년 하계 올림픽 개최라는 수상쩍은 특권을 얻기 위해 그리스 정부가 128억 달러라는 어마어마한 돈을 지출한 것이 그리스가 지금과 같은 채무 위기를 겪는 데 상당한 기여를 했다는 사실을 떠올리면 정신이 번쩍 든다. 다음 올림픽 개최지인 런던은 이미 176억 달러가량을 지출할 예정이다. 176억 달러는 개최지로 선정되었던 2005년에 예상했던 것보다 4배 가까이 많은 금액이며 개막식이 가까워질수록 그 수치가 점차 늘어날 것이 확실하다. 게다가 이 금액은 비즈니스 컨설턴트로 위장하여 IOC 위원들에게 뇌물을 제공한 BBC 기자들이 폭로했던, 추가로 뇌물을 지급하기 위해 예비해둔 자금은 포함하지 않은 것이다.[7]

벨기에 IOC 위원이었으며 사마란치의 뒤를 이어 IOC 위원장이 된 자크 로게는 IOC의 구린내 나는 과거를 넘어 앞으로 나아가겠다고 약속했다. 하지만 사마란치가 뽑은 부패한 인물이자 IOC 부위원장이었던 김운용이 2004년에 한국에서 횡령 혐의로 실형을 선고받아 부위원장 직에서 물러날 수밖에 없는 상황에 처하면서 로게의 다짐은 출발부터 삐걱거렸다. 망신을 당한 IOC 부위원장 김운용은 올림픽 게임이 열리는 주최 도시에서 클래식 피아노 연주자가 되기를 꿈꾸는 자신의 딸을 위해 연주회를 개최하는 등 올림픽계에서 악명이 높았다. 이 젊은 음악도의 이력서에는 솔트레이크 시티, 멜버른, 애틀랜타, 시드니에서 연주회를 개최했다는 내용이 명시되어 있는데 최근 올림픽이 열린 개최지를 따라 여행을 한 기록으로 보인다.[8] 처음부터 올림픽 개최를 희망하는 도시들에서 중복 지원을 받아 공개적인 뇌물 수수 원칙을 따르는 것이나 다름없는 올림픽 체제를 개혁할 방법을 찾기란 쉽지 않다. 로게가 IOC 위원들의 개최 후보도시 방문을 금지하고 어느 쪽으로도 치우치지 않은 중립 지역에서 모든 위원들을 대상으로 하는 공개 프레젠테이션을 시작한 것이 사실이다. 하지만 IOC 내 스페인 의석을 차지하고 있는 사람이 후안 사마란치의 아들이라는 것 또한 사실이다.

세계적인 아마추어 경기건 그보다 훨씬 화려한 미국의 프로 경기건 돈이 중요시되는 문화의 승리를 기록하고 싶다면 튀어 오르는 공을 쫓아가기만 하면 된다.

05

고등교육

가장 값비싼 사회재, 대학장사

미국의 사회적 신화에서 대학 졸업장이 신분 상승을 보장한다는 생각만큼 확고한 신조는 없다. 퓨 리서치 센터(Pew Research Center)가 2009년에 실시한 조사에 의하면, 가계 소득을 기준으로 하위 20퍼센트에 속하는 가구의 자녀가 대학을 졸업할 경우 소득 수준 상위 20퍼센트 내에 진입할 가능성이 5퍼센트에서 19퍼센트로 증가하는 반면, 하위 20퍼센트에 속하는 가구의 자녀가 대학을 졸업하지 않을 경우 약 절반이 신분 상승에 실패한다.[1]

하지만 하위 20퍼센트에서 상위 20퍼센트로 올라서는 사람의 수가 많다는 사실로 인해 좀 더 크고 훨씬 덜 희망적인 그림은 가려져버린다. 물론 빈곤층 학생들이 대학을 졸업하면 상대적으로 더 많은 이익을 얻게 된다는 것은 사실일 수도 있다. 하지만 가난한 학생 중 대다수는 애당초 대학에 진학하지 못한다. 가계의 소득 수준이 하위 40퍼센트에 속하며, 전체 학생을 3등급으로 나누었을 때 수학 성적이 중간 등급인 학생들의 대학 진학률은 33~37퍼센트다. 반면, 수학 성적은 같지만 가계 소득 수준이 상위 40퍼센트에 속하는 학생들의 대학 진학률은 47~59퍼센트에 이른다. 학생들을 소득 수준으로 분류해 보니 대학에서 달성하는 성과 또한 소득 수준에 따라 달라진다는 사실을 확인할 수 있었다. 가계 소득이 하위 50퍼센트에 속하며 우수한 성적을 내는 학생은 소득 수준 상위 20퍼센트에 속하며 우수한 성적을 내는 학생에 비해 15~16퍼센트포인트 적었다.

이런 수치는 4년제 대학에서 조금이라도 시간을 보낸 경험이 있는 사람이라면 누구나 순식간에 간파할 수 있는 그런 사실을 강화해줄 뿐이다. 미국의 명망 있는 고등교육 기관들은 경제적 기회의 길을 넓혀주기는커녕 경제적 차별의 동력 역할을 한다. 퓨 보고서가 지적한 것처럼 이런 추세는 다음과 같이 간단하게 정리할 수 있다. "가정의 소득 수준이 높은 학생일수록 대학 등록률이 높다. 시험 점수가 높은 학생일수록 대학 등록률이 높다. 시험 성적 수준별로 세분화해서 관찰했을 때 소득 수준이 높은 가정의 자녀는 소득 수준이 낮은 가정의 자녀에 비해 등록률이 높다."[2]

사회적 정체 현상에 관한 이런 연구가 진행된 이유는 더 이상 대단한 비밀이 아니다. 지난 20년 동안 고등교육 비용은 물가상승률보다 높은 수준으로 증가해왔다. 사실 물가상승률의 두 배를 넘는 수준으로 증가한 경우가 많았다. 그 결과 중등과정 후의 교육이 미국 사회에

서 가장 값비싼 사회재의 자리를 차지했다. 미국 전역의 물가상승률 수치에 관한 〈머니〉의 분석에 의하면 학자금 지원 수준에 맞추어 조정할 경우 1982년부터 2008년까지 중등 과정 이후의 교육비가 무려 439퍼센트 증가했다.[3] 같은 기간 기록된 소비자 물가지수 증가치의 네 배를 넘는 수준이며, 인위적인 비용 인상 및 제3자의 뇌물 수수가 심각해 의회에서 개혁 움직임까지 보일 정도로 엉망진창인 의료계의 비용 인상 수준과 비교해도 약 두 배에 이르는 수치다.

등록금 제도에 대해서도 유사한 불만이 터져 나왔다. 하지만 결국 비뚤어진 인센티브가 탄생했을 뿐이다. 아이비리그 대학들은 대부분 1990년대와 2000년대 초반에 우수한 지원자를 좀 더 많이 유인하기 위해 무분별하게 많은 돈을 지출했다. 이들이 그만큼 많은 학생들을 수용할 만한 여지가 있어서 많은 돈을 쏟아 부은 것이 아니다. 지원자가 많아질수록 탈락자도 많아지므로 아무나 갈 수 있는 대학이 아니라는 명성을 한층 강화할 수 있었기 때문이다. 2008년, 의원들이 아이비리그 대학의 이 같은 사기 행각을 파악하고 하버드와 예일, 프린스턴 등 엄청난 금액의 기부를 받는 대학들이 누리는 세금 감면 혜택을 없애겠다고 나서자 오랫동안 특권을 누려온 명문 대학들은 서둘러 가계 소득이 12만 달러 이하인 가정의 자녀들을 위한 지원 프로그램을 확대하겠다고 선언했다.

하지만 그 무렵 등록금 시장은 이미 터무니없을 정도로 왜곡되어 있었으며 상위권 대학으로 쏠리는 현상도 심각했다. 저소득층 자녀를 위한 지원을 늘리겠다며 명문 대학들이 뒤늦게 얼마 안 되는 지원

책을 내놓자 주요 주립대학들은 한층 커다란 압박을 받게 되었다. 미친 듯이 치솟는 등록금에 부담을 느낀 고소득 가정이 미국 최고의 명문 대학들을 외면함으로써 주요 주립대학들은 이미 1990년대부터 '공립 아이비리그'로 진화해왔던 것이다. 〈머니〉의 페넬로페 왕은 다음과 같이 지적했다. "UC 버클리에 진학할 경우 가계 소득이 9만 달러이면 거의 혹은 전혀 지원을 받지 못하기 때문에 2만 5000달러에 달하는 등록금 전액을 납부해야 한다. 하지만 하버드에 진학할 경우 이제 등록금이 9000달러도 되지 않는다."[4]

재정 지원을 받을 수 있는 자격을 갖춘 학생들 대부분이 하버드에 합격할 수 있을 만한 점수와 동문 추천서, 고등학교 성적, 또는 여타 풍요로운 '사회적 자본(미국인들이 대학 차원에서 각 개인이 거두는 성과를 확실한 것으로 만들어준다고 믿는 것)'을 활용할 수 있다면 정말 대단한 소식이 아닐 수 없다. 하지만 재정 지원이 중등 과정 이후의 교육을 결정짓는 중요한 요인이라면 저소득층은 또 다른 편향된 진입장벽에 부딪힐 수밖에 없다. 2005년, 등록금 지원을 필요로 하는 학생들에게 가장 직접적인 형태로 전달되는 펠 장학금이 6년 만에 처음으로 감소했다. 클린턴 대통령 시절에 정부는 대학생들을 상대로 '중산층을 위한 세금 공제' 정책을 실행하는 대신 재정 지원 프로그램을 줄여버렸다. 그 결과 장학금 지원 시장은 저소득층 학생들에게 별다른 도움이 되지 않는 방향으로 몹시 왜곡되었다. 그뿐 아니라 등록금이 한창 치솟던 시절에 이와 같은 절대적인 장학금 지원 감소세가 나타났다. 국립대학 위원회(National College Board)가 지적한 것처

럼 2001~2002학년도에는 펠 장학금으로 등록금과 숙식비의 42퍼센트를 충당할 수 있었지만 2005~2006학년도에는 그 수치가 33퍼센트로 줄어들었다. 1985년에는 평균적인 펠 장학금으로 전체 비용의 60퍼센트를 충당할 수 있었던 점을 볼 때 장학금의 비중이 거의 절반이나 하락한 것이다.

이처럼 장학금이 줄어들자 평균적인 중하층 출신의 대학생이 엄청난 부채를 짊어지고 사회생활을 시작하게 되었다. 물론 그 전에 졸업을 할 수 있을 만큼 운이 좋아야 하겠지만. 2008년에는 학교를 졸업할 때 학생 한 명당 평균 2만 달러의 부채가 있었다. 연평균 수입이 3만 3000달러에 불과한 문과 졸업자들에게는 특히 섬뜩한 일이 아닐 수 없다. 의회는 최근 연방 정부가 지원하는 학자금 대출 프로그램을 수정했다. 하지만 대부분의 주요 대출 기관은 대출의 수명과 채무자의 책임을 늘리기 위해 '지불 유예' 조건을 확대하는 등, 대학의 대출 담당자에게 뇌물을 주고 학생들의 채무를 늘리려고 인위적인 술수를 썼다는 혐의를 받고 있다. 가장 지독했던 업체 중 한 곳은 과거 정부 산하의 대출 기관이었던 살리메이(Sallie Mae)다. 살리메이는 현재 '개혁된' 연방 제도 하에서 많은 금액의 부채를 관리하고 있는 듯하다.[5]

냉소적인 사람이라면 미국의 명문 대학들이 새로운 세대의 노동자들을 위한 멘토 역할을 훌륭하게 해내고 있는 것이라고 주장할지도 모르겠다. 경제적인 부분이 아니라도 어차피 세상은 카르텔화되어 편이 갈려 있으니 그처럼 파렴치한 계약을 바탕으로 한 부채를 떠안는 것이 미국에서 성인으로서 삶을 시작하는 젊은 노동자가 기대할 수 있는 최선의 방법이 확실하다는 것이다. 하지만 교육을 통해서만 경제적인 기회를 얻을 수 있다는 강박적인 사고와 마찬가지로 이처럼 꼬여 있는 사고방식으로는 간과되는 부분이 있다. 사실 미국의 공교육은 애초에 투자 수단으로 만들어진 것이 아니며 좀 더 나은 삶의 기회를 보증하는 것을 목적으로 삼고 있지도 않다는 사실이다.

오히려 교육 행정가인 호레이스 맨이 주창한 '공립학교' 운동은 미국인들을 민주 시민으로 교육하자는 것이 목적이었다. 맨은 국민들이 시민의 자질과 정치적 판단을 이해하고 실행하는 데 반드시 필요한 제한적인 시민 교육 과정을 익힘으로써 사회적 관습으로서 교육의 가치를 이해하고 존중해야 한다고 생각했다. 맨의 생각처럼 공교육은 경계에 놓여 있는 사회적 감수성을 다듬기 위한 중요한 수단이었다. 또한 역설적이게도 이와 같은 특징은 공립학교 학생들로 하여금 자신이 속한 사회 계층의 문제가 아니라 국가 전체의 이상적인 삶을 중심으로 뭉칠 수 있도록 장려하여 사회를 평등하게 만드는 역할을 한다. 맨은 다음과 같이 기술했다. "교육받는 계급 혹은 계층의 폭을 넓혀서 교육을 확대하면 좀 더 많은 영역에 사회적 감정이 확대될 것이다. 또한 교육이 보편적이고 완벽해야 한다면 다른 어떤 것보다 사회 속에 존재하는 인위적인 차별을 없애는 데 주력해야 한다."[6]

미국의 교육 체계는 상류층에 특권을 주는 방향으로 치우쳐 있으며, 교육이 학생들의 '경제적 입지'를 강화해야 한다는 기능주의적인 요구에 집착하여 위와 같은 두 가지 사명을 달성하는 데 실패했다. 심지어 대학에서도 대부분의 교육 과정에 학생들이 '사회적 감정을 확

대'하는 데 도움이 되는 철학적, 문학적, 정신적 소양을 키워줄 교양 교육이 거의 반영되어 있지 않다.

사실 지난 40년 동안 미국 대학의 인문학과 등록률은 꾸준히 하락해왔다. 《미국의 학자(American Scholar)》에서 윌리엄 체이스가 언급했듯이 1970년부터 2005년까지 역사, 영어, 외국어, 문학, 철학 등 인문학을 전공하여 석사 학위를 받은 대학 졸업생이 30퍼센트에서 16퍼센트 이하로 거의 절반 가까이 줄어들었다. 반면 같은 기간에 경영학 학위를 수여받은 졸업생은 14퍼센트에서 22퍼센트로 증가했다.[7] 이와 같이 수요가 줄어드는 상황에서 경쟁을 해야 하는 인문학과들은 현재 인문학 전공을 꿈꾸는 학생들이 원하는 시간에 맞춤형 학습 경험을 할 수 있도록 예비 과목이라는 자기 방어적인 방법을 활용하고 있다. 인문학과들은 매우 한정된 방식으로 모든 욕구를 충족할 것을 강요하는 문화 속에서 어려움을 겪으며, 부채에 허덕이는 고객(학생)들에게 인문학 커리큘럼이 어떤 도움을 줄 수 있는지 강조한다.

체이스는 하버드의 영어학과가 2008년에 오랜 기간 대학생들을 상대로 실시해왔던 전통적인 영문학 수업을 폐지하고 영어학과에서 자체적으로 '동호인 단체(affinity group)'라 부르는 방법을 택했다고 지적한다. 그로 인해 하버드 학생들은 전통적 '규범'(1990년대의 문화 전쟁에서 등장한 전혀 재미 없는 별칭)의 커리큘럼을 따르기보다 많은 사람들이 관심을 가질 만한 네 개의 인기 있는 명사 중 하나를 선택하게 되었다. 첫 번째 명사는 '도착'(Arrivals, 영문학 외의 문화가 영문학에 미친 영향)이며, 두 번째 명사는 '시인'(Poets, 강사를 중심으로 작가를 선택하는 방식)이며, 세 번째는 '확산'(Diffusions, '도착'의 반대로 영문학이 바깥 세상으로 뻗어나갔음을 보여주는 작품)이고, 네 번째는 '셰익스피어'(Shakespeares, 셰익스피어와 같은 시대를 살았던 작가들의 작품을 살펴볼 것이라는 뜻에서 복수형을 사용했으며, 위대한 백인 남성 작가였던 셰익스피어의 관념을 개념적 이념적으로 한두 단계 끌어내리려는 의도가 있는 것으로 추정)다. 하버드대 영어학과의 학부 과정 책임자인 대니얼 도너휴는 "이 아이디어는 완전히 새로운 출발(completely clean slate)을 위한 것이었다"라고 설명했다.[8] 도너휴, 그리고 도너휴의 새로운 의견에 동료들은 "완전히 새로운 출발"이라는 것이 영문학을 가르치는 것(혹은 반드시 영문학이 아니더라도 어떤 종류의 문학, 심지어 어떤 것이든 가르치려 노력하는 것)과 정반대를 의미한다는 사실을 결코 심각하게 고민하지 않았다.

명문 대학 인문학과들은 기분 전환을 원하는 특수층 고객의 관심을 사로잡으려 애쓰는 과정에서 부지불식간에 등록금 시장 내의 좀 더 궁상스럽고 저질스러운 하위 시장을 오랫동안 지배해왔던 적기(適期) 수법의 원칙을 따르고 있었다. 한 가지 차이점이라면 특권을 누리면서 사립 고등교육의 미래를 보여주는 이 기관들이 학생들의 자부심이나 장기적인 경제 지위에 그다지 도움이 되지 않는 상품을 내놓는다는 것이다.

사실 최근의 고등교육 등록 증가 현상은 특정인의 소유권이 인정되는 기관(디브라이 대학교, 피닉스 대학교 등 캠퍼스를 여러 개 보유하고 있는 영리 목적의 학교)에서 나타난 것이다. 이런 학교들은 가

장 저렴한 방식으로 상품을 제작해 가장 높은 수준의 지속 가능한 이윤을 내기 위해서 대부분의 4년제 대학을 감독하는 규제 기관과 인정 기관의 권한이 닿지 않는 어두침침한 경계에 머무른다.

이런 학교들이 대학교육이 좀 더 숭고한 공익에 기여해야 한다는 맨의 교육 철학을 말살하고 있다는 점은 굳이 언급할 필요조차 없다. 주식시장에 상장되어 있는 학교들은 기업 고용주들이 요구하는 바에 초점을 맞춘 교과과정을 받아들인다. 피닉스 대학교의 설립자이자 억만장자인 존 스펄링은 다음과 같은 말을 남겼다. "피닉스 대학은 사회 단체가 아니라 기업이다. 피닉스 대학교에 진학하는 것은 통과의례가 아니다. 우리는 학생들의 가치관을 개발하거나 '학생들의 생각을 넓히는 것'과 같은 말도 안 되는 짓을 하기 위해 노력하지 않는다."[9]

이처럼 전혀 감상적이지 않은 관점 덕에 스펄링이 설립한 피닉스 대학교는 미국에서 가장 큰 대학으로 성장했다. 학생 수는 42만 명이 넘고 강사 수는 2만 명이 넘는다. 피닉스는 기업 정신을 적극적으로 모방하는 과정에서 비용 절감을 위한 대량생산 모델을 학위 마케팅에 접목했다. 피닉스 대학교의 강사 중 시간강사의 비중이 95퍼센트 이상이며 종신 재직을 보장받은 강사는 단 한 명도 없다. 강사들이 노조도 결성하지 않았다는 사실은 굳이 언급할 필요도 없다.

교사의 영향력과 관련이 있는 비용을 절감하기 위해 학생들에게 자신들이 직접 관리를 담당할 '학습팀'을 구축할 것을 장려한다. 2006년에는 피닉스 대학교의 모기업인 아폴로 그룹(Apollo Group)의 로비 압력에 무릎을 꿇은 연방 규제 기관들이 '50퍼센트 규칙'을 폐지했다. 50퍼센트 규칙이란 대학이 정부의 지원을 받으려면 등록 학생들이 전체 수업 시간 중 절반 이상을 온라인이 아닌 학교에서 이루어지는 오프라인 강의에서 이수할 것을 요구하는 규칙으로, 폐지 이전에도 이미 심각하게 낮은 기준이 설정되어 있었다.

정말 대단한 승리가 아닐 수 없었다. 사실 피닉스 대학교가 왜곡되어 있는 연방 정부의 대학 재정 지원 시장에서 가장 많은 지원금을 받는 수혜자이기 때문이다. 이런 점이 피닉스 대학교가 교육보다는 이익을 극대화하는 비즈니스 모델을 구상하는 데 크게 기여를 했다. 스펄링과 다른 관리자들이 시장 결과를 과장되게 강조하긴 하지만 교육부 통계에 의하면 실제 피닉스 대학교를 졸업하는 학생은 전체 학생 중 16퍼센트에 불과하다. 공립대학과 사립대학을 모두 합산한 전국 평균치 55퍼센트를 훨씬 밑도는 수치다.

결국 가능한 한 많은 학생들을 끌어들인 다음 터무니없이 비싼 등록금을 요구하고선 무관심한 태도로 일관하며 학생들이 직접 고안한 교과과정을 이수하도록 내버려두는 것이다. 2003년, 교육부는 조사를 통해 피닉스 대학 당국이 지원 자격이 되지 않는 학생들을 등록시키도록 신입생 모집 담당자에게 현금 인센티브(뇌물)를 제공하는 등 위법한 행위를 했다는 사실을 밝혀냈다. 신입생 모집 담당자들은 각 과목 및 캠퍼스에 등록 가능한 자리가 얼마나 남아 있는지에 관해 잘못된 정보를 제공했으며, 학생들이 받을 수 있는 재정 지원 액수에 관해 거짓말을 하고, 피닉스에서 딴 학점을 다른 4년제 대학에서 인정받을 수 있다는 사실과 다른 주장을 펼쳤다. 이 같은 사실이 만천하

에 공개됐음에도 불구하고 피닉스의 신입생 모집 방식에는 커다란 변화가 없었다. 비영리 언론단체 프로퍼블리카(ProPublica)와 미국의 공영 라디오 프로그램 NPR이 공동으로 발행하는 웹진 〈마켓플레이스(Marketplace)〉에 의하면 아폴로 그룹은 2009년에 내부 고발자가 교육부 보고서에서 공개된 주장 대부분을 직접 폭로하며 제기한 소송을 해결하기 위해 6750만 달러를 지출했다.[10]

날이 갈수록 커져가는 영리성 대학 시장 전반에서 피닉스 대학교처럼 대학으로서의 지위를 남용하는 사례가 속속 등장하고 있다. 정부 회계처(Government Accounting Office)의 조사관 두 명이 피닉스 대학교와 같은 방식으로 무분별하게 학생들을 입학시키는 대학 한 곳에 응시했다. 물론 이들은 자격 요건을 갖추지 못한 응시생으로 위장했다. 보고서가 발표될 당시에도 조사가 진행 중이었기 때문에 조사관들의 보고서에는 자신들이 지원한 대학이 어떤 곳인지 적혀 있지 않았다. 이들은 일부러 탈락할 작정으로 입학시험을 치렀다. 행정 담당자들은 큰 소리로 답을 읽어주었다. 이 방법이 원하는 결과로 이어지지 않자(회계처 조사관들의 목적은 시험에서 탈락하는 것이었다) 배려심이 뛰어난 행정 담당자들은 응시자가 적어낸 틀린 답에 줄을 긋고 정답을 적어주었다.

대학이 학생 모집에 이처럼 열을 올리는 현실에는 이윤이 극대화된 규모의 경제에 대해 영리 대학이 던지는 질문이 반영되어 있다. 2008년, 피닉스 대학교는 연방 정부에서 32억 달러를 지원받았다. 같은 해 대학이 거두어들인 총매출의 86퍼센트에 달하는 금액이다.[11] 일단 입학 처리가 되고 나면 학자금 대출을 갚을 의무가 있는 가련한 게으름뱅이가 되는 건 학생 각자의 사정일 뿐이다. 피닉스 대학교는 학생을 입학시킨 후 정부가 학생 수대로 대학에 제공하는 몫을 챙길 것이다. 연방 정부의 발표에 의하면 사설학원 졸업생들의 대출 연체율이 무려 11퍼센트에 달한다. 4년제 대학 졸업생들의 대출 연체율인 6퍼센트의 거의 두 배 수준이다.

피닉스 대학교의 저조한 졸업율과 정신이 번쩍 들 만큼 심각한 대출 연체율은 곧 피닉스 대학의 운영 방식이 고등교육 기관의 것이라기보다 암웨이 스타일의 피라미드 영업 방식에 가깝다는 의미다. 학생 모집 담당자가 새로운 학생들의 입학을 허가하고 신입생들의 연방 학자금 지원 신청서를 처리하는 한, 비정규직 강사들과 구속력이 전혀 없는 가상 캠퍼스(피닉스 대학교는 사무용 건물의 공간을 빌려 강의실로 활용하여 값비싼 도서관이나 물리적인 시설 운영비를 절약한다)를 통해 간접비를 낮추고 이윤을 극대화하는 영업 방식은 지속될 것이다. 경기가 좋지 않을 때도 아폴로 그룹은 분기별 이윤 기대치를 초과 달성했다. 임금 수준이 알맞은 일자리가 늘 부족하여 직업 교육 중심의 수업을 듣기 위해 더 많은 학생들이 학교로 몰려들었기 때문이다.[12]

미국 내에서 너무도 많은 공익 부문이 그러한 것처럼 한때 사람들이 숭고하게 여겼던 보편적인 고등교육의 꿈은 계급에 따라 나뉜 시장으로 잔혹하게 변질되었다. 동부 해안에 위치한 명문 대학들로 여전히 많은 돈이 흘러가고 있으며 명문 대학에 진학한 학생들은 근사

64

한 캠퍼스와 시설을 이용하면서 자신에게 꼭 맞는 교육과 실제보다 높은 성적, 그리고 귀한 대접을 누린다.

반면 대학 시장 내에서 규제의 손길이 제대로 미치지 않는 경계에 위치한 대학의 학생들은 스스로 알아서 살아가야 하며 입학 담당자들의 체계적인 거짓말에 속아 넘어간다. 이들의 역할은 결국 연방 지원금의 형태를 띤 시장 보조금을 받아 소수에 불과한 개인 투자자들의 배를 불려주는 것이다. 이런 주주들은 인문 분야의 교과과정이 민주 시민들에게 어떤 이익을 안겨줄 지 고민하기는커녕 교육의 질에도 특별한 관심이 없다. 사실 이들이 그런 고민을 한다면 그것이 오히려 이상하게 느껴질 것이다. 교육의 질을 걱정하고 인문 분야의 교과과정에 관심을 가지면 결국 고객층의 폭은 줄어들고 생산비는 올라갈 테니 말이다.

2009년, 교육노동위원회(House Education and Labor committee)가 실시한 사립학교의 잘못된 학생 선발 및 대출 관행에 대한 청문회에서 캘리포니아의 민주당 의원 조지 밀러는 다음과 같이 이야기했다. "서브프라임 학자금 대출이라고 할 만한 일이 벌어지고 있다. 이들이 돈을 갚을 능력이 없다는 것을 알고 있고, 이들이 이 교육으로 이익을 얻을 능력이 없을 수도 없다는 사실을 잘 알고 있으면서도 기존의 관행을 버리지 않고 학생들에게 계속 돈을 빌려준다."[13]

밀러의 이야기는 오히려 너무 정치적이다. 다른 사람의 손에 놀아나느니 재산을 압류당하는 편이 좀 더 영예롭지 않던가.

06

부실 자산 구제 프로그램

대체 누가 누구를 구제하겠다는 것인가?

1933년, 엄청난 위력으로 전 세계 경제를 뒤흔든 대공황이 한창이던 때에 프랭클린 D. 루스벨트가 미국 대통령에 취임했다. 취임 직후 루스벨트가 내린 조치 중 하나는 연이은 은행 폐쇄로 미국의 금융계 자체가 무너지는 사태를 막기 위해 일주일간 은행 휴업을 선언한 것이다. 루스벨트는 망가진 시스템으로 인해 예금주의 돈이 사라지는 것을 막기 위해 의회에서 신속하게 은행법을 통과시켜, 새롭게 자본을 구성한 은행계가 영업을 재개할 수 있는 방안을 마련했다. 1933년에 도입된 글래스-스티걸법 하에서 상업은행들은 더 이상 투자 상품을 판매하는 지주 회사를 설립할 수 없게 되었다. 1929년에 미국의 서류 경제가 무너지게 된 주요 원인이 바로 상업은행과 투자은행의 겸업이었다. 은행에 예치된 예금에 비해 터무니없이 적은 자본을 보유하는 것도 허용되지 않았다. 연방예금보험공사(Federal Deposit Insurance Corporation)의 규제 아래 은행들은 연방 정부로부터 보유 자산을 보호받기 위해서 최소한의 자본 수준을 유지해야 했다. 이런 규정은 지방 은행, 특히 20세기에 미국인들이 보유했던 부동산 담보 대출의 상당 부분을 차지한 저축대부기관의 성장을 부추겼다.

물론 지금은 루스벨트 대통령이 집권 시절에 단행한 구조 개혁의 흔적이 모두 사라지고 없다. 1980년대에 저축대부업계에서 나타난 규제 완화의 바람은 농업 위기나 정크 본드 위기 등 수많은 경제 재앙을 촉발했다. 1999년에 상업은행과 투자은행의 겸업을 금지하는 글래스-스티걸법이 폐지되자 매우 투기성이 짙고 출자 규모가 적은 담보 대출이 급증했다. 건전성이 떨어지는 담보 대출이 증가하자 2000년대에 들어서 주식시장이 기이할 정도로 팽창했다. 2008년 글로벌 금융 위기가 발발하자 지방 은행들은 속속 무너져 내렸다. 뱅크오브아메리카(Bank of America)는 어쩔 수 없이 악성 부채를 잔뜩 지고 있는 컨트리와이드(Countrywide)와 한때 귀족적인 위상을 자랑했던 메릴린치(Merrill Lynch)를 인수했고, 그 결과 현재 미국에서 이루어지는 금융 거래 중 절반이 초대형 은행인 뱅크오브아메리카를 통해 이루어지고 있다.

어느 곳을 보더라도 미국의 은행 시스템을 과감하고 광범위하게 개혁해야 할 필요가 있다는 사실을 다시금 확인할 수 있다. 개혁을 위한 방안이 전문 고문단이 건전하고 상당히 효과적이라고 장담했던 기능을 사실상 국유화하는 계획이 될 수도 있고, 주식 선물 시장에서 이루어지는 투기성 짙은 도박과 주택을 소유하고 있는 중산층이나 중소기업가를 보호하기 위한 생산적인 투자를 근본적으로 분리하는 방법이 될 수도 있다.

하지만 실제로 우리가 얻은 것이라고는 급진적이고 포괄적인 개혁방안이 아니라, 공포에 빠져 신경이 과민한 상태에서 자신들이 도대체 무엇을 하는 것인지 명확하게 이해하지도 못한 의회가 급조한 7쪽짜리 법안뿐이었다. 미국 경제를 거의 영구적인 침체 상태로 밀어 넣은 2008년의 금융위기와 같은 수준의 위기가 차후에 다시 발생하지 않으리란 보장은 없다. 그러나 연방 정부는 2008년에 부실 자산 구제 프로그램이 법률안으로 상정되자 금융 인프라가 타격을 입지 않도록 보호하기는커녕 좀 더 공정하고 안정적인 금융 인프라를 구축해야 한다며 사실상 모든 영향력을 양도했다.

은행 자산이 '부실'하다는 개념 자체가 정부의 완곡어법을 상징한다. 그 '정부'라는 사람들은 부양 아동이 있는 가정을 위한 소득 지원을 없애는 법안에 무려 '복지개혁법'이라는 이름을 붙인 사람들인 것이다. 우리가 '부실한(troubled)' 금융 상품에 포위된 상황을 견뎌내고 있다고 표현하는 것 자체가 금융위기를 청년기적인 문제로 바라보는 것이다. 문제 있는(troubled) 10대가 부모의 적절한 훈육과 이해를 바탕으로 사춘기를 벗어나면 가죽 재킷을 던져 버리고 레이저 시술로 문신을 지우고 대학에 들어가 한 단계 성숙한다는 것과 같은 개념인 것이다.

특히 이 법의 구체적인 내용을 보자면 희망을 버리지 못한 부모의 몽상만큼이나 모호하다. 헨리 폴슨 재무장관, 벤 버냉키 FRB 의장, 티모시 가이트너(당시 뉴욕연방준비은행 총재를 맡고 있었으며 이

후 폴슨의 뒤를 이어 재무장관이 된 인물)가 엄청난 금액에 대해 논의를 했다는 이야기가 있다. 이들이 논의한 금액이 5000억 달러 수준일까? 그렇지 않다. 월가에서 활동하는 가이트너의 고객들에게 미국 투자 경제의 바퀴가 사실은 떨어져 나간 것이 아니라는 확신을 심어주기 위해 무려 7000억 달러를 투입하는 방안을 논의했다.

부실 자산 구제 프로그램의 모호한 조항으로 인해 폴슨에게 터무니없게 폭넓은 권한이 주어진 상황에서, 국민들의 혈세로 간신히 살아남은 대형 은행들을 구제하는 금융 규모를 줄이기 위해 합리적인 조건을 협상하려는 노력은 전혀 이루어지지 않았다. 부실채무 거래 및 파생상품 거래에 참여한 당사자들이 글로벌 금융위기라는 재앙이 발생하는 데 일조를 했음에도 비즈니스 모델을 재고해야 할 당사자들이 누구인지 밝히려는 기본적인 노력도 전혀 이루어지지 않았다.[1]

국민들의 돈을 받아 쓰는 속 편한 은행 경영자들이 사무실을 장식하기 위해 값비싼 물건을 사들인다는 소식이 전해지자 국민들 사이에서 분노가 터져 나왔다. 뱅크오브아메리카의 경영자 존 테인이 사치를 일삼은 로마의 칼리굴라 황제라도 되는 듯 사무실을 꾸미기 위해 8만 7000달러짜리 카펫과 1400달러짜리 쓰레기통을 사들였다는 소식과, 정신이 제대로 박힌 경제 전문가라면 회사에 엄청난 손실을 끼쳤다고 평가하게 될 경영자들에게 AIG가 1억 6500만 달러의 성과급을 지급했다는 소식 등이 미국인들의 분노를 샀다.

부실 자산 구제 프로그램에 내포된 너무도 부당한 본질을 설명하려면 재무부장관 취임 전 헨리 폴슨이 운영을 맡았던 투자회사이자 엄청난 거금을 쉽게 투자하는 골드만삭스의 역할에 대한 이야기를 빼놓을 수가 없다. 골드만삭스는 연방 정부 고위인사들과 막강한 인맥을 맺고 있어 '정부 삭스(Government Sachs)'라 불릴 정도다. 골드만삭스는 월가에서 공화당을 열렬히 옹호하는 다른 투자 기관들에 비해 폴슨이나, 전 뉴저지 주지사 존 코르자인 등 민주당원들과 좀 더 긴밀한 관계를 맺고 있다. 책임정치센터(Center for Responsive Politics)에 의하면 골드만삭스는 2007년~2008년 대선 기간에 개인과 기업을 통틀어 버락 오바마에게 가장 많은 돈을 기부했다. 골드만삭스와 관련이 있는 정치활동위원회(Political Action Committee)와 개인들의 기부 금액을 모두 더하면 99만 4000달러가 넘는다.[2]

하지만 어떤 측면에서 보면 골드만삭스가 맺은 관계는 부수적이다. 그 많은 돈이 모두 입법 및 경제 정책 시행에 구체적으로 영향을 미친다면 골드만삭스의 경영자들이 시세 조작 행위에 대한 의회의 청문회와 증권거래위원회가 제기한 유명한 소송을 피해갈 수 있었을 테니 말이다(현재 소송은 마무리되었다). 중요한 것은 폴슨, 가이트너, 버냉키 등이 특정한 투자회사와 결탁했다는 사실이 아니라 이들이 골드만삭스의 주머니뿐 아니라 모건 스탠리, JP 모건, 베어스턴스 등 기타 부채담보부증권 시장에서 활동한 유명 기업들의 주머니까지 두둑하게 불려주었던 금융 모델 즉, 파생상품을 팔아대기에 여념이 없는 금융 투기 모델에 이념적으로 속박되어 있었다는 사실이다.

미국 경제에 대한 논의에서 본격적으로 언급되어서는 안 될 그 단어를 사용해서 이야기하자면 부실 자산 구제 프로그램의 배후 인물들

은 특정 계층의 공동 이익을 추구했다. 그렇다. 부실 자산 구제 프로그램이 감독을 소홀히 함으로써 가장 직접적인 이익을 얻은 당사자는 어쩌면 골드만삭스일 것이다. 물론 음흉하기 짝이 없는 파생상품 시장에 관해 한 가지 흥미로운 사실은 지금 이 시점에도 현재 가치가 6000조 달러에 이르는 것으로 추정되는 세계 시장에서 어떤 투자회사가 정확하게 얼마나 노출되어 있는지 그 순위를 정할 수 없다는 것이다. 가장 많은 이익을 얻은 곳은 어쩌면 모건일 수도 있고, 도이체 방크(Deutsche Bank)일 수도 있고, 크레딧 스위스(Credit Suisse)일 수도 있다. 1990년대 초반 이후 지배 계층에서는 한결같이 투자 경제가 곧 미국 경제라고 생각해왔으니 부실 자산 구제 프로그램의 핵심 논리는 변하지 않을 것이다. 티모시 가이트너에게 AIG의 파산을 막는 것이 일자리 성장에 어떤 기여를 하느냐고 묻는 우를 범하지 않길 바란다. 그냥 그런 것이다. 이제 이해가 되는가? 2010년 1월, 부실 자산 구제 프로그램 총조사관이 "시스템 내의 근본적인 문제가 어떤 식으로든지 해결되었다고 보기 힘들다"라고 발언한 것도 전혀 놀랍지 않다.[3]

이런 사태가 벌어진 이유를 이해하기 어려운 것도 아니다. 민주당의 주도로 금융과 무역 부문의 규제가 완화된 1980년대 말 이후, 미국 경제는 글로벌 경제가 신자유주의를 실험하는 무대가 되었다. 그 결과, 새로운 시장이 표면적으로 확대되면서 루스벨트 시대 이후 대부분의 선진국에서 성장을 가능케 했던 주 정부 중심의 사회 복지와 공공 책임은 뒤로 밀려났다. 이런 상황에서 임금 수준이 낮고 노조가 없는 서비스직이 급증했고 소비자 부채는 급등했으며, 거액의 돈이 국경 너머로 오갔고, 기업 친화적인 무역 체제에서 세계화된 기업들은 투자 수익률이 극대화되는 가장 이로운(예, 저임금, 약한 규제) 조건을 찾아 헤맸다. 신자유주의를 배경으로 한 무분별한 확장의 논리가 2008년에 경험했던 그런 종류의 위기를 초래했다는 사실은 너무도 분명하다. 그뿐 아니라 무분별한 확장 논리는 지난 한 세기 동안 각 지역에 기반을 찾추었으며 엄격한 규제를 받았던 국가 경제보다 전 세계 금융계에 악성 부채와 공포를 확산시키는 데 훨씬 능숙해졌다. 아이슬란드, 그리스, 스페인만 보더라도 알 수 있지 않은가.

엄청난 규모의 구제금융이 여물통에서 들려오는 돼지들의 소리만큼 기괴하다는 것은 부정할 수 없는 사실이다. 하지만 부실 자산 구제 프로그램의 여러 특징 중 가장 놀라운 것은 초기에 정부가 발표했던 구제금융의 엄청난 규모가 아니다. 시민들은 얼핏 위엄 있어 보이지만 실상은 텅 비어 있는 프로그램의 내실을 걱정해야 한다. 부실 자산 구제 프로그램의 지원을 받는 모든 주요 기관들은 2010년 한 해 동안 모든 영업일에 수익을 기록하도록 되어 있다. 이런 터무니없는 일이 가능한 것은 글래스-스티걸법이 폐지된 후 이들이 구축해온 비즈니스 모델에 야누스적인 특징이 있기 때문이다. 골드만삭스와 같은 투자은행들은 연방 정부가 혼란에 빠진 상업은행 부문을 되살리기 위해 연방 정부가 지원하는 자본을 무이자로 빌릴 수 있게 되었다. 그뿐 아니라 이들은 규격화된 양식 한두 개만 작성하면 이자율이 3퍼센트이며 위험 부담이 전혀 없는 재무부 채권을 매입할 수 있다. 따라서 가이트너와 같은 연방 정부 관료가 나서서 구제금융이 기대한 효과를 나타내고 있으며, 부실 자산 구제 프로그램에서 제공한 미지급 부채가 제로에 가까워지고 있고, 실제로 부실 자산 구제 프로그램이 흑자를 기록하고 있다며 납세자를 안심시키려 들거든 중요한 사실은 전혀 공개하지 않고 있다는 점만 기억하기 바란다. 물론 정부의 말을 의심 없이 믿는 언론인이나 평론가들은 정부의 주장을 그저 되풀이할 것이다. 하지만 그런다고 해서 이와 같이 중요한 거래에 정부의 보조금이 그리 많이 흘러 들어가지 않았다거나 이런 프로그램이 그다지 생산성이 떨어지는 것은 아니라고 주장할 수는 없다.

이 모든 상황은 루스벨트 대통령이 절망적인 상황으로 치달았던 은행 위기를 처리한 방식과 극명하게 대비된다. 통찰력과 정치적인 비전을 바탕으로 은행 시스템 자체가 근본적으로 공익에 이바지해야 한다는 사실(미국 노동자들에게 감당할 수 있는 수준의 자금을 대출해주고 이들이 살아가는 지역사회의 안정성을 유지함으로써)을 이해하고 있었던 루스벨트는 자신의 신념에 걸맞게 은행 개혁을 단행했다.

그러나 오늘날의 민주당원들은 자신들을 지지하는 핵심 유권자층이 전문적인 투자 산업이라는 사실을 잘 알고 있다. 그뿐 아니라 부라는 것은 생산업 노동자들이 벌어들이는 것이 아니라 시장에서 나타나는 최적의 변화에 의해 생겨나는 것이고, 건전한 사회의 소득은 중간계층에 밀집되어 있는 것이 아니라 스펙트럼의 양쪽 끝으로 이동하며, 지역 경제는 고사하고 국가 경제 및 금융 통제권에 대한 충성심도 몹시 과열된 세계 금융 질서에서 더 이상 아무 짝에도 쓸모가 없다는 사실을 잘 알고 있다.

정반대되는 사례가 궁금하다면 메디슨 스퀘어 가든(Madison Square Garden)에서 진행된 1936년의 재선 연설에서 루스벨트 대통령이 금융 개혁을 위해 내세운 정치적 명분을 생각해보기 바란다.

우리는 평화의 숙적, 비즈니스와 금융 독점, 투기, 무분별한 은행업, 계급 간 적대심, 구분주의, 전쟁을 이용한 부당 이익 등과 맞서 싸워야 했다. 그들은 미국 정부를 자신들이 하는 일을 돕는 부속물쯤으로 여기기 시작했다. 지금 우리는 조직적인 금권력에 의해 설립된 정부가 조직 폭력배만큼이나 위험하다는 사실을 잘 알고 있다. 미국 역사에서 오늘만큼 이런 세력들이 한 명의 후보에 대항해 집결한 적은 없었다. 이들은 모두가 한마음으로 나를 향해 적개심을 보이고 있다. 그리고 나는 그들의 적개심을 얼마든지 환영한다. 나의 첫 번째 행정부가 이기심과 권력을 향한 갈망으로 가득한 호적수를 만났다는 점을 꼭 짚고 넘어가야 할 것 같다. 하지만 나의 두 번째 행정부에 대해서는 그로 인해 제대로 된 지도자를 만났다고 말하고 싶다.

어떤 세력이 부실 자산 구제 프로그램 이후의 경제 질서를 지배하는 지도자인지는 질문을 던질 필요도 없다. 민주당이 지배하는 의회가 경제 전체를 몰락의 위기로 몰고 간 금융 분야를 규제하려 시도했을 때 월가의 그 누구도 새로운 정부에 대한 증오를 고백하지 않은 이유도 결국 같다. 다음과 같은 〈뉴욕타임스〉의 보도처럼 어쩌면 그 반대일 수도 있다. "은행가와 많은 분석가들은 상원에서 통과된 법안이

74

월가의 수익을 줄일지는 몰라도 결국 월가의 규모와 권력은 그대로 둘 것이라고 생각한다."[4]

그렇다면 금융기관들이 기뻐하지 말아야 할 이유가 있을까? 공직 청렴센터(Center for Public Integrity)의 분석에 따르면 850개가 넘는 금융 기관에서 2009년부터 2010년 1분기까지 3000명이 넘는 로비스트를 파견했으며 로비스트들은 대부분의 금융기관들이 원하는 내용으로 금융개혁법안이 채워질 수 있도록 애를 쓰며 자신들이 내세운 의회 안건을 추진하는 비용으로 무려 13억 달러를 썼다.[5] 이러한 노력으로 금융개혁법에는 공개 시장에서 거래되지 않는 최종 수요자 파생상품 거래에 엄청난 규모의 공제를 허용하는 조항 등 금융업체들을 위한 중요한 허점이 자리를 잡았다. 계산을 해보면 이런 거래가 수조 달러 규모의 세계 파생상품 시장에서 무려 3분의 2를 차지한다. 납세자의 관점에서 보면 부실 자산 구제 프로그램이 '대가를 치른 만큼만 얻게 된다'는 격언을 왜곡한 것일 수도 있다. 하지만 신자유주의 질서에서 아무런 구속 없이 제멋대로 움직이는 자본가들에게 의회란 여전히 요구할 때마다 언제든지 가치를 만들어서 내주는 존재일 뿐이다.

07

번영의 복음
하느님은 우리가 부자가 되기를 원하십니다

서구 자본주의 사회에서 태어나 개신교를 모태 신앙으로 받아들이고 개척정신을 갖고 있는 학생들은 다른 종교와 기업 정신 간의 관계를 복잡하며 약간 엉큼하기까지 한 문제로 묘사한다. 막스 베버는 개신교도들이 구원의 가능성에 대한 극심한 불안을 통해 세속적인 성공을 이루어낸다고 설명했다. 오직 14만 4000명 남짓한 영혼만이 천국으로 이어지는 문을 통과할 수 있고 때문에, 개신교도들의 강력한 정신적 불안이 심신을 허약하게 만드는 두려움으로 변질되는 것을 막는 최선의 방법은 무조건 바쁘게 살아가는 것이다. 다시 말해서 심판의 자리로 불려가기 전까지 세속의 천직에 헌신하고, 천직이 요구하는 바를 파고들고, 종교 의식의 정해진 틀을 엄격하게 준수해야 한다. 어쩌면 현대의 미국인들은 이 과정을 가장 경쟁력 있는 사립대학을 찾

는 것과 동일시할 수도 있다(물론 천국에 들어갈 때는 기여 입학이 허용되지 않는다). 두 과정 모두 거의 발작에 가까운 지위 불안에 의존하며, 두 과정 모두 높디높은 고귀한 존재를 향한 맹목적인 충성 서약을 요구하며, 두 과정 모두 말 그대로 헌신적인 태도로 임할 경우 과도한 열정에 휩싸여 기대 이상의 성과를 내는 유형이 나타난다.

베버는 청교도로서 살아가도록 훈련을 받은 자본주의자들의 태도를 '세속적 금욕주의(worldly asceticism)'라 했다. 하지만 이런 태도를 만들어내는 내면의 정신적 긴장감은 현대의 종교계 내에서 대부분 사라져버렸다. 결국 소비문화 속에 신의 축복을 뜻하는 근거가 그토록 많다면 왜 사후 세계에서 신의 보상을 받을 수 있을지를 두고 고민을 하는 것일까? 천국으로 가는 길이 명백하고 직접적이고 짧은데 정신적으로 자신을 되돌아보기 위해 그토록 정교한 제도가 필요할까? 신은 인간이 부유해지기를 원한다는 사실이 밝혀졌다. 게다가 수천 년 동안 전해져 내려온 기독교 신앙의 특성 대부분이 중간급 관리자들을 위한 동기 부여 세미나에서 써먹을 수 있도록 고쳐졌다는 사실이 밝혀졌다. 다시 말해서 현대의 주류 개신교는 대부분 《천로역정(The Pilgrim's Progress)》을 버리고 《부자 아빠 가난한 아빠(Rich Dad, Poor Dad)》를 선호한다.

따라서 번영 복음이 엄청난 매력을 띠게 되었다. 번영 복음이란 크레플로 달러(Creflo Dollar)라는 매우 적절한 이름을 갖고 있는 목사가 펼치는 운동과 동일시할 수 있다. 달러는 오순절 운동(Pentecostalism) 계통인 믿음의 말씀(Word of Faith)에 소속되어 활동하는 조지아 주의 목사다. 달러와 함께 활동하는 성직자들이 잘 꾸며놓은 웹페이지는 '성 공을 위한 사고(Thinking for Success)'를 장려하는 팟캐스트에서부터 서 비스에 등록한 신도의 휴대전화로 곧장 전송되는 영적인 '말씀'을 담 은 문자 메시지에 이르기까지 제때에 많은 양의 설교를 전파하기 위 해 갖은 방법을 활용한다. '신은 사람들이 결핍을 벗어나 해방되기를' 원하며 그것보다 더욱 간절하게 사람들이 '사라질지도 모른다는 두 려움을 극복하고 넘쳐 흐를 것이라는 믿음을 갖기를' 원한다거나, 독 자들에게 '넘쳐 흐르는 상황을 경험할 것'을 촉구하는 '결핍의 두려움 극복(Overcoming the Fear of Lack)'과 같은 성공 지향적인 신앙심에 관한 안내문도 그중 하나다(달러의 아내 태피도 '당신의 정신적인 변신(Your Spiritual Makeover)'과 같은 제목을 앞세워 여성 신도들의 마음을 사로잡 고 있다).

믿음의 말씀을 따르는 설교자이며 휴스턴에 위치한 초대형 교회 레 이크우드(Lakewood)에서 미국에서 가장 많은 수의 신도(4만 7000명 이 상)에게 개신교 교리를 전하는 조엘 오스틴과 같은 초대형 교회의 지 도자들이 내놓는 비슷한 종류의 호소가 넘쳐나는 오늘날의 종교 시 장에서는 더 이상 이처럼 무심한 듯한 과잉 현상이 그다지 특별하지 는 않다. 오스틴이 전하는 메시지는 달러의 메시지와 거의 동일하다. 오스틴은 정신적인 자립을 위한 지침을 담은 베스트셀러 《잘되는 나 (Become a Better You)》에서 "하나님은 우리가 마치 비참한 실패를 겪듯 겨 우 인생을 살아내는 모습을 원치 않는다"라고 기술한다. 반대로, 하나 님은 "우리가 성공하기를 원한다. 하나님은 인간을 풍요롭게 살아갈 수 있도록 창조했다."[1] 오스틴은 이런 주장을 바탕으로 자신의 조언을 담은 책을 세속적인 성공을 얻기 위한 증거들로 가득 채웠다. 이 책에서 오스틴은 "의도적으로 미소를 짓는 습관을 키워야 한다"라고 결론을 내린다.[2] 그뿐 아니라 오스틴은 다음과 같은 내용도 덧붙였다. "어깨를 쫙 펴고, 머리를 바짝 세우고, 힘과 투지, 자신감을 전달할 필요가 있다. (중략) 우리는 우리가 전지전능하신 하나님을 대신하고 있다는 사실을 잘 알고 있다. 자부심을 느끼는 방법을 배워야 한다."[3]

번영 복음을 열렬히 추종하는 신도들은 첫 번째 사도 가운데 회계 담당자가 끼어 있었다는 성서의 내용, 예수가 노새를 소유했다는 점, 로마 병사들이 예수를 십자가에 매달아 놓은 채 예수의 옷으로 도박을 했다는 신약성서의 구절 등을 인용하며 예수 자신이 유복한 사람이었다고 주장한다. 애리조나 주 메사에 위치하고 있으며 번영 복음을 전파하는 초대형 교회의 목사 토머스 앤더슨은 CNN 기자 존 블레이크에게 다음과 같이 이야기했다. "어떤 유명한 사람을 생각하든 누군가의 속옷을 걸고 도박을 한다는 것은 도무지 상상을 할 수 없습니다. 예수가 입었던 것은 고급 의상이었습니다." 앤더슨은 예수가 목사로서 대중적인 성공을 거두었다는 점 또한 예수의 금전적인 특별함을 증명하는 것이라고 덧붙였다. "가난한 사람들은 부자를 따릅니다. 부자도 부자를 따릅니다. 하지만 결코 부자가 가난한 사람을 따르는 법은 없습니다."[4]

이와 같은 주장에 대해 실증적으로 이의를 제기하는 경우는 많다. 공관 복음서에는 부자가 천국문을 통과하기란 낙타가 바늘구멍을 통과하기보다 어려운 일이라는 불편한 내용이 기술되어 있다. 그뿐 아니라 예수가 탄생한 곳은 구유로 이는 곧 예수에게 집이 없었다는 의미다. 그뿐인가. 십자가에 못 박는 잔인한 과정은 노예와 범죄자에게 가해지던 형벌이다. 예수가 정말 부자였다면 어떻게 죽음을 맞이하는 순간에 좀도둑들과 같은 자리에 설 수 있었을까?

하지만 역사적 정확성은 결코 번영 복음의 핵심이 아니다. 사실 현대 개신교에 '치유' 중심의 태도가 더해지면서 번영 복음의 입지는 더 확고해졌다. 오프라 윈프리가 인정한 베스트셀러 《시크릿(The Secret)》과 동일시되는 뉴에이지 관련 신앙 등 상대적으로 성서를 중시하지 않는 부에 관한 복음은 주관적인 자아 개선과 압도적인 물질적 이익을 동일시하기 위해 성서의 증거와 반대되는 의지를 보여준다.

하지만 오늘날의 개신교와 부(富) 중심적인 문화 간의 결합이 더 놀라운 까닭은 하나님을 숭배하는 미국의 주류 개신교에서 그에 반대하는 개혁의 움직임을 전혀 포착할 수 없기 때문이다. 결국 정신치유 운동을 신봉하는 사람들이 등장한 시기는 수많은 개신교 교파에서 사회적 복음이 뿌리를 내려 노동 불안이나 도심 쇠락 현상 등 산업 문명에 내재한 사회적 병폐를 해결하는 신앙을 설파했던 바로 그때다. 1940년대와 1950년대에 '데일 카네기'라는 브랜드를 달고 있었던 성공 복음은 라인홀트 니부어의 검소한 신정통주의 신앙과 함께 등장했다. 당시 남부에 위치한 흑인 교회에서 행동주의가 급성장하여 시민 평등권 혁명의 기초가 형성되었다. 사실 달러나 오스틴 등 믿음의 말씀을 전파하는 목사들은 시골 지역에서 확산된 오순절 전통에 뿌리를 두고

있다. 오순절 전통은 가장 먼저 빈곤층 사이에서 확산되다가 이후 흑인들의 압도적인 지지를 받았으며, 20세기 초 미국 남부와 서부로 퍼져나갔다.

하지만 이제는 훌륭한 개신교도 자본가가 되기를 원한다고 올바른 행동이나 올바른 생활을 정의하는 신성한 규칙을 준수하기 위해 더 이상 조바심치며 자기 자신을 돌아볼 필요가 없다. 따라서 노예해방, 절제, 참정권 확대, 미국의 종교 역사 전반에 나타났던 사회적 복음 운동 등을 지지하는 개혁적인 세력은 거의 사라져버렸다. 개신교의 신앙심을 보여주는 근거는 더 이상 행동주의자가 아니라 화해론자다. 즉 불평등을 치유하기 위한 집단적인 의지로 신앙 사회에 활력을 불어넣는 것이 아니라 미리 정해진 개인의 성공 방식에 따라 신앙을 갖게 된 영혼을 조정해야 한다.

사회적 수용주의는 대중적인 개신교 내에서도 휴거를 믿는 것이 틀림없는 종파와 통합되고 있다. 많은 사람들이 갑자기 사라져버린 후의 상황을 그려낸 블록버스터 공상과학 시리즈 《레프트 비하인드(Left Behind)》에서 드러난 것처럼 사회적 수용주의와 휴거론의 결합은 성서의 예언을 있는 그대로 해석하는 방식이다. 크레플로 달러와 조엘 오스틴은 누적된 부에서 시작하고 끝나는 기독교 윤리를 설파했지만 《레프트 비하인드》의 저자 팀 라헤이와 제리 젠킨스는 반기독교 세력에 저항하는 사람들로 구성된 '고난의 군대(Tribulation Force)'에서 활동하는 개별 구성원들이 이러지도 저러지도 못하는 곤경에 빠진다는 예언을 따라 요즘 발생하는 일련의 사건들을 너무 엄격한 방식으로 해석한다. 세계에서 일어나는 여러 사건의 추이가 예언(에티오피아가 이스라엘을 군사적으로 공격할 거라는 있을 법하지 않은 예언을 포함)의 메시지와 매우 유사한 방식으로 흘러간다면 군사전을 일으켜 아마겟돈을 앞당길 필요가 있을까? 요한계시록이나 다니엘서에 그토록 꼼꼼하게 모든 것이 예정되어 있다면 가만히 앉아 시온 산을 생각해서는 안 될 이유가 있을까?

열한 권의 연대기를 모두 읽어도 이 문제에 대해 명확한 답을 찾을 수 없다. 자선 활동과 사회 개혁이 개개인이 택한 수양의 길에 미약하나마 도움이 되고 그 과정에서 한두 건의 세금 감면 혜택이 주어질 수도 있다는 점을 제외하곤, 번영 복음을 설파하는 사람들조차 자선 활동과 사회 개혁을 위해 노력해야 할 논리적인 근거를 제시하지 못하는 것과 같은 이유다. 부에 대해 혼란을 느끼는 미국 개신교의 현재 상황은 조엘 오스틴의 레이크우드 설교단이나 《레프트 비하인드》에 등장하는 예언자의 말씀에서도 확인할 수 없는 요한계시록 3장 17절의 한 구절을 떠올리게 한다. "네가 말하기를 나는 부자라 부요하여 부족한 것이 없다 하나 네 곤고한 것과 가련한 것과 가난한 것과 눈 먼 것과 벌거벗은 것을 알지 못하는도다."

민주당

서민을 위한 정당은 없다

미국의 정치판에서 공화당과 민주당이 편을 갈라 각기 다른 주장을 내세운다는 사실을 모르는 사람은 없다. 공화당원들은 정부를 맹비난하고, 세금을 줄이려 하고, 기후 변화나 점진적 발전에 회의적이며, 문화적 퇴보를 비난한다. 그렇다면 민주당은 어떨까? 바로 이 부분이 이상한 대목이다. 양당 사이에 충돌이 발생하면 민주당 지도자들은 기회주의적으로 스스로를 평범한 노동자 계층을 수호하는 사람들로 묘사하고 언론은 대개 성의 없는 태도로 민주당의 주장에 지지를 표현할 것이다. 선거 관련 보도를 할 때 경제 정책 부문에서 두드러지게 다른 각각의 의견에 초점을 맞추는 방식이 너무도 익숙해졌기 때문이다.

물론 과거에는 이처럼 포괄적인 정의가 통했다. 뉴딜 정책이 시행되던 당시의 민주당은 노조와 밀접한 관계를 맺고 있었고, 기업의 영향력이 집중되는 현상을 미심쩍은 눈초리로 지켜봤으며, 금융계 지배계층과 금력(金力)을 비판하는 오래된 대중주의의 목소리를 따랐다. 레이건주의 우파들의 끈질긴 반정부 슬로건에 가려진 수많은 정책 및 분석 실패 사례를 타개할 방법을 여전히 찾지 못하고 있는 지금의 민주당은 계속해서 경제 정책 부문에서 '우리도(us too)'라는 안이한 정치를 펼치고 있다. 민주당 지도자들은 육아 휴직, 병가, 구체적인 목표를 겨냥한 교육비 공제, 해외 기술자와 소프트웨어 부문 노동자를 위한 비자 발급 등, 지식 경제 내에서 이미 특전을 누리고 있는 여러 부문에 제공하는 혜택을 점진적으로 늘리는 방안을 지지하는 한편, 금융 부문 규제 완화, 채권자 긴급 구제, 자유 무역 협정, 복지 개혁 등 오늘날의 부자들이 요구하는 길고 구체적인 희망사항 목록을 충족하기 위해 발 빠르게 뛰고 있다.

민주당과 부자들의 결탁을 옹호하는 주요 세력은 보수적인 성향을 갖고 있는 민주지도자회의(Democratic Leadership Council)다. 민주지도자회의는 재선에 출마한 레이건이 압승한 이후 백악관을 재탈환하는 데 민주당의 정책 의제를 집중하기 위해 설립된 조직이다. 민주지도자회의가 주력한 것은 민주당이 반기업적인 성향을 가진 정당이라는 인식을 없애는 것이었다. 하지만 좀 더 포괄적인 관점에서 보면 '레이건 민주당원(Reagan Democrat)'이라 불리는 백인 노동자 계층 유권자들이 민주당을 버리고 공화당을 택한 까닭이 대부분 경제적인 분노가 아닌 문화적인 분노였기 때문이다. 다시 말해서 미국 현대사상 가장 강력

한 수준으로 부의 상향 분배가 이루어진 시기 중 하나로, 감세와 규제 완화가 이루어진 시기였던 레이건 집권기가 끝나갈 때 민주지도자회의가 내놓은 경제 정책 처방은 계속해서 부유한 상류층에 지지를 호소하는 것이었다.

1992년 대선에 빌 클린턴이 출마하면서 민주지도자회의의 백악관 재입성 전략은 우연히 횡재를 한다. 당시 심각한 불황이 한창이었음에도 민주지도자회의의 전직 의장이던 민주당 대선 후보 빌 클린턴은 진보주의 선거운동에 충직한 고문들을 모았다. 그리고 부유층이 더 부유해지면 부가 서민층으로 확산된다는 경제 이론을 비판하는 동정심 많은 대중주의자로 입지를 다졌다. 하지만 민주당을 지지하는 노동자 계층의 거센 항의에도 불구하고 북미 자유 무역 협정(North American Free Trade Agreement)을 타결하고, 연방 정부의 소득 지원금을 줄이고, 뉴딜 정책을 시행 중이던 1934년에 제정된 상업은행과 투자은행의 겸업을 금지하는 글래스−스티걸법을 철폐한 후, 그램−리치−블라일리법을 도입하여 전례 없는 금융 규제 완화 정책(결국 재앙을 초래)을 펼치고, 2000년에는 상품선물현대화법(Commodity Futures Modernization Act)에 서명하는 등 클린턴 대통령은 경제적 우파의 입장에서 대담한 정치를 펼쳤다. 클린턴이 서명한 그램−리치−블라일리법과 상품선물현대화법은 엄청난 규모의 부채 증권화를 초래했으며 결국 과도한 부채 증권화는 2008년의 금융위기로 이어졌다.

미국 유권자들도 민주당의 경제 관점에서 나타난 근본적인 변화를 놓치지 않았다. 1990년대 초에 실시된 여러 여론조사에서 과반수의 미국인들이 민주당이 부자를 위한 당이라고 답했다. 민주지도자 회의가 백악관 재탈환을 위해 15년이나 노력을 기울인 끝에 민주당이 마침내 의회 다수당의 지위를 되찾았던 2007년, 이와 같은 미국인들의 인식(뉴딜 정책이라는 민주당이 물려받은 유산을 기억하고 있던 1990년대의 여론조사 담당자들과 논평자들을 충격에 빠뜨렸던)은 인구 통계를 바탕으로 한 조사에서도 분명하게 드러났다. 미국의 의회 선거구별로 국세청 데이터(연간 10만 달러 이상을 벌어들이는 외벌이 가정과 연간 20만 달러 이상을 벌어들이는 맞벌이 가정)를 분석한 결과, 민주당이 하원의 부유한 선거구 중 과반수를 차지하고 있으며 고소득 가구 밀집도가 가장 높은 18개 주에서 상원을 장악하고 있다는 사실이 밝혀졌다.[1] 이 조사를 실시한 사람은 보수단체인 헤리티지 재단에 소속되어 있는 마이클 프랭크였다. 따라서 민주당 지도자들은 조사 자체가 사상적으로 편향되어 있다고 일축할 수 있었으며, 실제 그런 주장을 펼쳤다. 하지만 2008년 대선 이후 미국의 전국지 〈유에스에이 투데이(USA Today)〉의 조사팀이 실시한 유사한 방식의 의회 선거구 소득 분포 분석 결과도 거의 동일했다. 현재 민주당은 미국에서 20만 달러 이상의 소득을 벌어들이는 가구의 57퍼센트(480만 명)를 대표하고 있다. 반면 공화당이 의회 다수당이었던 2005년에 20만 달러 이상의 소득을 벌어들이는 가구 중 공화당이 대표한 가구는 55퍼센트에 불과했다.[2]

이와 같은 경제적 재편은 2008년 대불황 발생 이후에 민주당이 아주 느린 속도로 대처 방안을 내놓은 이유를 잘 설명해준다. 미국 경

제를 공정하고 원활하게 돌아가는 경제로 되살리기 위해서 대담하고 평등한 정책 결정이 무엇보다 중요한 때에, 재무부장관 티모시 가이트너와 경제자문위원회(Council on Economic Advisers) 회장 로렌스 서머스 등 민주당의 경제 정책을 수립하는 주요 인물들은 좀 더 강력하며 고용을 기반으로 하는 경기부양책을 포기하고, 부시 대통령이 지휘하던 백악관 경제팀에게서 물려받은 금융기관 구제 방안에 초점을 맞추었다. 의회와 워싱턴 정가에는 의미 있는 의료 개혁을 단행하기 위한 노력을 엄청난 실패로 몰고 간 사람들이 많다. 하지만 백악관 정책팀은 정부가 지지하는 보편적인 정책을 실행하는 데 도움이 되거나 정치적인 성공 가능성이 훨씬 높은 주장이 아니라, '비용 곡선을 구부리는 방법'이나 제약회사와 보험회사에 구제금융을 지원하는 방안을 즉시 검토하려는 태도 등 널리 알려지지 않은 예산상의 속임수를 더욱 강조함으로써 금융위기에 대한 비난을 대부분 감수했다.

오바마 체제의 백악관이 시종일관 차분하게 의료 정책을 제시하는 동안 실시된 여론조사에서는 다수의 미국인들은 의료기관이 서로 경쟁하며 서비스에 대한 가격을 책정하되 의료 체제를 정부가 운영하는 공적의료보험(public option)에 찬성하는 것으로 나타났다. 공적의료보험제도는 정치적으로 인기가 많은 해결방안이지만 기업 친화적인 성향을 지닌 민주당의 경제 정책 담당자들에게는 이 방안을 제안하는 데 강렬한 열망이 없었다. 한편, 클린턴 행정부가 주도한 파생상품 규제 완화를 위한 개혁 정책은 결국 또다시 정부의 자금 지원으로 이어졌다. 클린턴 행정부 시절에 법안이 채택될 무렵, 헤지펀드와 파생상품 개혁에 찬성했던 로비스트들은 법안의 핵심 내용을 작성하여 민주당이 장악한 하원과 상원의 위원회에 제출한 뒤, 법안이 의회에서 통과될 수 있도록 노력을 기울였다. 설명할 필요도 없겠지만, 2008년 대선이 진행되는 동안 노조가 양원에서 민주당 지지를 극대화하고 의원들에게서 법안의 핵심 내용을 비준받기 위해 무려 3억 달러가 넘는 돈을 쏟아 부었음에도, 1935년에 제정된 와그너법(Wagner Act) 이후 직장 내 노조의 범위를 확대하기 위한 최초의 주요 법안인 노동자 자유선택법(Employee Free Choice Act)은 의회의 찬성을 이끌어내지 못했다.

경제적 공정성 문제에 대해서는 가장 얄팍하고 가장 수사적이며 입에 발린 말 이상의 그 무엇도 해내지 못한 민주당의 처절하고 심각한 실패를 떠올려보면, 오바마 행정부가 경영자 보상이나 은행 규제 등의 문제에 '대중주의적인' 태도로 접근한다는 각종 언론 보도가 암울한 농담처럼 느껴질 뿐이다. 온통 혼란에 사로잡힌 티 파티 일당들은 정부를 장악한 민주당원들이 내세운 구제불능의 '사회주의(물론 그들의 관점에서 사회주의인)'가 안고 있는 위험성을 경고하고 있지만 결국 그들도 자신들만 알아들을 수 있는 또 다른 언어로 이야기를 하고 있는 듯하다.

다수당이 공정한(대담한 정치 용어로 표현하면 '다수결에 의해 결정되며 실행 가능한') 경제 정책을 수립하고자 토론이 벌어지고 있는 전장을 사실상 떠나버리면 이런 접근방법이 교전수칙이 되어버리는 듯하다. 언론과 정적들은 마치, 실제로는 팔다리가 없는 사람이 여전히 팔다리가 있다는 잘못된 확신을 갖고 있는 것마냥 경제 정책이라

는 기본 원칙을 바탕으로 전면전을 벌이고 있다는 허상에 집착한다. 정계의 주요 인사들, 특히 민주당 지도부는 오바마 시대에 민주당의 입법 노력이 당면한 막다른 골목이 개혁파 민주당원이었던 빌 클린턴의 처절한 실패와 구조적으로 거의 동일하다는 사실을 전혀 깨닫지 못하는 듯하다. 섬뜩할 정도로 망가져버린 미국의 의료 체계(미국 노동자 계층의 가계 예산 수준을 고려하거나 오랫동안 약속해온 보조금을 지급하는 일은 제약회사와 보험회사의 우두머리들이 허락하지 않는 한 결코 허용하지 않는다)를 개정하려는 노력 가운데 정치적으로는 인기는 있지만 절차상으로는 문제가 있는 방안이 있다. 1993년의 북미 자유 무역 협정, 2009년의 노동자 자유선택법, 2010년의 도드 프랭크 파생상품 법안(Dodd-Frank Derivatives Bill) 등 노동 문제에 관한 명백한 배반 사례는 셀 수 없이 많을 것이다.

부유층의 욕구를 충족하며 기업 친화적인 경제 목표를 향해 끈질기게 나아가는 정당을 위해 전략을 수립하는 사람들은 많다. 하지만 이들 중에는 '대중주의'나 '사회주의'를 추구하는 사람은 없다. 클린턴 행정부 시절에는 기술 경제가 놀라운 성장을 기록했으며 금융 부문도 성장을 거듭했다. 하지만 이처럼 늘어난 소득이 불공평하게 분배됨으로써 소득 불평등이 레이건 시절보다 더욱 악화되었다. 경제학자 로버트 폴린은 다음과 같이 기술한다. "1993년부터 2000년까지 비감독직 노동자의 평균 임금과 임금 노동자 하위 10퍼센트의 소득은 닉슨과 포드, 카터 행정부 시절보다 낮았을 뿐 아니라 레이건, 부시 행정부 시절보다도 낮았다. 그뿐 아니라, 클린턴 집권 기간에 소득 불평등(상위 10퍼센트의 소득을 하위 10퍼센트의 소득으로 나눈 수치)이 급격하게 증가했다." 하지만 같은 기간 빈곤율은 그리 크게 줄어들지 않았다. 레이건 행정부 시절 14.1퍼센트였던 빈곤율이 13.2퍼센트로 줄어들었을 뿐이다. 기술 경제와 서류 경제 부문의 엄청난 성장 규모를 생각해봤을 때 놀라울 정도로 암울한 일이 아닐 수 없다. 사실 1993년에 1538달러였던 빈곤 격차(poverty gap)는 1999년이 되자 1620달러로 증가했다.[3] 빈곤 격차란 임금 노동자가 연방 정부가 정해놓은 빈곤선을 벗어나기 위해서 필요로 하는 소득 증가분을 의미한다. 빈곤선이라는 것 자체도 미국에서 최저 수준의 생활을 누리기 위해 필요한 실질 임금을 끔찍하리만치 낮게 책정해둔 것이다. 골드만삭스에서 이사 및 회장으로 재직했던 재무장관 로버트 루빈의 감독 하에 수립된 클린턴 행정부의 조세 정책은 이처럼 부유층에 더 많은 돈이 흘러 들어가는 구조로 이어졌다. 1997년에 제정되었고 실질적인 법안의 내용과 어울리지 않는 이름이 붙어 있는 납세자 조세감면법(Taxpayer Relief Act)으로 인해 소득 기준 하위 80퍼센트의 미국인이 1달러를 절약할 때마다 상위 20퍼센트의 임금 노동자는 약 1000달러를 절약할 수 있게 되었다.[4]

물론 부시가 집권한 지난 8년 동안 쓸데없는 세금감면 정책으로 적자폭이 그 어느 때보다 커지는 등 앞서 언급한 모든 유해한 추세가 더욱 가속화되었다. 하지만 부시 대통령이 만들어낸 끔찍한 기록도 돈으로 얼룩진 개혁파 민주당의 진면목에 대한 좀 더 거대한 진실을 가리지는 못한다. 온라인 시사 잡지 〈슬레이트(Slate)〉에 돈에 관한 글을 기고하는 칼럼니스트 대니얼 그로스는 2000년에 발표한 자신의 자

90

랑스러운 저서 《불 런(Bull Run)》에서 클린턴 시절의 백악관과 투자은행 간의 밀월을 다음과 같이 요약 설명했다. "1980년대와 비교했을 때 지금은 돈이 많다면 민주당원이 되는 쪽이 좀 더 세련된 일이다. 그리고 민주당원이라면 돈이 많은 쪽이 좀 더 세련된 것이다."[5] 그렇다면 버락 오바마의 경제 우선순위는 어떨까? 세련되지 않았다면 오바마는 아무것도 아닌 존재다.

09

와이어드 매거진

디지털 혁명의 탈을 쓴 봉건주의의 또 다른 단면

디지털 혁명이라! 디지털이 갖지 못한 원초적인 사회 권력이란 무엇일까? 디지털 혁명을 통해 어떻게 일이 놀이로 바뀔 수 있는지, 디지털 혁명이 수많은 뉴스 청취자와 온라인 청중이 진부한 일대 다수의 의사소통 모델에 개입할 수 있도록 어떻게 권한을 안겨주었는지, 디지털 혁명이 직장 내의 케케묵은 위계질서와 정치적 질서를 어떻게 해체하고 있는지, 디지털 혁명을 가능케 한 수많은 사용자 제작 콘텐츠가 어떤 식으로 상업, 언론, 소셜 네트워킹의 옛 모델을 변화시키고 있는지 그동안 수없이 많은 이야기를 들었다.

물론 이 모든 정보를 가장 열광적으로 쏟아낸 곳은 〈와이어드(Wired)〉라는 잡지다. 샌프란시스코에 기반을 두고 있으며 1993년 창간한 이후 매달 디지털 문화에 관한 기사를 출판하는 〈와이어드〉는

자유의지론자이자 기술 부문의 거물인 루이스 로제토의 아이디어로 탄생했다. 로제토는 영리하게도 스튜어트 브랜드가 출판한《홀 어스 카탈로그(*Whole Earth Catalogue*)》에 반영되어 있는 파우누스의 눈을 한 버클리의 호기심에 실리콘 밸리의 신흥 벤처캐피털 계층의 자기애를 결합했다. 로제토의 잡지는 무척 편리하게도 거의 전적으로 자축에 몰두하는 매개체를 통해서 진가를 드러냈다. 로제토는 〈와이어드〉의 발간을 알리는 선언문에서 이 잡지가 "그 어떤 폭력도 없이 거시적인 통제를 넘어선 경제학, 투표함을 넘어선 합의, 정부를 넘어선 국민, 시간과 지리의 제약을 넘어선 지역사회를 바탕으로 미래를 개선해나가기 위해 새롭고 비정치적인 방법을 수용하는 혁명"의 전조라고 선언했다.[1] 다시 말해서, 〈와이어드〉가 생각하는 태평천국은 F. A. 하이에크의 저서에서 바로 나온 듯한 최소주의 국가다. 반짝이는 그래픽 인터페이스와 역사의 종언이 왔음을 느끼게 하는 활력에도 불구하고 〈와이어드〉 문화 혁명의 실질적인 만트라는 '1000개의 주식 종목이 상장되도록 만들자'는 것이었다.

인터넷 시대가 시작된 후 계속해서 시간이 흘러가고 있지만 역사가 긴 위계질서는 좀처럼 무너지지 않고 있다. 당혹스럽게도 인터넷 시대가 실제로 무너뜨린 것은 온라인 자본가들의 유토피아적인 몽상이었다. 〈와이어드〉는 이에 전혀 굴하지 않고 과도하게 대출을 받고 이월 주문을 통해 하나도 빠짐없이 모든 물건을 확보해둔 암웨이 유통업자처럼 유토피아의 근거를 찾아내기 위해 내부로 시선을 돌렸다. 디지털 혁명과 〈와이어드〉의 주된 상품은 로제토의 몽롱한 예언인 듯했다. 〈와이어드〉와 관련이 있는 선언문이 차례차례 공개되었다. 1997년에 발표된 《롱 붐(The Long Boom)》은 이미 잘 알려진 금융 시장 내 중력의 법칙이 폐지되었으며, 생산성을 중시하는 세상은 무한성을 향해 질주하고 있으며, 앞으로는 어떤 형태로든 경제적 후퇴는 없을 것이라고 주장했다. 몇 년이 흐른 후, 모형 정보 사회에서 비즈니스하는 방법에 관한 95가지 항목을 모아놓은 《클루트레인 선언서(Cluetrain Manifesto)》가 발표되었다(여기 기술된 비즈니스 방법을 한마디로 요약하면 '자유 무역 협정은 늘리고 규제는 거의 하지 않는 것'이다).

금융위기 이후 〈와이어드〉의 편집자인 크리스 앤더슨은 시장이 거의 붕괴되고 있는 상황에서 선언문을 널리 알려야 하는 골치 아픈 임무를 맡았다. 하지만 앤더슨은 맡은 바 임무를 영웅적으로 잘해내고 있다. 앤더슨이 처음으로 택한 전략은 웹의 문화 배급 시스템 내에서 무한해 보이는 사용자 맞춤형 '진열 공간'의 폭발적인 성장이 어떤 식으로 '기존의 문화를 대변하는 제도권을 향한 위협 요인과 다양성이 극대화된 새로운 문화'를 만들어냈는지 기록하는 것을 목표로 한 저서 《롱테일 경제학(The Long Tail)》이었다.[2] 그런 다음 앤더슨은 꿋꿋이 자신의 주장을 펼치며 바보 같은 종착역 《프리(Free)》에 도달했다. 앤더슨은 《프리》에서 창의적인 해킹, 복제 등을 통해서 문화적 생산물을 개선해 나가는 것이 그 수가 빠른 속도로 늘어나고 있는 소비재의 가격을 '0에 근접하는' 수준으로 떨어뜨리는 일이라고 주장한다.[3] 앤더슨은 이런 현상이 좋은 것이라고 이야기했다. 그 이유가 무엇일까? 그게 바로 시장이 원하는 것이기 때문일까?

94

앤더슨은 〈월스트리트저널(Wall Street Journal)〉을 통해 자신이 《프리》에서 그와 같은 주장을 펼친 주된 이유가 무엇인지 설명했다. "그것이 바로 소비자의 천국이다. 웹은 역사상 가장 거대한 가게이며 모든 것이 100퍼센트 할인된다."[4]

이와 같은 앤더슨의 주장에는 콘텐츠 제작자에 관한 내용이 전혀 언급되어 있지 않았다. 노동경제학에 관한 앤더슨의 관점에서는 콘텐츠 제작자들이 아무런 갈등도 없고 그 어떤 금전적인 동기도 없이 소프트웨어 혁신이나 미디어 전달 시스템, 사람들의 마음을 사로잡는 다양한 콘텐츠를 즐겁게 다듬고 개선해간다. 거대한 온라인 시장에서 반드시 공짜일 것으로 추정되는 상품이라도 평균 브라우저 클릭으로 대변되는 긴 거래 절차를 거치는 동안, 그 어떤 순간이든 가격이 존재하지 않을 수 있다거나, 존재하지 않을 거라고 생각하는 것은 옳지 않다. 예를 들어, 텔레비전은 무료 콘텐츠를 제공하는 전송 시스템으로 고안된 것이다. 하지만 광고로 범벅이 된 저비용 케이블 뉴스나 리얼리티 프로그램의 높은 인기가 어쨌든 텔레비전의 이윤 체계를 무너뜨렸다는 주장의 근거가 된다고 보는 사람은 적다. 사실 대부분의 미국인들은 광고주에게서 이미 막대한 보조금을 받는 수많은 텔레비전 콘텐츠를 볼 수 있는 권한을 얻기 위해 매달 텔레비전 수신료를 낸다. 훌루(Hulu)나 프리아케이드닷컴(FreeArcade.com)과 같은 혁신적인 무료 콘텐츠 사이트들이 중학생, 혹은 〈와이어드〉 편집자의 눈에 어떻게 보이건, 웹이 얼마나 놀랍게 발전하건 웹이 사회 질서 속에서 결코 같은 방식으로 발전하지 않을 것이라고 믿을 근거는 없다.

《프리》의 주장을 비판하는 사람들은 대부분 앤더슨이 '벤처캐피털의 엄청난 보조금이 없으면 공짜 디지털 체제가 얼마나 생존할 수 있을까?'라는 불편한 질문을 고집스럽게 외면했다고 이야기한다. 2006년, 구글은 유튜브에서 입소문이 퍼지면 이윤 창출에 도움이 될 것으로 판단하여 16억 5000만 달러를 주고 유튜브를 매수했다. 하지만 실제로 유튜브는 구글의 이윤 창출에 도움이 되지 않는 방향으로 나아가고 말았다. 검증되지 않은 비즈니스 모델에 집중하다 보면 앤더슨과는 달리 한층 거대하고 우아한 속임수를 사용할 기회를 놓치게 된다. 앤더슨과 〈와이어드〉의 선지자들은 자유시장의 자유의지론적인 신조를 준수하면서도 더 나은 미래를 위한 혁명이 아직 끝나지 않았다고 선언했다. 하지만 실제로 이들은 봉건주의적인 기업 모델로 회귀했다. 즉, 관리자 계층(앤더슨 자신을 포함하여)이 매출 주기 중 훨씬 높은 부분(실질적으로 가치를 창출하는 사람이 활동하는 영역)에서 돈을 벌어들이는 모델로 돌아간 것이다.

고전주의 경제학자라면 누구든지 별다른 고민 없이 특정한 거래 시점에 무료인 것처럼 보이는 모든 상품에 사실은 수많은 숨겨진 비용이 포함되어 있다는 주장에 힘을 실어줄 것이다. 〈버지니아 쿼털리 리뷰(Virginia Quarterly Review)〉가 앤더슨이 저서를 집필할 때 위키피디아의 내용을 상당 부분 무단 표절했다는 사실을 폭로했을 때 앤더슨도 무심코 이런 사실을 인정했다.[5] 차후의 부가적인 조사를 통해서 앤더슨이 적절한 문구 변경이나 인용 절차 없이 다른 사람의 글이나 보도를 상당 부분 인용하는 문제 행동을 여러 차례 보였다는 사실이 확

인되었다.[6] 앤더슨은 인용 표시를 빼먹은 것은 '중대한 실수'라며 하이페리온 출판사(Hyperion Books) 편집진과 상의 끝에 '웹 출처를 기록하기 위한 적절한 인용 포맷을 찾지 못했기 때문에 처음 계획과는 달리 주석을 달지 않기로' 결정을 내렸던 것이 이런 실수가 발생한 원인이라고 설명했다. 이 같은 앤더슨의 설명은 여러 차원에서 사람들의 신뢰를 무너뜨리는 것이다. 특히 위키피디아가 크리에이티브 커먼즈(Creative Commons) BYSA 라이선스를 갖고 있으며, 이 라이선스 조항이 위키피디아에서 발췌한 내용에 대해 적절히 인용 표시를 해야 하며 위키피디아 저작권 보호 장치가 보호되어야 한다고 명시한 사실에 대한 사람들의 신뢰를 무너뜨리는 것이다.[7] 앤더슨이 하이페리온과 맺은 계약 내용은 공개되지 않았지만 정가가 26.99달러로 책정된 《프리》는 베스트셀러가 되었다. 앤더슨은 실리콘 밸리의 대변인 노릇을 하며 많은 돈을 벌어들이는 동시에 리하이 뷰로(Lehigh Bureau)라 불리는 비즈니스 서비스를 활용하여 엄청난 규모의 강연 수입을 긁어모으고 있다.[8] 다시 말해서 앤더슨은 기술이 시장에서 정보의 교환 가치를 끝없이 떨어뜨리는 방법을 보여주기는커녕 적절한 보상도 제공하지 않고 인정도 하지 않은 채 다른 사람의 글을 무단으로 차용하고도 그것이 마치 자기 것이라는 듯 행동하는 등 자신에게 유리한 방향으로 정보 교환의 가치를 높여왔다.

지적인 대화가 좀 더 솔직 담백하게 이루어지는 시대가 되면 이런 업무 처리 방식을 표현하기 위해 '행상 행위(hucksterism)'라는 좀 더 정중한 용어가 생겨날 것이다. 혹은 이런 행위를 지나치게 근사하게 표현하는 우를 피하기 위해 '도둑질'이라는 표현이 생겨날 수도 있다. 대학생이 앤더슨과 같은 짓을 하면 대부분 즉시 처벌을 받거나 퇴학될 것이다. 혹은 앤더슨이 고용한 계약 작가 중 다른 사람의 글을 수십 군데나 무단 도용한 작가의 글이 출판된다면 그 사람의 이름은 〈와이어드〉 기고가 명단에서 즉시 사라져버릴 것이다.

그럼에도 앤더슨이 인터넷상에서 쏟아내는 무신경하고 기회주의적인 설교는 하나의 비즈니스 모델이자 소비자 권한 강화를 위한 현혹적인 브랜드로 여겨진다. 리슐리외 추기경이 스트라스부르(Strasbourg)나 왈룬(Walloon) 등 프랑스 농부들에게 태양왕 루이 14세가 내륙을 침략할 수 있도록 수확한 곡식을 바치라고 앤더슨과 같은 방식으로 이야기를 늘어놓는 모습을 떠올려보기 바란다. 아마 리슐리외 추기경은 이렇게 선언했을 것이다. "영광스러운 혁명이 될 것입니다. 국왕이 뿜어내는 위풍당당한 기세를 돈 한 푼 내지 않고 마음껏 감상할 수 있을 것입니다. 여러분은 유럽 대륙에서 가장 훌륭하고 가장 세련된 농부로 여겨질 것입니다." 그리고 추기경은 몇 푼 남지 않은 농부의 돈을 자신의 모자 속에 집어넣으며 마지막 한마디를 던질 것이다. "이건 내 연설료입니다."

데미언 허스트

예술에서도 돈은 사랑만큼 중요합니다

개성이 부족한 할리우드 블록버스터 영화에 대해 가장 흔한 불만은 관중의 역할을 화면에 돈이 얼마나 쳐들었는지 지켜보는 수준으로 떨어뜨린다는 것이다. 값비싼 CG 효과와 육중한 자동차가 폭발하는 장면 등 모든 끔찍하고 번쩍이는 혼란 속에서도 영화가 살아남아 박스 오피스에서 상업적으로 성공하는 데 도움이 되는 것으로 밝혀진 것들을 무분별하게 사용한다. 할리우드의 블록버스터 영화를 보는 것이 화면 위를 떠다니는 돈을 보는 것이나 다름없다면 데미언 허스트의 설치 미술품을 보는 행위는 어떻게 설명할 수 있을까? 허스트의 작품에서도 가장 중요한 미적 특성을 결정짓는 것은 표면 통제에 대한 집착이다. 다시 말해서 기이한 효과를 한데 모아 관람객에게서 충격이나 분노의 감정을 이끌어내는 것이다. 하지만 결국에는 적당히 기분 좋은 자극이라는 뻔한 감정을 안길 뿐이다. 철거덕거리는 기계에 둘러싸여 미리 기계로 찍어놓은 듯 뻔한 감정이 학구적인 상표를 달고서, 신중한 조절 과정을 거쳐 제작된 거대한 작품으로 광고되는 것 또한 똑같다.

하지만 한 가지 중요한 차이점이 있다. 할리우드에서 만들어낸 대부분의 영화들과 달리 허스트의 작품에는 정말 말 그대로 개성이 부족하다. 허스트의 대표작은 포름알데히드 속에 보관된 채 〈살아 있는 자의 마음속에 있는 죽음의 육체적 불가능성(The Impossibility of Death in the Mind of Someone Living)〉이라는 거창한 이름을 달고 있는 죽은 상어 한 마리다. 1990년대 초, 허스트는 영국의 유명 수집가이자 전혀 뛰어나지 않은 광고회사 사치 앤 사치(Saatchi and Saatchi)의 공동 회장인 찰스 사치의 눈에 들었다. 사치와 허스트의 협력은 1992년에 사치 갤러리에서 열린 '젊은 영국 예술가(Young British Artists)' 전시에서 결실을 맺었다. 다음 번 전시로 명망 있는 터너 지원금을 확보한 이후 TV4가 특별방송으로 영국의 젊은 예술가들의 이야기를 조명했다. TV4 또한 터너상을 후원하는 주요 업체였기 때문에 젊은 영국 예술가들을 소개한 것이다. 그 후 얼마 지나지 않아 위대한 상어와 맥락이 비슷한 허스트의 다른 작품들이 잃어버린 문화 창조자 세대를 대표하는 상징으로 환호를 받았다. 그뿐 아니라 '젊은 영국 예술가'라는 말이 무슨 뜻인지 제대로 이해하기도 전에 '젊은 영국 예술가' 운동은 좀 더 포괄적 개념인 '브리타트(Britart, 영국을 뜻하는 British와 예술가를 뜻하는 artist가 결합된 신조어-옮긴이)' 운동으로 발전했다.

예술계와 광고계의 전략적인 결합에는 보는 이로 하여금 소외감을 느끼게 하는 육중한 예술 작품을 향한 찰스 사치의 열정 그 이상의 것이 숨어 있다. 2002년에 발표된 중요한 연구 《문화의 사유화(*Privatising Culture*)》에서 친 타오 위가 주장한 것처럼 사치와 같은 기업이 예술 후원의 전면에 나서는 현상이 대두한 것은 대처 정부가 예술 지원 정책을 전면적으로 수정한 이후다. 한편으로 보면, 대처가 영국 연방 정부의 예산에서 공공 예술 지원금을 대부분 삭감해버린 이후다. 하지만 다른 한편으로 보면 1980년대와 1990년대 초의 세금 감면 정책이 양도소득 법령을 완화하는 역할을 했기 때문이라고 볼 수도 있다. 과거에는 대부분의 부자들이 노블레스 오블리주의 전통이나 귀족적인 변덕에 이끌려 종종 불안정한 모습을 보이는 예술시장에 뛰어들었었다. 하지만 대처가 예술 지원을 폐지하자 예술 투자가 기업의 브랜딩이나 시장 점유율 확보 전략으로 사용되기 시작했던 것이다. 스웨덴의 보드카 제조업체 앱솔루트의 경우를 보자. 앱솔루트는 자사에서 선보이는 길다란 사각형 병을 예술적으로 변화시키기 위해 앤디 워홀을 비롯한 400명이 넘는 현대 미술가들에게 작품을 의뢰했다. 이런 정책을 도입한 앱솔루트는 자사에서 배포하는 문건에 아주 진지한 말투로 다음과 같은 글귀를 적어 넣었다. "예술이 앱솔루트 보드카의 기본적인 가치와 마법을 표현하는 데 중요한 매개체가 되었다."[1]

앱솔루트는 젊은 영국 예술가 활동에도 참여하여 학생들의 정기 전시회를 후원하고, '센세이션(Sensations)' 전시에서 소똥과 포르노 잡지를 이용해 만든 작품 〈성모 마리아(Virgin Mary)〉를 전시해 유명세를 얻은 나이지리아 출신 예술가 크리스 오필리 등 허스트의 동료들에게 자사 술병의 디자인을 의뢰했다. 사치의 후원을 받아 브루클린 박물관에서 개최된 센세이션 전시는 예술을 주제로 한 최후의 문화 전쟁이었다. 어쩌면 바로 그런 점 때문에 대부분의 전시 작품에서 전혀 생동감이 느껴지지 않았고 전시 자체에 대해 그토록 논란이 많았던 것인지도 모른다.

허스트의 작품 또한 센세이션 전시에서 많은 관심을 끌었다. 브루클린 박물관에 전시된 허스트의 작품은 포름알데히드에 잠겨 있는 절단된 소의 사체였다. 이번에도 역시 허스트의 작품은 미국의 보수적인 문화 비평가들에게서 '이런 것도 예술인가?'라는 평을 얻었으며, 허스트는 자신이 생각하는 메시지나 목표하는 관람객들에 관한 그 어떤 진지한 공개 질문도 받지 않겠다는 단호한 거부의 뜻을 전달했다. '센세이션' 전시를 둘러싼 지겨울 정도로 익숙한 이 논란이 어쩌면 전시회의 가장 중심적인 목적이었는지도 모른다는 가정을 피하기 힘들다. '센세이션' 전시를 계기로 사치는 세계 예술시장에서 새로운 모든 것에 관해 그 누구와도 견줄 수 없을 만큼 막강한 권한을 가진 인물로 입지를 다질 수 있었다.

런던에서 레스토랑을 운영하며 이미 많은 돈을 벌어들이고 있었던 허스트는 사치나 앱솔루트 못지않은 글로벌 예술 브랜드로 성장했다. 2009년 기준 허스트의 재산은 2억 3500만 파운드로 추정된다. 허스트의 대표작 중 하나인 상어는 소더비 경매에서 무려 960만 파운드에 낙찰되었다. 하지만 가장 노골적으로 탐욕을 드러내고 그 무

게 또한 만만치 않은 작품은 다이아몬드가 촘촘히 박힌 해골 〈신의 사랑을 위하여(For the Love of God)〉로, 공식 호가가 5000만 파운드다.

예술계의 신경제에 어울리는 그럴듯한 허울 속에서 허스트는 2010년에, 유럽의 나이 많은 예술계 거장들을 후원해왔던 모나코의 알버트 왕자와 캐롤라인 공주에게서 최초의 회고전을 개최해달라는 요청을 받았다. 물론 허스트는 후원 같은 걸 필요로 하지는 않았다. 하지만 아이러니컬하게도 허스트의 회고전은 설립 100주년을 맞은 모나코의 해양 박물관에서 개최되었다. 허스트는 2만 4000리터의 포름알데히드에 거대한 백상아리를 집어넣은 작품을 전시했다. 영국의 일간지 〈텔레그래프〉는 모나코 해양 박물관이 30톤에 달하는 작품의 무게를 견디기 위해 바닥 강화 공사를 했다고 보도했다.[2]

허스트가 가장 좋아하는 음악 밴드 중 하나이며 강렬한 펑크 음악을 연주하는 플레이밍 립스(Flaming Lips)가 오클라호마에서 모나코로 날아와 드라이아이스에서 뿜어져 나오는 희뿌연 연기와 쏟아져 내리는 황금색 색종이 속에서 포스트모던 스타일의 문화적 시너지를 표출하며 회고전 개막 행사를 진행했다. 회고전 개막식을 통해 허스트는 고급 문화와 독립적인 하위 문화 간의 결합, 예술 후원이라는 구모델과 새로운 모델의 결합을 떠들썩하게 알렸다. 그런데 포유류의 사체를 포름알데히드 용액에 담그기 시작하면서 앙팡 테리블(enfant terrible, '무서운 아이'라는 뜻의 프랑스어–옮긴이)의 이미지를 구축했던 허스트는 더 이상 그 이미지를 고수하지 않았다. 〈텔레그래프〉의 인내심 많은 기자 팀 에콧과의 인터뷰에서 허스트는 관습을 초월하는 예술가라기보다 대처의 계보를 따르는 일반적인 토리당 선전원 같은 인상을 남겼다. 인터뷰에서 허스트는 다음과 같이 이야기했다. "돈은 사람들의 존경을 받을 자격이 있습니다. 돈은 사랑만큼 중요합니다. 돈은 닫힌 문을 열어줍니다. 돈을 존경할 필요가 있어요. 충분한 돈을 갖지 못한 사람이 너무도 많기 때문입니다."[3]

사실은 그렇지 않다. 심미적인 가치는 제쳐두더라도 어떤 공익이 제대로 분배되지 않는다는 것이 곧 그것을 존경해야 할 이유가 되는 것은 아니다. 사실 그 반대다. 무언가가 제대로 분배되지 않으면 대중의 궁금증을 유발하게 된다. 필요한 경우 이같이 불평등을 가능케 하고 영속시키는 지배적인 사회적 합의에 대한 대중의 멸시와 항의가 나타나기도 한다. 카를로스 4세의 가족을 너무도 현실적으로 그려낸 프란시스코 고야의 작품, 파리의 슬럼에서 살아가는 사람들을 묘사한 오노레 도미에의 작품, 바이마르 공화국의 몰락과 뒤이은 나치 공포 시대를 냉혹하게 묘사한 게오르크 그로스의 작품에서 볼 수 있듯이 역사를 돌아보면 예술은 이와 같이 용인할 수 없는 갈등을 강조하는 데 꽤 중요한 역할을 했다.

물론 모든 예술이 사회적인 문제를 공격하고 불평등에 저항하는 데 앞장서줄 것을 요구하는 편협하고 가끔 왜곡되어 있는 기대에 반드시 부응해야 하는 것은 아니다. 하지만 높은 사회적 지위를 갈망하는 광고 회사의 전략적인 도움을 받아 예술 작품 하나에 수억 달러를 받아챙기는 레스토랑 운영자가 돈이 '사랑만큼 중요하다'고 이야기한다는 것은 곧, 가톨릭 교회가 나폴레옹 전쟁이 끝난 후 고전 음악 작곡가들

이 기존의 질서에 위협을 가한다고 믿고 그들을 핍박하기로 했던 것처럼, 우리들이 시야가 가려지고 도덕적으로 무뎌진 채 예술의 세계로 들어섰음을 뜻한다.

　물론 기업의 지원을 받아 완성한 작품을 왕족을 위해 전시했다는 것은 세계 예술 협회의 매력적이고 반짝거리는 외관의 바깥에 존재하는 다른 세상과는 관계를 맺겠다는 생각 자체가 없었다는 것을 의미한다. 예술계에서 아방가르드적 표현으로 통하는 대부분의 것들과 마찬가지로 예술계 최고 수준의 대우를 받는 허스트의 경이로운 작품들은 예술을 즐기는 일반 소시민들이 갖고 있는 의미 있는 아이디어와는 전혀 관계가 없다. 요즘 순수 예술과 거대한 대중문화를 구별 짓는 가장 중요한 요인이 돈을 주시할 수 있는 널찍한 공간인 만큼 이런 설명 또한 너무도 어울린다.

11

미국 헌법
밥그릇을 챙기기 위해 만든 그들만의 협약

미합중국의 건국 자체가 계층 문제에 관한 미국인들의 상식이 틀렸음을 보여주는 증거라는 설명은 결코 과장이 아니다. 미국의 도시 신화 속에서 미국 헌법은 시민들의 극찬을 받으며 비준되었다. 뉴스 진행자인 글렌 벡이 미국의 헌법 제정자들에게 앞뒤 없이 흠모의 찬사를 쏟아내기 한참 전부터, 조지 밴크로프트 등 미국의 초기 역사학자들은 아주 진지한 어조로 미국의 헌법이 "하느님의 의지를 실행하기 위한 것"이며 "우주에 통일성을 부여하고 여러 사건에 질서와 관련성을 부여하는 신성한 힘의 움직임"이라고 설명했다.[1]

하지만 헌법에 관한 토론은 실제로 결코 질서정연하지 않았다. 오히려 헌법을 둘러싼 토론은 당시 신생국가 미국을 괴롭혔던 수많은 사회 계층의 존재를 여실히 드러내 보였다. 농장주들은 비옥한 식민

지의 풍요로운 농업지구에 방대한 부동산을 소유하고 있었으며, 영국에서 독립을 쟁취한 후에는 뻔뻔스럽게도 스스로를 신생국가 미국을 대변하는 모범적인 시민이자 입법가로 묘사했다. 미국 헌법의 비준을 옹호한 주요 세력 중 한 사람이었던 존 제이는 조지 워싱턴에게 보낸 편지에서 새로운 지배층을 무척 대담하게 묘사했다. "더 나은 부류의 사람들이라 함은 질서 정연하고 근면하며 자신이 처한 상황에 만족하고 주변 환경에 불안을 느끼지 않는 사람을 뜻한다."[2]

하지만 존 제이와 같은 세속적인 이론가들의 입장에서는 곤란하게도, 18세기에는 미국인 대다수가 자신의 주변 환경에 불안감을 느꼈다. 계곡에 방대한 농지를 소유하는 축복을 받지 못한 사람들은 고지대에서 최저 수준의 생활을 견뎌야 했다. 빚더미에 올라앉은 채 수확이 일정하지 않은 농작물에 볼모로 잡힌 가난한 농부들은 좀 더 규모가 작고 분산된 정부를 지지하는 한편, 채무자의 감옥과 같은 가혹한 채권자 보호 정책에 반대했다. 혁명 이후 미국 정부가 엄청난 규모의 전쟁 빚을 해결하기 위해 도입한 정책은 호황과 불황을 오가는 상업 주기, 시장에 쏟아져 들어오는 값싼 유럽산 물건, 통화 긴축 등으로 상인과 노동자들에게 막대한 피해를 입혔다. 매사추세츠 서쪽 경계 지역에서는 대니얼 셰이라는 농부가 농산물 생산자들의 어마어마한 부채를 줄여줄 지폐 유통을 적극 지지하며 반란을 주도하는 등 경제적인 불만도 터져 나왔다.

농민 반란은 헌법 제정 의회를 소집하기 직전인 1785부터 1786년 사이에 일어났다. 주 정부와 연방 정부가 개입하여 농민 반란은 단기간 내에 진압되었다. 하지만 존 제이와 제임스 메디슨, 알렉산더 해밀턴, 그리고 중앙 정부라는 새로운 조직을 옹호하는 부유층들의 생각은 다들 비슷했다. 당시 제이는 농민 반란이 '또 다른 혁명'의 전조라며 다음과 같이 기술했다. "농민 반란은 또 다른 혁명, 즉 내가 예상할 수도 없고 추측할 수도 없는 무언가의 전조다. 나는 불안하고 걱정스럽다. 전쟁 때보다 더욱 신경이 쓰인다."[3]

미국의 역사를 돌아보면 곳곳에서 채무, 화폐, 신용 거래 조건 등에 관한 의문점들이 나타난다. 다만 마치 몸을 숨긴 어릿광대처럼 은밀하게 감추어져 있었을 뿐이다. 어쩌면 선거권의 확대, 국민 주권설, 영국의 휘그당이 지지하는 신개념 등 점점 확산되는 추상적인 원칙을 차분하게 정렬하기 위함이었는지도 모른다. 경제적 이익의 충돌이라는 관점에서 미국의 초기 역사를 돌아보면, 계몽주의 시대에 등장한 이성주의자들의 신조와 독립주의자들의 갈등이 얼마나 부당한 결과로 이어졌는지를 강조한 프란시스코 고야의 기괴한 전쟁 그림을 감상할 때와 비슷한 기분을 느끼게 된다. 헌법을 옹호한 주요 세력들(스스로에게 듣기 좋게 '연방주의자(Federalist)'라는 호칭을 붙였으며 헌법 비준에 반대하거나 자신들보다 사회적 지위가 낮은 사람들에게는 '반연방주의자(Antifederalist)'라는 호칭을 선사한 사람들)은 최종 문서에 부유한 채권자 계층을 보호하기 위한 두 가지 중요한 수단(지폐 발행을 금지하는 방안, 계약으로 인해 발생한 의무에 정부 차원의 개입을 금지하는 방안)이 포함될 수 있도록 많은 노력을 기울였다. 미국연합규약(Articles of Confederation, 미국 최초의 헌법으로 중앙 정부의 권한을 크게 제한함—옮긴

108

이) 아래서는 재산에 관한 구체적인 법규가 관할 구역에 따라 달랐었다. 하지만 신헌법이 채택되자 재산 관련 조항은 성서와 같은 힘을 얻게 되었다. 제임스 메디슨은 〈페디럴리스트(Federalist)〉 제44호에 '미국의 진실한 국민들'이 "사람과 사람 간에 반드시 필요한 신뢰에 지폐가 미치는 지독히도 성가신 영향"으로 오랫동안 고통을 받았다고 기술했다. 그는 "잘못된 일에 대한 책임이 점차 쌓여 정의라는 제단에 자발적으로 제물을 바쳐야만(즉 '보편적인 사리분별과 근면성을 고무하고, 사회를 떠받치는 경제활동이 일상적으로 굴러갈 수 있도록' 화폐를 발행하는 세력이 중앙집권화된 국가에 굴복해야만) 속죄할 수 있는 지경에 이르렀다"라고 썼다.[4]

헌법이 개인의 재산에 부여하는 확고한 사회적 우선순위도 대부분 금전적 권리에 대한 확신에 찬 주장에서 비롯되었다. 의회 내에서 농장주들의 발언권을 강화하기 위해 남부에서 농장을 운영하는 농장주가 소유한 노예의 수를 부분적으로 인정한 악명 높은 '5분의 3' 조항(1787년 미국 북부와 남부가 필라델피아 협약을 체결하여 남부 농장주가 소유한 노예 중 5분의 3을 인정하기로 합의─옮긴이)도 그중 하나다. 노예제도를 계약의 일종으로 정당화하기는 힘들지만 기본적으로 동일한 관점을 적용했다. 즉 재산 관계가 합리적인 계몽주의 민약의 조건을 대신했으며, 재산을 보유한 중앙 세력의 이익을 보호하기 위해 이 경우 국민 주권('1인 1표'를 다른 방식으로 표현한 것)이라는 헌법의 근본적인 원칙이 모든 인도적이고 지각 있는 형태에서 탈피하게 되었다. 냉정한 상인 계층 수장들의 설득에 넘어가 독립 선언문 초안에 영국의 노예무역에 단호히 반대의 뜻을 표명하기로 결정했던 토머스 제퍼슨도 1788년 다수결주의를 열렬히 반대한 메디슨이 보내온 서신을 통해 이 원칙('국민 주권'이라는 헌법의 근본 원칙)을 익혔다. "미국 정부의 실질적인 권력자는 지역 사회의 다수를 구성하는 사람들이다. 개인의 권리는 정부가 유권자의 뜻과 반대로 행동할 때가 아니라 오로지 다수의 유권자만 대변하는 기관으로서 행동할 때 침해된다."[5]

반연방주의자들은 연방주의자들이 제안한 정부 체제가 사회에 미치는 영향에 대한 관점이 매우 달랐다. 반연방주의 진영을 이끈 지도자로는 패트릭 헨리, 새뮤얼 애덤스, 존 핸콕 등 혁명 시대의 유명인사들이 있으며 부유한 상인이던 애덤스와 핸콕은 반연방주의자들이 주장하던 명분이 사라진 후 헌법 비준을 지지하는 쪽으로 돌아섰다. 새뮤얼 체이스는 메릴랜드 주 의회 연설에서 "헌법은 부자와 명문가 출신들에게 입법적인 영향력을 부여하려는 책략에 불과하다"라고 주장했다.[6] 사회의 하위 계층에서는 헌법 비준에 반대하는 분위기가 한층 거세어졌다. 매사추세츠 출신의 반연방주의자 에이모스 싱글테리는 신헌법이 도입되면 '변호사, 학식이 높은 사람, 부자'가 모든 권력을 갖게 될 거라고 주장했다. 싱글테리는 이미 '모든 권력과 돈'을 틀어쥐고 있는 이런 부류의 사람들이 정부라는 수단을 활용해 "별 볼 일 없는 민초들을 집어삼킬 것"이라고 덧붙였다.[7] 사우스캐롤라이나의 반연방주의자 애더너스 버크는 빈곤한 시골 지역에 헌법 비준 소식이 전해졌을 때 "일부 지역 주민들은 민중에게 귀속된 자유의 소멸과 억압을 표현하기 위해 검게 칠한 관을 땅에 묻는 엄숙한 장례 의식을 치

렀다"라고 보도했다. 버크는 연방주의자들이 제안한 계획에 반대하는 사람들이 "그동안 자유의 기치 아래에서 월계관에 대해 논하고 월계관을 쟁취했으나 이제 영광을 가로채는 것을 목표로 하는 혁명으로 인해 그동안 우리가 누려왔던 영광과 열매를 모두 빼앗기게 되었다"라고 생각한다고 설명을 이어나갔다.[8] 익명의 반연방주의 기고가들은 헌법 제정 의회가 "노조의 민주적인 권한을 삼켜버리고 민중의 자유를 제물 삼아 소수에게 권력과 통치권을 안겨줄 괴물 귀족"을 양산하려 한다고 경고했다.[9]

진보주의 역사학자 찰스 비어드는 1913년에 발표한 저서《미국 헌법에 대한 경제적인 해석(An Economic Interpretation of the Constitution of the United States)》에서 이런 주장을 검증하던 중 필라델피아 협약의 비준에 찬성한 사람들의 대다수가 노조원들 가운데 미국 각지에 부동산, 증권 등의 상업적 제국을 갖고 있는 사람들이라는 사실을 발견했다. 비어드는 이런 사람들이 "경제 부문에서 쌓아온 직접적인 경험을 통해 자신들이 세우려는 새로운 정부가 무엇을 얻고자 하는 것인지 그 결과를 정확하게 알고 있었다"라고 기술했다.[10] 비어드는 새로운 정부가 탄생하면 '재산이 없는 대다수의 미국인'은 (직접적으로, 혹은 주 대표를 통해서) 헌법 제정 의회가 고려하는 대상에서 제외될 것이라고 결론지었다.[11]

미국 시민들의 믿음에 자긍심을 불어넣는 역할을 하는 문서인 헌법에 대해 적나라할 정도로 물질주의적인 결론을 내렸던 비어드의 주장은 당시 미국 내 주류 정치학자들의 논의에서 철저하게 배제되었다.

하지만 이후 헌법 제정에 참여한 인물들의 경제 상황에 대한 양적 연구를 진행했던 학자들 대부분이 비어드의 논문이 옳았음을 증명했으며, 필라델피아 협약을 옹호하기 위해 대부분의 합의사학자들이 언급했던 미국 중산층의 모습 뒤에 가려진 정치 공방을 파헤쳤다.

구제금융이 떠받치고 있는 지금의 미국에서 살고 있는 사람들은 비어드의 주장이 사실임을 입증하는 현실을 두 눈으로 직접 확인할 수 있다. 정부의 승인을 얻어 엄청난 돈을 빌려 쓴 사람들이, 소수의 몇몇 채권자나 투기 계층에 도움이 되도록 설계된 것이 확실한 의심스러운 절차에 얽매여 고통을 받는 일이 또다시 재현되고 있다. '부의 상향 재분배'와 '위험의 하향 사회화'를 향한 대중의 격렬한 저항을 미숙하고 위험한 민중 선동으로 치부하는 일이 또다시 벌어지고 있다. 미국이라는 공화국의 장기적인 정치 건전성이 부유한 특권층의 이익과 거의 동일시되고 있으며, 마지막 순간에 위원회가 수정한 허점으로 인해 상품 거래 부문에서 위험천만한 부채 증권화를 저지하려는 요소 개혁이 방해를 받고 있다.

'우리 국민들은'이라는 문구로 시작하는 미국 헌법의 전문이나 조항 하나하나를 읽다 보면 헌법이 그다지 신뢰하기 어려운 대상이라는 것을 느낄 수 있다. 하지만 헌법이 작성될 당시 영향을 받았던 실제 유권자의 입장에서 좀 더 냉정하게 바라보면, 19세기의 명문가에서 태어난 시인 겸 외교관 제임스 러셀 로웰이 지적한 것처럼 헌법은 '알아서 굴러가는 기계'와 같다.

말콤 글래드웰

'사실'보다 중요한 것은 '그럴듯한' 허상

세심하게 정돈된 세계관을 통해 세상을 바라보면 세상살이의 결과가 불공평하게 분배되는 현상이 자본주의 기업의 운명론적 부산물 그 이상이라는 사실이 대단히 중요하다. 사회의 상부로 진입한 모범적인 개인이 어떤 식으로 중요한 기회를 확보하고 지켜냈느냐 하는 민감한 질문은 자연의 법칙(인간의 마음 자체에 내재되어 있는 특성)을 정의하는 것과도 비슷하다.

말콤 글래드웰은 바로 이런 부분을 공략한다. 글래드웰은 《티핑 포인트(*The Tipping Point*)》, 《블링크(*Blink*)》, 《아웃라이어(*Outliers*)》, 《그 개는 무엇을 보았나(*What the Dog Saw*)》등 많은 사람들의 관심을 끈 대중 사회학 저서를 집필한 베스트셀러 작가다. 다양한 기록을 갖고 있는 글래드웰의 저서들은 그 어느 때보다 초조해하는 미국의 관리자 계급, 또는 시장의 진정한 의지를 예측하고 약간이라도 경제가 후퇴하면 뒤늦게나마 비난의 목소리를 높이는 등 매우 불확실한 노력에 빠져들기 쉬운 존재들에게 동기를 부여하는 슬로건의 역할을 하고 있다. 글래드웰은 1998년에 발표한 화제작 《티핑 포인트》에서 군중의 행동에 숨어 있는 논리와 관련된 참신하고 반직관적인 통찰력을 제시하겠다고 단언했다. 하지만 《티핑 포인트》는 아예 대놓고 비즈니스 독자들을 독려한다. "여러분의 결정과 대중문화의 친연성이 중요한 마케팅 트렌드를 만들어낼 수 있다!"

글래드웰은 기분 좋게 들리는 이 문장을 《블링크》에서 더욱 발전시켰다. 글래드웰은 그 책에서 정신적인 판단에 내재된 역학을 쉽게 설명한다. 그리고 현인의 조언을 언제든 기쁘게 받아들이는 마케팅 전문가들에게 시장에서 실패한 사람들은 자기반성과 분석이 가진 가치를 실제보다 높게 평가한다고 이야기한다. 머리칼을 잔뜩 부풀려놓은 듯 머리 모양이 특이한 비즈니스 부문의 선지자 글래드웰은 다음과 같이 설교한다. "자신의 인상을 믿어야 한다. 어떤 주제를 30초 이상 곰곰이 생각하고 있다면 요점을 놓쳤을 가능성이 크다."

글래드웰이 아주 적절한 시간대에 제시한 지혜의 패러다임은 계속 발전해나가고 있다. 《아웃라이어》에서 글래드웰이 반직관적으로 주장하는 것은 "주류사회의 가장자리에 가장 중요한 기회가 숨어 있는 경우가 많으며 학교 성적과 같은 전통적인 성취 지표는 아무런 가치가 없는 경우도 많다"라는 것이다. 글래드웰의 이야기를 조금 바꾸어 말하면 다음과 같다. "순간적인 판단과 시장 본능을 통해 많은 이윤을

얻는 의외의 탁월한 전략을 활용하자!" 한편, 《그 개는 무엇을 보았나》는 자기계발 장르의 다음과 같은 오래된 교훈을 언급하기 위해 여러 기업가와 기업정신 운동에 관한 이야기를 산만하게 전개한다. "천재와 시장에 관한 우화는 인생에 대한 귀중한 교훈과 역할 모델을 제시한다. 그런 것들에 주의를 기울이고 성공하자!"

글래드웰의 장르에는 한 가지 문제가 있다. 대부분 실증적 근거가 없다는 점이 바로 그것이다. 물론 그것은 나만의 생각이 아니다. 신경심리학자 스티븐 핑커는 글래드웰의 대표적인 주장을 철저하게 분석한 후 글래드웰의 주장이 뻔한 이야기로 포장된 과장에서 시작된다는 사실을 찾아냈다. 글래드웰이 '우리'라고 표현하는 사람들, 즉 사회적 통념을 받아들이는 사람들은 위험을 제거하면 삶이 훨씬 더 안전해지고, 경영자들을 감옥에 가두면 부정부패를 막는 데 도움이 되고, 천재성은 개개인의 고집이 일구어낸 자산이라고 믿는다. 어떤 문제를 회의적이고 편향된 시선으로 바라보는 연구자가 내놓은 재미있는 통찰을 활용해 사회적 통념을 무너뜨린 다음, 글래드웰은 곧장 핑커의 얘기처럼 '따분하거나, 둔감하거나, 완전히 잘못된 일반화'에 도달한다.[1] 예를 들어보자. 《아웃라이어》에서 글래드웰은 대학 시절의 풋볼 성적, 강습 성적, IQ 테스트만으로는 풋볼 선수, 교수, 기량이 뛰어난 학생의 성공적인 미래를 완벽하게 진단할 수 없다고 주장한다. 이와 같은 주장을 펼치는 과정에서 글래드웰은 이런 지표에 담겨 있는 요점을 잘못 판단했다. 사실 글래드웰이 언급한 지표들은 궁극적인 인생의 결과를 예측하기 위한 것이 아니라 고용주가 감수해야 할 위험을 최소화하기 위한 것이다. 새로운 직업에 투자하는 사람들은 금융 시장의 투자가와 마찬가지로 내기를 하는 것이다. 새로운 직업에 투자하는 사람이나 금융 시장에 투자하는 사람이나 시스템을 활용하는 데 도움이 되는 손쉬운 방법을 고안하는 것은 매한가지다. 핑커는 다음과 같이 지적한다. "미국 프로 풋볼 리그 드래프트에서 쿼터백 순위가 프로 리그의 성공과 관계가 없다는 주장, 인지 능력이 교사의 능력을 예측하지 못한다는 주장, 지적인 능력이 성과와 별다른 관련이 없다는 주장, 지능지수가 120이 넘을 정도로 머리가 뛰어난 사람들의 지적인 성취가 특별히 뛰어나지 않다는 주장(《아웃라이어》에서 가장 중요한 주장)은 한마디로 옳지 않다."[2]

핑커는 글래드웰의 다른 작업에 대해서까지 하나하나 분석을 하지는 않았다. 하지만 기본적으로 동네의 치안을 위해 지역 경비 체제를 운영할 때는 '깨진 유리창' 이론 즉, 깨진 유리창을 악의적으로 방치하거나 도시가 황폐해지면 범죄 행위가 증가한다는 믿음을 바탕으로 동네의 기본적인 공중 위생 상태 등 '양질의 삶'을 추구하는 계획에 더 많은 자원을 쏟아 부어야 한다고 주장하는 《티핑 포인트》에도 비슷한 비판을 가할 수 있다. 자세히 살펴보면 깨진 창문 이론에도 사회과학적인 망상이 숨겨져 있다. 글래드웰이 그것을 언급한 시기는 루돌프 줄리아니가 뉴욕의 시장으로, 윌리엄 브래턴이 경찰국장으로 취임했던 때로 브래턴이 지역 경비 체제를 도입하기 전에 뉴욕 전역에서 실제로 범죄가 감소하고 있었다. 지역 경비 시스템을 도입한 다른 도시에서도 기껏해야 뒤섞인 결과, 혹은 확정적이지 않은 결과가 나타났

을 뿐이다. 그뿐 아니라 브래턴과 줄리아니가 뉴욕을 지키던 1990년 대에는 십대 임신, 고등학교 자퇴율, 아동 빈곤 기타 범죄 증가와 관련이 있는 사회 지표들이 감소세를 보였다.[3]

마찬가지로 《블링크》에 등장하는 신속한 판단력을 지닌 사회적 관찰자들은 책 내용과는 달리 그다지 훌륭한 역할을 해내지 못했다. 글래드웰은 《블링크》의 앞부분에서 사회학자 존 고트만이 운영하는 시애틀 소재의 실험실 '러브 랩(Love Lab, 고트만이 워싱턴 대학에서 운영하는 실험실로, 결혼을 성공 혹은 실패로 이끄는 요인에 관해 연구한다-옮긴이)'을 '찰나의 순간(thin-slicing)'에 판단을 내리는 대표적인 모델이라고 소개한다. 하지만 실제로 러브 랩 연구진은 고트만이 개발한 컴퓨터 모형을 활용해 수많은 부부의 결혼이 어떤 결말을 맞이하게 될지 연구했으나 결혼의 상대적인 성공도를 정확히 예측하지 못했다. 작가 로리 에이브러햄의 지적처럼 이 사례 자체가 유용한 분석 대상이 될 수는 있다. 하지만 이 사례는 글래드웰의 주장과는 달리 예언적인 첫인상에 빠져들 때 '우리'가 갖는 힘에 관한 고전적인 연구 사례로 채택되기는 힘들다. 고트만이 활용한 데이터 표본의 양이 적기 때문에(불과 57쌍의 부부) 좀 더 규모가 큰 대조집단에서 고트만이 발견한 사실이 잘못되었다는 것을 입증하기 힘들다. 에이브러햄은 다음과 같이 기술한다. "통계에서는 조사 중인 사건이나 상황의 모집단 확산 현황을 모른다면 미래에 무엇이 어떤 수준의 활력을 나타낼지 판단할 수 없다." 고트만이 발표한 유명한 1998년 연구에 사용된 표본의 잘못된 양성 반응과 음성 반응을 참작하면(연구결과를 입증하기 위한 표준 통계 검정) 고트만 모델의 80퍼센트라는 '정확도(이 명칭 자체가 비과학적인 표현이다)'가 낮아질 것이다. 고트만은 결혼 기간이 3년에서 6년 사이인 부부를 대상으로 연구를 진행했다. 고트만이 표본으로 삼은 부부의 실제 이혼율을 따져보면 고트만의 예측 성공률은 43퍼센트로 떨어진다. 결국 동전을 던져서 결혼의 미래를 점쳤을 때의 성공률과 별반 차이가 없는 수준이다.[4]

하지만 글래드웰의 저서에서 계속해서 발견되는 오류보다 더욱 중요한 것은 사회학적으로 말도 안 되는 이야기를 만들어내는 이 사람이 어떻게 이토록 많은 사람들을 사로잡았는가 하는 의문이다. 우리가 실제로 행동하고 새로운 아이디어와 사회적 추세를 받아들이는 방식이 얼마나 다양하든 글래드웰은 자신의 책을 읽는 독자들이 세상이 어떤 식으로 돌아가기를 기대하는지를 포착한 다음 바로 그런 내용이 들어 있는 매력적인 그림을 그려낸다.

글래드웰의 가장 뛰어난 영웅은 '직관력 있는 관리자'(허레이쇼 앨저가 도금시대(Gilded Age)에 발표한 소설에서 사회적인 성공을 위해 열심히 노력하는 주인공을 21세기에 걸맞게 업그레이드한 존재)다. 하지만 앨저가 근검, 근면, 희생 등 인격 형성을 위한 개인주의적 덕목(악덕 자본가가 판을 친 새로운 산업질서 속에서 이미 위험에 처한 특징들)을 강조했다면 글래드웰은 전적으로 소비 중심적인 성공 모델을 전파한다. 글래드웰이 지어낸 시장에 관한 우화의 핵심은 투지와 독창성을 갖고 새로운 경제 영역을 헤쳐가라는 것이 아니라 시장 세력들과 유대관계를 구축하여 시장이 자신이 어떻게 행동하기를 가

118

장 바라는지 추측하라는 것이다.

초대형 교회에서 목사로 활동하며 논픽션 부문의 베스트셀러 《목적이 이끄는 삶(The Purpose-Driven Life)》을 발표한 릭 워런과 마찬가지로 글래드웰이 가장 좋아하는 대상은 내면 깊숙한 곳에서 갈등을 느끼는 인물이 아니라 "억누를 수 없을 만큼 강렬한 추진력"을 원동력 삼아 살아가며 시장을 향한 충성심을 가슴 깊이 품은 채 권력자적 삶을 살아온 인물이다.[5]

글래드웰은 워런의 비범한 마케팅 능력을 강조하기 위해 의도적으로 워런이 설교할 때 언급하는 실제 내용은 대단치 않게 여긴다. 글래드웰은 신도 수가 2만 명에 달하는 워런의 새들백 교회에서 채택한 성경 연구 모임의 단위 조직과 워런이 다른 목사들에게 교회 발전 전략을 가르치기 위해 만들어놓은 온라인 세미나를 애지중지하면서, 워런이 복음의 전통에서 죄에 관한 음울한 이야기를 없애고 기독교에서 표방하는 구원의 메시지를 시장의 확고한 강령으로 바꾸어놓은 점을 경탄해 마지않는다. 글래드웰은 다음과 같이 기술한다. "대부분의 전도사들은 신경제로 인해 새롭게 생겨난 언어들 중 B2C 모델을 따른다. 워런은 B2B 모델을 추구한다. 워런은 다른 사람들에게 다가가는 사람들을 공략하는 것이다. 워런은 종교 네트워크를 구축한 사람이다."[6]

워런의 책을 바라보는 글래드웰의 관점에 따르면 이런 네트워크는 경이로운 일을 만들어내는 기적과도 같다. 글래드웰은 《목적이 이끄는 삶》을 여럿이서 함께 읽어야 한다고 설명한다. "신앙에 관한 내용이 너무 적게 느껴질 수도 있다. 그 이유는 이 책 자체가 토론과 숙고,

논의를 통해서 보완이 되도록 만들어졌기 때문이다. 이것이 바로 소규모 집단이 어떻게 움직이는지 워런이 직관적으로 잘 이해하고 있다는 증거다. 삼삼오오 모여 토의를 하는 것이야말로 《목적이 이끄는 삶》을 제대로 활용하는 방법이다. 워런이 평생에 걸쳐 구축하려 했던 네트워크를 통해 《목적이 이끄는 삶》에 관한 토론이 확산되는 것이다. 즉 사람에서 사람으로가 아니라 집단에서 집단으로 토론이 흘러간다."[7]

《티핑 포인트》에 드러난 사회 변화에 대한 관점과 마찬가지로 워런 현상을 부추기는 시장의 힘은 유기적이고 독립적인 자연의 힘으로 여겨진다. 또한 워런 현상이 성공한 데는 글래드웰과 같이 시장에 관한 훈련을 거친 선구자의 눈에만 제대로 보이는 연상의 법칙이 숨겨져 있다. 워런의 책이 조지아에서 일어난 인질 사건(홀로 아이를 키우던 애슐리 스미스가 이미 4명을 살해한 전적이 있는 탈주자 브라이언 니콜스에게 인질로 잡힌 상황에서 자신을 풀어주고 경찰에 투항하도록 설득했던 사건)에서 놀라운 역할을 했을 때도 글래드웰은 이 사건에서 진정으로 놀라운 부분은 '그것이 일어남직한 일이었다'는 것이라고 지적했다.

애슐리 스미스가 자신을 인질로 잡고 있는 니콜스에게 그 책을 큰 소리로 읽어줘야겠다는 생각을 갖게 되고 이후 토론을 하는 과정에서 니콜스가 자신이 처한 상황을 좀 더 넓은 관점에서 볼 수 있게 되었으니 정말 놀랍지 않은가? 스미스와 니콜스는 하나의 소규모 집단에 속

해 있었고 《목적이 이끄는 삶》에 나오는 구절을 큰 소리로 읽는 것은 소규모 집단에서 할 수 있는 행위다. [8]

하지만 물론 워런의 혁신적인 복음주의 네트워크 전달 시스템에 대해 생각하다 보면 워런과 수백만에 달하는 워런의 추종자들에게 가장 중요한 것, 즉 교회가 이처럼 가파르게 성장할 수 있게 한 기독교 신앙의 비전을 무시하게 된다. 워런의 경우 그 비전은 표면적인 사회적 관용을 수용하는 것이었다. 워런은 화려한 색깔의 셔츠를 입고 설교를 하고, 새들백 교회는 신도를 위해 어린이집을 개설하고 기독교를 주제로 한 영화를 상영한다. 게다가 워런은 크리스천 록 계통의 다양한 음악에 대해서도 설교한다. 하지만 겉으로 드러나는 이처럼 평온한 모습 이면에는 무자비한 성서 직역주의가 존재한다. 워런이 캘리포니아의 동성 결혼 금지 제안 제8호(Proposition 8)에 필요한 자금 조성하는 데 협력한다거나, 자신의 영향력을 활용해 동성간 성행위자를 사형에 처하는 우간다의 야만적인 법안에 비난의 목소리를 높여달라는 요청을 거절한 데서 이런 사실이 적나라하게 드러난다(워런은 '목적이 이끄는 삶' 계획으로 제3세계 여러 국가의 국민들을 자신의 신도로 받아들였으며 해당 국가 중 하나가 우간다다). [9]

다시 말해서 기독교 신앙이 무분별하고 비인간적이며 편협한 색채를 띠게 되면 신앙을 향한 네트워크적 접근방법은 훨씬 감동이 덜하다. 하지만 세계를 뒤덮고 있는 글래드웰식의 매혹적이고 고요한 표면에는 이처럼 불쾌한 개념이 들어설 자리가 없다. (시장은 부당한 차별과 불공평한 결과를 만들어내며, 실행의 순간에 내린 순간적인 판단이 제아무리 직관적이고 짜릿하다 하더라도 5000만 명의 중간급 관리자가 사실은 틀렸을 수도 있다는 한층 불안한 사실이 그 속에 반영되어 있기 때문이다.)

결국 '티핑 포인트'라는 용어는 도덕적인 오판이 넘쳐나는 오늘날의 현상(인종 차별을 폐지하라는 압박이 한창인 가운데 도심에 거주하던 소수민족들이 백인 중산층의 교외 이주 현상에 굴복하는 것 등)을 묘사하기 위해 만들어진 것이다. 글래드웰이 이 같은 생각을 수정하여 일시적인 사회현상의 발전과 쇠퇴를 제대로 묘사한다는 것은 시장에 관한 슬플 정도로 교훈적인 우화에나 나올 법한 일이다.

13

뉴욕타임스

현대의 귀족들이 세상을 보는 창

그렇다. 나는 미국의 보수주의자들이 오랫동안 〈뉴욕타임스〉를 진보적 성향에 무신론적이며, 공산주의적인 모든 것의 보루라고 조롱해 왔다는 사실을 잘 알고 있다. 하지만 오만한 맨해튼의 엘리트 계층에 적나라하게 편향된 〈뉴욕타임스〉의 표지를 실제로 본 적이 있는 사람이라면 그런 주장에 동조하기가 힘들 것이다. 〈뉴욕타임스〉 일요일판 경제면 기사들을 훑어보면 골드만삭스의 CEO 로이드 블랭크페인이나 시티그룹의 회장 샌디 웨일 등 어떤 상황에서도 굴하지 않고 국민들의 주머니를 털어낸다는 사실이 폭로된 경영자들의 화려한 이력을 확인할 수 있다. 뉴스 산업 전체(그중에서도 특히 〈뉴욕타임스〉)가 감당할 수 없을 정도로 위축되어 있는 지금, 〈뉴욕타임스〉는 온라인상에서 경제 관련 기사의 비중을 늘릴 계획이라고 발표했다. 이와 같은

결정은 〈뉴욕타임스〉가 어떤 독자를 이상적이라고 여기는지 잘 보여준다.[1]

　어떤 측면에서 보면 〈뉴욕타임스〉의 모든 면은 결국 경제 관련 기사로 채워져 있다. 가령, 일요일에 발행되는 신문의 생활면에는 헨리 벤델 백화점의 매장 밖에서 인도를 가득 메운 시위대의 공분을 일으키지 않고 월가에서 지급받은 보너스를 들고 쇼핑을 즐길 수 있는 방법을 알려주는 특집 기사가 종종 등장하곤 한다. 일요일에 발행되는 《뉴욕타임스 매거진》에서는 '지금 우리가 사는 법(The Way We Live Now)'이라는 그럴싸한 칼럼을 실어 특권층의 선호하는 자신들의 본질을 숨기곤 한다. 〈뉴욕타임스〉 편집자들이 앤서니 트롤럽이 발표한 같은 제목의 소설을 조금이라도 읽어보는 정도의 노력을 기울였더라면 절대 저 제목은 쓰지 못했을 것이다. (트롤럽은 소설에서 빅토리아 시대에 도덕적 붕괴가 나타난 가장 중요한 이유로 사기성 짙은 미국의 철도 투자 제도를 지목했다.) 그것에 비하면 눈살을 찌푸리게 될 정도로 고가품에 관한 소식을 집중적으로 다루는 쇼핑 잡지 〈티(T)〉는 적어도 가식적이지는 않다. 부자들의 마음을 사로잡는 것을 목표로 한다는 점을 솔직하게 직접적으로 드러내니 말이다. 〈뉴욕타임스〉의 칼럼니스트 폴 크루그먼은 진보적인 목소리로 신뢰할 만한 경제 칼럼을 쓰고 있지만, 자유시장이라는 망상에 대한 기고문들을 풀어놓는 토머스 프리드먼, 데이비드 브룩스, 로스 두댓 등과 비교하면 여전히 미미한 존재일 뿐이다.

　〈뉴욕타임스〉는 뉴스업계의 선두업체로서 미디어 시장을 어지럽히

는 경제 위기와 저널리즘 위기가 어떤 것인지 잘 보여준다. 독자들이 온라인 및 틈새 뉴스를 제공하는 곳에 몰려들면서 독자층이 세분화되고 있다. 따라서 일반적인 관심사를 다루는 신문들은 상류층 독자들의 마음을 사로잡을 수 있는 기사를 보도하기 위해 적극적으로 노력을 기울인다. 다시 말해서 잠재적인 광고주들에게 가장 수익성 높은 먹잇감이 될 만한 소비자들을 대상으로 그들의 감성과 취향에 맞는 기사를 싣는 것이다. 하지만 이런 방식의 마케팅과 언론으로서 〈뉴욕타임스〉의 사명감(국민들이 가장 먼저 확인하는 전국적인 뉴스를 제공하는 것) 사이에서 심각한 긴장감이 발생한다. 〈워싱턴포스트〉 같은 〈뉴욕타임스〉의 경쟁지들은 나날이 독자가 줄어드는 상황에서 지면을 지속적으로 줄여나가다가 당혹스러운 스캔들에 빠지기도 했다. 예를 들어, 〈워싱턴포스트〉의 발행인 캐서린 웨이머스는 2009년에 자택에서 비공개로 정책 회의를 열고 기자들에게 광고주 접근 전략을 발표했다. 경영진이 참석하는 〈뉴욕타임스〉의 좀 더 성스러운 회의 자리에서는 게임에 참여하게 해주는 대가로 돈을 요구하는 추잡한 방법을 사용해야 한다는 논의는 전혀 이루어지지 않는다. 그 이유는 매우 단순하다. 〈뉴욕타임스〉가 부유층을 선호한다는 사실은 별도로 언급할 필요도 없이 신문만 몇 장 뒤적여 보더라도 쉽게 확인할 수 있기 때문이다.

〈뉴욕타임스〉는 부유층의 마음을 사로잡을 기사에 한층 열을 올리는 한편, 미국의 노동자들이 겪고 있는 어려움에 대해서는 한층 곤혹스럽고, 관음적이며, 귀족적인 시선을 보내고 있다. 〈뉴욕타임스〉가 미국 대도시에서 발행되는 신문 중 여전히 노동 전문 기자(기량이 뛰어나고 시각이 날카로운 스티븐 그린하우스)를 고용한 몇 안 되는 일간지 중 하나인 것은 사실이다. 하지만 〈뉴욕타임스〉가 미국의 노동자들을 묘사하는 방식이, 슈퍼마켓에서 나눠주는 타블로이드 신문 〈위클리 월드 뉴스(Weekly World News)〉가 빅풋(Bigfoot) 원숭이에 관한 기사를 묘사하는 방식과 다를 바가 없다는 점은 너무도 자명하다. (즉 노동자들을 변덕스럽고 눈을 희번덕거리는 흥밋거리로 묘사할 뿐 성인들의 관심을 끌어 마땅한 존재로 묘사하지 않는 것이다.) 바로 이런 이유 때문에 〈뉴욕타임스〉는 최근, 존경받는 중산층에 진입하기 위해 넘어야 할 장벽을 통과하지 못한 불운한 사람들에 관한 기사를 보도국에서 관음증적 성향을 갖고 있으며 가장 강렬하고 '특색 있는' 기사를 작성하는 데서 탁월한 기량을 자랑하는 기자들에게 맡겼다. 1990년대에는 남부 출신으로 거들먹거리지 않는 전문 기자 릭 브래그가 노동자 관련 기사를 주로 작성했으며, 이후에는 신경질적이고 특이한 미국인들에 관한 기사를 작성하는 데 일가견이 있었던 찰리 르더프가 2006년에 〈뉴욕타임스〉를 떠날 때까지 노동자 관련 기사를 담당했다.

2005년, 〈뉴욕타임스〉는 사회 계층의 하부에 속하는 사람들을 모호하고 집단적인 시선으로 바라보는 연재 기사를 게재했다. 정말 공교롭게도 〈뉴욕타임스〉의 연재 기사는 퓰리처상 수상작의 소재가 되었으며, 이후 《벨 훅스, 계급에 대해 말하지 않기(Class Matters)》라는 제목의 책으로 출판되었다.[2] 연재 기사에 참여한 〈뉴욕타임스〉 기자들은 사회 계층은 그리 중요하지 않다며 〈뉴욕타임스〉를 구독하는 특권층 독자들을 안심시켰다. 이들은 적어도 쥐꼬리만한 월급을 받는 삶

에서 벗어나지 못하는 미국인들에 대한 걱정이라면 전혀 할 필요가 없다고 단언했다. 첫 회 기사에서는 "사회적 다양성으로 인해" 계급과 계층이 분리되었음을 보여주는 "표식 중 상당수가 사라졌다"라고 설명한다. 사실 언뜻 보면 미국에서는 "실력이 특권 세습이라는 구체제를 대체"한 것처럼 보였다.[3]

교육 수준이 높은 아이비리그 출신(맨해튼 거주자)의 귀에 이처럼 온화한 이야기는 마치 음악처럼 들릴 수도 있다. 하지만 안타깝게도 이런 현실은 실제 경제가 순환하는 방식과도 관련이 있다. 2005년, 미국 경제는 5년 동안 지속된 성장기의 중반을 지나고 있었지만 임금은 실제로 감소하는 초유의 사태를 경험하고 있었다. 나무에서 막대사탕이 자라나지 않듯 실력이나 사회적 다양성을 기준으로 부(富)가 분배되는 것은 아니었다. 하지만 〈뉴욕타임스〉는 미국의 노동자들이 어떤 식으로 자사 기자들을 당황시키고 놀라게 만들었는지를 설명하는가 하면 노동자 계급의 실질적인 특성과는 거의 무관한 터무니없는 소설을 휘갈겼다.

〈뉴욕타임스〉의 경제 전문 기자 데이비드 레온하트가 작성한 대학생들의 자퇴 문제에 관한 기사를 보자. 그는 식품 저장고에서 일하는 젊은이를 다룬 기사에 공부를 해서 학위를 딸 생각은 하지 않고 이유도 모르고 쳇바퀴를 돌리며 하루 하루를 보내는 무기력한 실험용 쥐처럼 세상물정을 모르는 얼간이로 묘사했다. 레온하트는 자신의 감정을 그대로 드러냈다. "저소득 계층에 속하는 수많은 십대 청소년들은 대학을 졸업한 사람들을 별로 알지 못한다. 대학을 졸업하지 못한 사람의 대다수는 젊은 남성이며 그중 일부는 가능하면 어릴 때부터 노동을 시작해야 한다는 공장 노동관이 팽배한 마을 출신이다. 공장 자체가 점차 사라지고 있음에도 말이다. 이유가 무엇이든 대학이라는 것 자체가 그다지 보편화된 것으로 느껴지지 않는 것이다."[4]

물론, 이따금씩 물가상승률의 두 배가 넘는 수준으로 치솟곤 하는 등록금을 감당하기 위해 엄청난 빚을 져야 하는 상황이라면, 상대적으로 특권을 누리지 못하고 살아온 미국인들의 경우, 대학을 평범한 것으로 받아들이기 어려울 수도 있다. 심지어 레온하트도 부시 행정부가 곳곳에서 사회적 지출을 줄임으로써 특이하게도 대학에서 "고소득층 학생들이 저소득층 학생들보다 약간 더 많은 금액을 지원받는" 기이한 현상이 벌어졌다는 점을 시인할 수밖에 없었다.[5] 하지만 실력 중심의 사회에서 앞으로 나아가려는 노력을 중단하는 이러한 현상에 대해 〈뉴욕타임스〉 독자들이 충분히 만족할 만한 해설에는 결국 문화적인 요소가 반영될 수밖에 없다. 즉 푸른 잎이 무성한 인근의 대학 캠퍼스에서는 학업을 포기하고 돈을 버는 기이한 삶의 방식은 한마디로 '평범하게 느껴지지 않는다'고 설명하는 것이다. 미국의 제32대 대통령 프랭클린 루스벨트가, 손꼽히는 수많은 대학이 저소득층의 입학을 거부하는 상황에서 사회 계층 기반의 진입장벽을 무너뜨리는 제대군인원호법(GI Bill, 제2차 세계대전 이후 미국의 퇴역군인들에게 교육과 주택, 보험, 의료, 직업훈련 등의 기회를 제공하기 위해 마련된 법률−옮긴이)에 서명하지 않기 위해, 노동자 계급 자녀들의 심정을 고려하지 않고 이 같은 귀족적인 우려를 용인했다면 어떤 일이 일어났을지 생각해보자.

레온하트의 시각이 지나치게 한쪽으로 치우쳐 있었다는 사실을 강조하려는 것이 아니다. 사실 다른 측면에서 레온하트는 매우 유능하며 이따금씩 민완 기자의 면모를 보이기도 하는 경제정책 전문 기고가다. 하지만 노동자 계급의 관습에 관한 레온하트의 냉정하기 그지없는 설명은 오랫동안 미국 신문들을 괴롭혀온 확연한 맹점이다. 가끔씩 산업 공동화 현상이 러스트 벨트(Rust Belt, 공업이 사양길로 들어선 미국 북부 지역-옮긴이)에 미치는 영향을 다루는 특집 기사를 제외하면 〈뉴욕타임스〉에 미국의 노동자들이 겪는 어려움에 관한 기사가 실리는 경우는 사실상 거의 없다. 할리우드 작가들이 파업을 벌였던 2008년, 〈뉴욕타임스〉는 소니 영화사의 경영자인 마이클 치에플리에게 작가 파업에 관한 기사를 맡겼다. 치에플리에게 작가 파업에 관한 기사를 맡기는 것은 크리스토퍼 히친스(《신은 위대하지 않다》, 《자비를 팔다》 등의 저서를 발표한 작가로 무신론자-옮긴이)에게 종교 관련 기사를 맡기는 것과 다름없는 행동으로 이해 충돌이 발생할 수밖에 없다. 신문윤리에 관한 거의 모든 조항을 위반한 사건이지만 그런 사실은 별로 알려지지 않았다.[6]

2010년에 지진이 아이티를 강타한 후 〈뉴욕타임스〉의 기자 마크 레이시와 사이먼 로메로는 풍자 성향이 짙은 뉴스매체 〈어니언(Onion)〉의 패러디 기사로 오인받고도 남을 정도로 이상한 내용의 급보를 타전했다. '가난한 나라의 계층 구분을 무시한 지진(Quake Ignores Class Divisions of a Poor Land)'이라는 제목에는 모든 국민들을 비탄에 빠뜨린 자연재해에 당황한 상류층의 시선이 고스란히 담겨 있다.[7] 기사 내용에도 〈뉴욕타임스〉가 추구하는 사회, 세상을 지배하는 뿌리 깊은 사회적 차별에 대한 허무맹랑하고 경솔한 태도가 드러나 있다. 하느님이 무신경했다는 투정마저 배어 있다. 레이시와 로메로는 정신을 차리기 위해 안간힘을 쓰고 있다는 듯이 다음과 같은 내용으로 기사를 작성했다. "지진은 사회 관습을 존중하지 않는다. 지진은 부자라고 봐주지 않는다. 아이티에서 발생한 지진은 대다수의 가난한 사람들이 사는 복잡한 슬럼과 부자들이 거주한 페션빌(Pétionville)을 구분 짓는 보이지 않는 경계선에 대해 아는 것이 아무것도 없다."

미국에서 취재를 위해 아이티로 떠난 특파원들은 산들바람이 부는 거리를 거닐면서 몰락한 사회를 묘사하며 자연계의 질서에 대한 자신들의 가장 기초적인 생각이 틀렸음을 증명하려 한다. "규모와 상관없이 무너져 내린 집들을 바라볼 때 생겨나는 불안감이 사회 계층을 막론하고 모든 아이티인들을 엄습했다. 구도심 근처에 있는 패콧 같은 고급 주거지역이나 도시의 위쪽 언덕에 위치한 페션빌의 곳곳이 파괴되었다. 거대한 저택들이 폭삭 내려앉았고 돈 많은 사람들이 무너진 집 앞의 길거리에서 소지품을 끌어안고 잠을 잤다."

1775년 리스본 대지진이 유럽 국가의 수도 하나를 통째로 파괴하여 사망자만 2만 명을 넘어서자, 한때 자신감에 가득 차 있었던 계몽주의 철학자들의 신념은 통째로 뒤흔들렸다. 그들은 그토록 처참한 재앙이 과연 공정하고 동정심이 많으며 전지전능한 하느님의 작품일까 하는 의문을 품었다. 당시 계몽주의 철학자들이 경험했던 것과 유사한 실존주의적 도전에 직면한 〈뉴욕타임스〉는, 아이티의 지진을 특권층이 누리는 모든 것을 더한다 하더라도 안전하고 안락한 삶이 보

장되지 않을 수도 있음을 보여주는 사례로 받아들였다.

오늘날 〈뉴욕타임스〉에서는 부지불식간에 사회경제적인 삶을 이처럼 귀족적인 시신으로 바라보는 경우가 허다하다. 2008년의 경제 위기가 미국의 일반 노동자들에게 미친 파괴적인 영향이 이 시대의 가장 중요한 화두 중 하나라는 상황을 고려했을 때 더욱 그렇다. 하지만 〈뉴욕타임스〉는 아직도 경제 기사를 전혀 바람직하지 않은 시각으로 작성하고 있다. 이를테면, 부유한 가정의 부모들이 자식에게 다른 직업을 갖고 일하게 하는 것을 매우 영웅적으로 묘사한다든가, 부동산에 대한 탐욕을 도널드 트럼프나 브루스 래트너만큼 드러낼 수 없는 현실을 개탄스러워한다든가 하는 식이다.

생산 경제 내에서 실질적으로 일하는 미국인들이 경험하는 어려움에 대해 가장 진지하고 심층적인 태도로 접근하는 곳이 투자자 계층에서 발행하는 〈월스트리트저널〉이라는 사실은 미국 신문들의 계층에 대한 근시안적인 시각을 잘 보여주는 매우 암울한 사례이다.

언론사가 모여 있는 맨해튼 중심부의 엘리트 지구에서는 늘 그래왔던 듯하다. 〈뉴욕타임스〉의 경제 관련 보도 방식을 깨닫고 나면 원자폭탄의 충격 이후 〈뉴요커〉의 편집자들이 갑자기 어울리지 않게 '심각한' 태도를 보인 데 대해 "그들은 이 세계의 우아하지 못한 측면이 그토록 위험해질 것이라고는 결코 생각지 않았다"라는 로버트 워쇼의 유명한 말을 떠올리지 않을 수 없다.[8]

14

실력주의

개천에서 용이 날 거라는 달콤한 속삭임

　미국인들의 공공 담론에 나오는 단어 중 '실력주의(meritocracy)'라는 말처럼 툭하면 잘못 다뤄지고 의도적으로 오해를 조장하는 단어도 없다. 사람들은 실력주의라는 용어의 바탕에 깔린 활기차고 효율적인 분위기나 미래주의, 복합 상업지구를 연상시키는 청결한 이미지 등에 마음을 빼앗긴다. 게다가 실력주의가 내세우는 '모든 사람이 업무나 학업의 성취를 위해 얼마만큼의 노력을 기울였는지를 공정하게 평가해 보상한다'라는 개념은 거의 범국가적인 강령이 되어버렸다. 결국 공평한 데다 제약이 없으며 기술 중심적인 것이 자명한 시스템에 반대할 사람이 누가 있을까.

　실력주의라는 표현을 처음 만들어낸 마이클 영이 바로 그런 사람이다. 영은 산업화된 영국의 가족 관계 및 지역 주민 간의 유대관계를

연구한 영국의 사회학자다. 업무 성과를 측정하고, 지능 검사를 통해 사람을 평가하는 것으로 잘 알려져 있던 영국 공무원 사회의 기풍이 전쟁 후에 급격하게 확산되는 현상을 기록하던 그의 머릿속에 장난기 가득한 풍자의 씨앗이 뿌리를 내리기 시작했다. 1958년, 영은 《실력주의의 등장, 1870년부터 2033년까지(The Rise of the Meritocracy, 1870-2033)》라는 제목의 풍자 소설을 출판했다.

이 책은 정치적인 위기(가사를 전담할 책임이 있는 여성들과 해고당한 기술자들이 새로운 연합체를 구성해 사회 질서 전체를 전복하려 하는 상황)에 직면한 정부를 위해 집필한 백서 형식의 미래소설이다. 백서를 작성한 익명의 저자(수줍은 듯 각주에 '마이클 영'이라는 사람에게서 오래전에 장학금을 받았다는 사실을 언급해두었다)는 실력주의를 바탕으로 한 사회적 보상 계획을 적용해야 한다는 전후(戰後)의 이론적 근거를 다시 언급했다. 차분한 문투로 쓴 글을 읽는 독자는 《실력주의의 등장》이 냉담하기 짝이 없는 반(反)유토피아를 있는 그대로 보여주고 있음을 깨닫는다. 기술자 출신의 고급 관료들은 영국의 노동운동을 수용하여 세대를 넘어 특권이 세습되는 현상을 타파하기 위해 노력한다. 하지만 뜻밖에도 실력주의 세력이 운동에 참여했던 지성인과 능력 있는 지도자를 모두 흡수해버리자 노동운동은 역사의 뒤안길로 내던져진다. 소설에 등장하는 공평무사한 화자가 묘사한 것처럼 노동운동가들은 자신들이 승인한 원칙이 바탕이 되어 얼마나 무자비한 노동이 요구될 것인지 제대로 평가하지 못했다. "노동운동가들은 기회보다는 평등을 요구한다. 이들은 권력과 교육, 소득의 평등을 요구한다. 이들은 평등을 사회 질서를 결정하는 기본 원칙으로 삼을 것을 요구한다. 이들은 동등하지 않은 사람을 동등하게 대우해줄 것을 요구한다."[1]

물론 공평무사하게 실력을 바탕으로 보상해야 한다는 사고 위에 구축된 사회에서 동등하지 않은 사람들을 동등하게 대해야 한다는 주장은 용인될 수 없는 모순이다. 사실 불평등은 실력주의의 상징이나 다름없다. 소설 속의 서술자는 만족스러운 듯 달콤하게 속삭인다. "천재가 모두 엘리트 계급에 속하고 멍청이들이 모두 노동자 계급에 속한다면 평등이 어떤 의미를 갖게 될까? 동등한 지성을 가진 사람에게 동등한 지위를 부여해야 한다는 원칙이 아니라면 어떤 이상을 지지해야 할까? 자연의 섭리에 따른 피할 수 없는 불평등을 드러내서 더욱 명확히 하려는 의도가 아니라면 대체 불평등을 없애려는 이유는 무엇인가?"[2]

실력주의는 이와 같이 공식적 선언을 바탕으로 하여, 젊고 더 나은 자격증을 갖고 있으며 사회적으로 좀 더 뛰어난 인재들과 교육 수준이 높은 관리자 계급('실력에 따라 지급되는 돈(merit money)'이라고 알려진 상부 중심의 체계에 의해 많은 액수를 받는 존재)에 한층 도움이 되는 방식으로 사회의 질서를 유지한다. 한편, 우둔한 노동자 계급은 육체노동(공식 용어로 '강건함의 신화'라고 알려진)과 수정된 개념의 가사노동을 통해서 사회생활을 유지한다. 결국 과거의 육체노동자들이 지식으로 무장한 엘리트 계급의 시종 노릇을 하게 된 것이다. 이처럼 사회적 지위를 바탕으로 자원이 상향 분배되는 궁극적인 원인은 새로운

지식 기반 경제에서 나타나는 세계적인 경쟁(토머스 프리드먼의 저서나 〈와이어드〉를 읽는 독자들에게 넌더리 날 만큼 익숙하게 들리는 바로 그런 논리)이다. 《실력주의의 등장》의 저자는 다음과 같이 기술한다. "세계 시장의 경쟁에서 좀 더 잘 버티려면 인재를 좀 더 효율적으로 활용해야 한다. 아무리 해도 IQ가 130이 넘는 사람의 비중은 늘어나지 않는다. (오히려 우수한 두뇌를 가진 사람의 비중이 줄어드는 것을 막기 위해 노력해야 할 지경이다.) 하지만 뛰어난 역량을 최대한 발휘해주기를 바라는 업무에 종사하는 우수한 인재의 비중은 꾸준히 증가하고 있다. (중략) 과학자와 기술자, 예술가, 교사의 수는 늘어나고 있고, 그들의 뛰어난 유전적 운명에 맞춰 교육 환경이 제공되고 있으며, 그들의 영향력도 커지고 있다. 진보는 그들의 적이며 현대 세상은 그들의 기념물이다."[3]

하지만 풍자로 가득한 영의 소설에서 드러난 가장 재미있는 사실은, 작가의 의도와 달리 실력주의라는 이데올로기가 사회를 지배하는 지식 계층을 향한 경고의 메시지가 아니라 기회의 평등이라는 진부한 미국의 신화와 사실상 동의어로 미국 내에서 깊게 뿌리를 내리고 있다는 것이다. (재미있게도 미국의 한 출판사는 이 책을 '조직 및 관리 부문에 관한 고전 도서 시리즈' 목록에 올림으로써 이 반유토피아적인 소설을 기업 관리 지침서로 인정했다.)

대서양 너머의 실력주의라는 신화가 뿌리를 내린 미국 사회의 혼란스러운 사회 체제를 유심히 관찰했더라면, 소설에 등장하는 영의 자아가 의도한 경멸이 다르게 표현했을지도 모른다. 이런 이유로 미국의 잡지 〈뉴욕〉에 기고하는 가브리엘 셔먼은 월가에서 경영자에게 과도하게 많은 보상을 지급하는 관행이 성행하는 이유를 일목요연하게 정리할 수 있었다. 셔먼은 금융 거래 전문가들이 효율적인 시장의 덕목에 경계를 정해두고 있다며 다음과 같이 설명했다. "효율적인 시장에는 자본을 가장 필요로 하는 곳으로 이동시키는 덕목이 있다. 이런 덕목은 과도하게 많은 급여를 정당화한다. 이것이 바로 실력주의에 입각한 임금이다." 여기서 실력주의에 입각한 임금이란 사회적으로 유용한 서비스에 대한 정당하고 공평한 보상이란 뜻이다. 마찬가지로 〈뉴욕타임스〉의 재니 스콧과 데이비드 레온하트도 미국 사회에 등장한 금전적인 보상과 사회 계층에 대해 다음과 같이 덧붙일 수 있었다. "실력이 물려받은 특권을 중심으로 돌아가던 과거의 체제를 대체했다. (중략) 하지만 실력이라는 것도 최소한 일정한 계층을 기반으로 한다는 사실이 밝혀졌다. 부유한 부모, 높은 교육 수준, 인맥 등이 갖춰져 있다면 자녀들에게 실력주의에 의해 보상받을 수 있는 자질을 심어줄 수 있다."

위에서 언급한 두 건의 대표적인 사례에서 '실력주의'는 모두 소득과 부의 분배에 관한 정의를 측정하는 무언의 척도다. 물론 채권 거래 전문가나 부유한 가문이 실력주의에 입각한 보상이라는 접근 원칙을 조작할 수도 있다. 하지만 보상이라는 것 그 자체는 사회적 가치를 분배하는 데서 나무랄 데 없는 건전한 원칙이다.

2002년에 사망한 영이 풍자로 가득한 자신의 글을 순진하게 곧이곧대로 받아들여 엉뚱하게 해석하는 이들을 보고 씁쓸한 웃음을 짓는

모습을 상상하기란 그리 힘들지 않다. 결국 토니 블레어의 신노동당이 정부의 승인을 얻어 사업상 갖은 특혜를 누리는 중도 세력의 축하를 빈으며 집권한 직후, 영은 신임 국무총리가 제내로 이해하시도 못하는 용어를 더 이상 아무렇게나 사용해서는 안 된다는 내용을 담은 사설을 발표했다. 영은 영국의 일간지 〈가디언(Guardian)〉에 다음과 같은 경고성 글귀가 담긴 글을 기고했다. "실력자들 가운데 자신의 발전이 자신의 실력에서 비롯된 것이라고 믿는 사람이 점차 늘어나고 있다. 실제로 그런 믿음을 갖고 있는 사람이 있다면 그들은 자신이 무엇이든 원하는 것을 가질 만한 사람이라고 생각할 것이다. (중략) 상류층 사람들은 너무도 확신에 차 있기 때문에 이들이 스스로에게 보상을 제공하는 데 방해가 되는 것은 거의 없다. 오래전부터 비즈니스 세상을 억눌러왔던 제약이 사라지고 있으며, 저서에서 예측했듯이 착복을 가능케 하는 온갖 새로운 방법이 발명되어 사용되고 있다. 임금과 보수는 급등했다. 엄청난 금액의 옵션을 나눠주는 일도 많아졌다. 최고 수준의 보너스와 고액의 퇴직금도 몇 배로 늘어났다."[4]

클린턴 집권 시절에는 CEO와 일반 노동자의 연봉 격차가 40대 1에서 400대 1로 벌어졌고, 하위 10퍼센트의 임금 노동자들이 레이건과 부시가 집권하던 시절에 확보한 미약한 생계수단마저 사용할 수 없게 되었다. 이때 영은 미국의 사회 계층을 분석해보았는지도 모른다. 그런데 클린턴이 대통령에 당선된 직후, '실력을 중시해온' 대학들의 입학 시험의 역사를 기술한 《빅 테스트(The Big Test)》의 저자이자 논평가인 니콜라스 레만은 클린턴을 "미국의 실력주의가 백악관에 다다

랐음을 보여주는 최초의 산물"이며 진보적인 움직임에 냉담하게 구는 상류층의 오랜 비판을 피해갈 수 있는 진실하고 우직한 인물이라고 묘사했다.[5] 오늘날까지도 레만과 같은 진보적인 논평자나 데이비드 브룩스와 같은 보수주의자들은 실력주의가 미국과 영국의 구시대를 풍미했던 상류층의 미약해진 영향력을 밀어낼 수 있는 강력한 미국식 해법이라고 떠들어댄다. 어떤 의미에서 이들의 주장은 옳다. 상류층을 위한 사립대학을 졸업한 이들은 기본적으로 독해 능력이 매우 떨어지는 탓에 이처럼 흔히 사용되는 표현에 담긴 진정한 의미를 이해하지 못하고 있다. 다시 말해서, 계층 간의 격차로 인해 발생한 사회적 불평등을 유지하면서 실력을 중시하는 교육 권력에 대한 영의 시각은 전혀 훼손되지 않았다.

15

대중주의
부시도 대중주의자라고 부르는 그들의 논리

고귀하며 끝을 모르는 상류층의 제도적 허영에 '대중주의(populism)'라는 품위 없고 서민적인 어휘를 추가하는 것이 잘못된 것처럼 받아들여질 수도 있다. 역사를 돌아보면 대중주의자들은 결국, 빚에 허덕이는 농부이거나 노동자, 중산층 사회개혁가 등 돈 많은 특권층 사람들을 불구대천의 원수쯤으로 여기는 사람들이었다. 실제로 19세기 말의 농민동맹(Farmer's Alliance)은 금융 재벌을 약탈하는 방식으로 그와 같은 뜨거운 쟁점에 대처했다. 농민동맹의 지도자들은 토지 투기나 시장 카르텔의 형성과 반대되는 개념인 실질적 생산 활동을 기준으로 삼아 노동자에게 보상을 제공하여 재화와 서비스를 유통시키는 것을 골자로 한 재무부 분국 계획(Subtreasury Plan)이라는 화폐 및 환율 대체 시스템을 지지했다.

하지만 대중주의와 관련된 실질적인 경제사는 오늘날 대중주의라는 단어가 사용되는 방식과는 아무런 관련이 없다. 언론에서는 대중주의라는 용어를 대개 돌발적으로 터져 나오는 대중의 분노를 표현하는 포괄적인 용어로 사용한다. 가령 2009년, AIG가 경영진에게 성과급 8000만 달러를 지급한 후 정부에서 구제금융 지원까지 약속받자 미국인들은 분노를 표출했다. AIG의 최근 성과는 지옥으로 가는 고속열차에 올라탄 미국 경제를 더욱 어렵게 하고 있을 뿐이다. 하지만 돌발적인 분노는 곧 사라지게 마련이며 쇠스랑과 횃불을 들고 사회를 혼란 속으로 밀어 넣겠다는 대중주의자들의 위협은 결코 실현되지 않는다.

로스 페로(미국의 사업가로 1992년과 1996년에 대선에 출마한 인물-옮긴이)나 랠프 네이더(미국의 소비자 보호 운동가-옮긴이), 팻 뷰캐넌(미국의 정치 평론가-옮긴이) 등 변덕스러운 제3당 후보들을 등에 업고서 대중주의라는 브랜드를 되살리려는 적극적인 노력이 지속되었지만 명확하게 대중주의와 연결할 수 있는 사회 운동이나 정치 조직은 여태 없었다. 〈파티잰 리뷰(Partisan Review)〉의 편집자로 일했고, 다른 사람의 흥을 망치기로 잘 알려져 있는 필립 라브는 한 치의 망설임도 없이 신좌파(New Left) 운동을 신뢰할 수 없다고 단호하게 말했다. 어쩌면 우리도 이 땅에서 벌어지고 있는 비조직적인 '대중주의'의 움직임에 대해 같은 말을 하고 있는지도 모른다. 대개 대중주의란 형식적으로 틀을 만들 때 사용하는 태만한 도구에 불과하다. 다시 말해서 대중주의는 마감 기한이 임박했거나 케이블 방송에서 갑작스레 연설을 하게 되었을 때 사람들에게 겁을 주기 위해 전문가들이 흔히 사용하는 전술인 것이다.

대중주의의 영향력이 점차 확산되어 부자라는 족속들이 은밀하게 사용하는 전술로 발전한 것도 전혀 놀랍지 않다. 일관성 있는 경제적 협력기관이나 프로그램에서 대중주의를 분리할 수 있다면 대중주의는 그저 떠다니는 기표에 불과하다. 대중주의는 사회적 분노가 하향 이동할 때 불분명한 반사작용의 형태로 드러나기도 하고, 인기를 끄는 영화에서 개괄적으로 묘사되기도 한다(구글에서 검색을 해보면 극장에서 오래 상영되기만 하면 '인 디 에어(Up in the Air)'부터 '아바타(Avatar)'까지 대중성과 조금이라도 관련이 있는 모든 영화가 '대중주의적'이라는 평가를 받는다는 사실을 확인할 수 있을 것이다. 오늘날의 엔터테인먼트 업계가 상당히 귀족적이며 지나칠 정도로 저작권을 중시한다는 점을 미루어볼 때 너무도 특이한 상황이 아닐 수 없다).

이런 상황은 대중주의적 정치 성향을 명확하게 갖고 있을 수도 있고 그러지 않을 수도 있는 평범한 미국인들은 대중주의를 주제로 하는 리얼리티 프로그램에 참여하게 된 것이라 해도 과언이 아니다. 달리 표현하자면 대중주의 전선(Populist Front)에 직면해 있는 것이다. 다시 말해서 오늘날의 대중주의는 정체를 드러내지 않은 채 신속하게 움직이고 있어서 사실상 눈에 띄는 흔적을 전혀 남기지 않으며 정책에도 전혀 영향을 미치지 못한다. 정말 이상한 점은 우파가 내세우는 대중주의가 성공적인 인물들을 앞세워 대중을 속이려 한다는 점이다. 폭스 뉴스의 간판 진행자인 빌 오라일리는 마치 과시라도 하듯 쉽게 무너져 내릴 '민중'의 문화적 감수성을 향해 거짓된 열망을 드러낸다. 글렌 벡은 조세 저항 운동인 티 파티(Tea Party)를 대표하여 짜증을 쏟아낸다. 공화당의 세라 페일린은 정치적으로 중요한 매체나 과학계, 자신보다 더 많은 것을 알고 있는 모든 사람들(밥 딜런의 표현을 본뜬 것)에게 끊임없이 불평을 늘어놓는다. 이들은 모두 대중주의적인 시각으로 이 시대를 바라보는 대표적인 인물들로, 모두 폭스 뉴스에서 백만장자로 꼽은 인물들이기도 하다.

케이블 채널에서 방영되는 전문가의 의견에 귀를 기울이는 차원을 넘어서 시야를 좀 더 넓혀보자. 억만장자인 뉴욕 시장 마이클 블룸버그나 영국에서 항공사와 은행을 운영하는 거물 리처드 브랜슨, 네브래스카에 살고 있는 투자업계의 큰손 워런 버핏 등 각양각색의 재벌들이 대중주의자로 묘사되는 일이 허다하다는 사실을 깨달을 수도 있다. 심지어 하버드 경영대학원을 졸업한 후 아버지의 뒤를 이어 미국의 대통령이 된 정치 명문의 자손 조지 W. 부시도 이따금씩 스페인어를 구사하고 부자를 위한 감세 정책을 부의 하향 이동이라고 끊임없이 거짓으로 포장한 덕에 대중주의자로 일컬어진다.

이것이 바로 개인의 태도와 사고방식, 문화적 취향 등 다양한 특징을 바탕으로 한 대중주의에 대한 부동의 역설이다. 이런 역설은 어디서나 볼 수 있기도 하고 어디서도 볼 수 없는 것이기도 하다. 민주주의 사회에서 공인의 신분으로 살아가는 사람들에 대해 대중이 느끼는 가장 짧은 순간의 인상과 마찬가지로 일시적으로 존재할 뿐이다. 이미지가 모든 것을 좌우하는 오늘날의 세상에서 벡이나 버핏 같은 인물들이 금융계의 대중주의 영웅으로 비쳐지는 현실은 전혀 놀랍지 않다. 이들은 까다로운 문화적 감수성을 지켜내려는 자칭 수호신(벡의

142

눈물겨운 사례)이거나 시장에 대한 직관력이 뛰어난 경제적 분신(꿈이 큰 주식 거래자들이 바라보는 버핏)으로 여겨진다. 물론 모두 주류 사회의 사회적 관습과 동떨어진 삶을 살고 있다는 인식을 감내할 여유는 없다. 바로 그런 이유 때문에 버핏은 자신을 찾아온 방문객이나 인터뷰 요청자들을 소박한 농장이나 오마하에 있는 스테이크 레스토랑에 끌고 다니는 것을 중요하게 여긴다. 벡은 실체가 없는 정부 고위 관료들의 약탈 행위를 신랄하게 비판하며 대중의 입장을 대변한다. 하지만 대중주의자인 척하는 사람들은 자신들이 대표하고자 하는 다수가 침묵하고 있을 때, 명백하게 경멸의 감정을 드러내 보인다.

CNN의 유명 앵커였던 루 돕스의 특이한 경력만큼 이런 현상을 극명하게 보여주는 사례도 없다. 돕스는 닷컴 버블이 한창이던 1990년대 말 케이블 텔레비전에서 열정적인 주식 투자자로 모습을 드러냈다. 당시 나스닥 시장이 폭발적으로 성장하여 단타매매를 하던 똑똑한 개인 투자자들이 많은 돈을 벌어 들이자 돕스는 진정한 대중주의자로 환영받았다. 그 후 거품이 터지고 주식시장의 신화가 무너져 내리자 돕스는 제조업의 기반이 약화되고 고용 전망마저 암울해지는 사태 속에 고립무원의 어려움에 처한 중산층을 대변하여 진실을 이야기하는 인민의 보호자로 다시 태어났다. 돕스는 중산층이 믿지 못할 이민자 출신의 노동자들에게 둘러싸여 있다며 이민자들이 미국 중산층의 임금을 가차 없이 떨어뜨려 놓는다고 주장했다. 2008년 글로벌 경제 위기가 터져 이 같은 고집스러운 태도가 객관적인 의미를 상실하게 되자(애당초 일자리가 없는 상황에서 이민자들이 가져가봤자 얼마나 가져갈 수 있겠는가?) 돕스는 느닷없이 전문가에 연하던 태도를 벗어버렸다. 소문에 의하면 돕스는 무소속으로 뉴저지 상원 선거에 출마하는 방안을 검토하는 한편, 농담 삼아 이민자를 배척하는 말을 던지던 과거의 자신이 아니라며 뉴저지에 거주하는 라틴계 주민들을 안심시키려는 노력을 시작했다고 한다.

하지만 특이하게도 돕스는 자신도 모르는 사이에 19세기에 낙담한 수많은 대중주의자들의 전철을 그대로 밟게 되었다. 1896년에 부유층을 상대로 한 전쟁에서 패배한 수많은 대중주의자들은 인종 차별을 앞세워 민중을 선동했다. 그중 가장 유명한 인물은 조지아 주 의원직에 앉아 있으면서 부통령 후보로 나섰던 톰 왓슨이다. 왓슨은 정치 입문 초기에 노동자 계급에 속하는 남부 주민들을 인종을 가리지 말고 결집하여 동맹을 구성해야 한다는 대담한 주장을 내놓았다. 그러나 말년에 들어서는 편견에 사로잡힌 채 흑인과 가톨릭 교회, 이민자 집단을 조롱하고 이들을 향한 적개심과 동일한 수준의 열정을 백인 우월주의를 내세운 비밀결사조직 KKK(Ku Klux Klan)의 재건에 쏟아 부었다. 한때 전도 유망했던 왓슨의 이력이 외국인을 혐오하는 인종주의의 수렁 속으로 한층 빠른 속도로 치달았던 것은 어쩌면 케이블 방송과의 계약 때문이었을지도 모른다. 자연스럽게 터져나온 경제적 불만을 혐오스러운 망상으로 변질시키고 자기 자신이 대중을 위한 대변인이라는 확신을 갖게 하는 데 가장 도움이 되는 방법이 바로 케이블 방송 출연 계약이다.

16

스티브 포브스

모자라면 국민들의 주머니에서 충당하면 됩니다

미국 경제의 실제 규모가 어느 정도이건 미국을 상징하는 대표적인 재산가가 없었던 적은 없다. 그렇기는 하지만 더 이상 철강왕이자 재무장관이었던 1920년대의 앤드루 멜런이나 제2차 세계대전이 끝난 후 세계 경제가 호황을 누렸던 1950년대 초반에 GM 회장을 지낸 앨프레드 슬론처럼 미국 특유의 시대정신을 압축해서 보여주는 대표적인 거물은 더 이상 존재하지 않는 듯하다. 사실 이 시대를 대표하는 상징적인 부호는 낮은 임금을 지급하고, 노조를 인정하지 않으며, 수직 통합을 추구하고, 지치지 않고 매장을 늘려나가는 소매업체 월마트(Wal-Mart)를 설립한 샘 월튼이다. 하지만 월튼은 이미 18년 전에 사망했다.

물론 다른 부호들도 많은 관심을 끌었다. 마이크로소프트가 상상

가능한 모든 컴퓨터 플랫폼을 지배하고 경쟁 운영 체제는 마이크로소프트라는 독점기업의 손아귀를 벗어나지 못하는 듯 보였던 1990년대에는 빌 게이츠가 미국의 대표적인 부호로 이름을 날렸다. 하지만 요즘 빌 게이츠는 비영리 자선 부문을 옹호하는 나약한 인물이자 유산세 폐지를 반대하는 인물일 뿐이다. 루퍼트 머독, 도널드 트럼프, 워런 버핏, 스티브 잡스, 마이클 블룸버그 등도 미국의 비즈니스 문명의 정수를 정의하는 데 비슷한 기여를 했다. 하지만 이 시대의 대표적인 부호라 칭하기에는 모두 부족한 점이 있다.

미국식 시장 자본주의의 높디 높은 정점에 올라서려면 사실상 강탈, 사기, 약탈과 동일시되는 행위를 해야 하기 때문에 말 등에 올라타 비즈니스의 시대정신을 상징하는 금융계의 새로운 나폴레옹이 필요하다는 목소리가 그 어느 때보다 높다. 다행스럽게도 우리에게는 일반 시민들 속에 몸을 숨기고 있다가 자신보다 자유시장 원리를 덜 지지하는 사람들이 전쟁에서 자기들끼리 싸우다 서로를 해치우기를 기다리는 일(진정한 시장의 천재라는 사실을 명확하게 보여주는 전술)을 훌륭하게 해낸 인물이 있다. 전쟁에서 승리한 정복 영웅의 이름은 물론 스티브 포브스다.

소공자 폰틀로이 경과 레니 리펜슈탈이 시간여행을 해서 소설의 관습을 왜곡해 만나게 된다면 포브스 같은 인물이 태어날 것이 틀림없다. 현실에서 포브스는 레이건 시대의 전성기에 '자본주의의 도구(Capitalist Tool)'라는 모토로 아름답게 장식되었던 월간 비즈니스 잡지를 설립한 출판계의 거물이자 쾌락을 추구하고 오토바이를 즐겨 탔던 말

콤의 아들이다. 그런 그가 자라온 환경에서 정신적으로 어떤 악영향을 받았을지는 오직 추측할 수 있을 뿐이다. 스티브 포브스가 어린 시절에 겪었던 충격적인 일을 한 기지만 언급하자면 아버지는 유년 시절의 스티브와 형제들에게 일요일마다 킬트를 입고 교회에 갈 것을 강요했다고 한다.[1] 하지만 어린 스티브는 삶의 교훈을 모아두는 귀중한 보고, 자신의 야망을 위한 로드맵이라는 〈포브스(Fobes)〉의 사명을 가슴 깊이 새겼다. 스티브 포브스의 아버지는 뉴저지 주지사에 두 차례 출마했지만 낙선했다. 스티브는 성인이 된 후 대통령 선거에 출마했으니 아버지를 능가했다고 볼 수 있다. 말콤이 아이러니하게도 자신이 발행하는 고급 비즈니스 잡지가 자유시장 선전을 위한 수단이라고 주장했는데, 스티브가 돈이 많은 재벌 독자들에게 진실된 무언가를 제공할 이유가 있겠는가.

우리는 역경이라는 전투를 통해 검증된 진정한 금융 리더를 원하기 때문에 자유 세계를 이끌어 나가는 지도자가 되겠다는 어린 스티브 포브스의 꿈을 통해 희망을 얻을 수 있다. 스티브 포브스는 1996년과 2000년에 대선에 출마했지만 두 차례 모두 실패하고 말았다. 당시 미국 경제가 평화로운 성장세를 기록하고, 정부가 예산 흑자를 누리고, 세계 환율 시장에서 달러가 우수한 성적을 내고 있는 상황에서 스티브 포브스는 일률 과세, 금본위제 복원, 공급 측면의 감세 등을 공약으로 내세웠다. 한마디로 스티브 포브스는 애당초 존재하지 않는 문제를 해결해야 한다며 엉터리 치료법을 내놓았던 것이다.

그뿐 아니라 포브스는 선거운동 기간에 유권자들이 자신의 독특한 배경에 공감하도록 만들기 위해 노력했지만 몇 가지 문제를 겪었다. 1996년, 〈포브스〉의 경쟁잡지인 비즈니스 월간지 〈포춘(Fortune)〉은 〈포브스〉를 물려받은 후계자 스티브와 〈포브스〉의 광고 전담 고위 경영자들이 〈포브스〉에 광고를 싣는 기업을 당황스럽게 만들 수도 있는 기사들을 골라 조작하거나 아예 빼버렸다는 폭로성 기사를 내놓았다. 〈포춘〉은 다음과 같이 보도했다. "직원들은 스티브 포브스가 〈포브스〉를 관리하는 동안 기자가 광고주에 대해 비관적인 평가를 담은 글을 쓸 경우, 기사 내용이 바뀌곤 했다고 이야기한다. 다시 말해서, 〈포브스〉의 편집자들은 독자를 호도할 수 있는 위험을 무릅쓰고 광고주를 기쁘게 하기 위해 비관적인 이야기를 긍정적인 이야기로 변화시킨 것이다."[2]

광고주의 비위를 맞추는 〈포브스〉의 정책을 통해 이익을 얻은 것으로 확인된 기업으로는 AT&T, 조지아 퍼시픽(Georgia Pacific), 커맨더 에어크래프트(Commander Aircraft) 등이 있다. 〈포춘〉은 커맨더 에어크래프트의 경우 담당 기자와 조작에 개입한 편집자가 시든 백합에 금박을 입힐 충분한 양의 우호적인 정보를 확보하는 데 실패하자 기사 내용을 유리한 쪽으로 포장하는 대신 아예 기사를 폐기했다고 보도했다. 다른 비즈니스 잡지들도 광고주의 압력에 직면하고 굴복했다. 하지만 〈포춘〉의 폭로 기사에는 다음과 같은 내용이 기록되어 있었다. "잡지 발행 전에 조직적으로 광고주 측에 기사를 보여주고 수정 요청을 받아들인 곳은 오직 〈포브스〉뿐이다."

스티브 포브스에게 연방준비이사회나 증권거래위원회의 중요한 자

리에 앉아 정책을 결정하며 기업의 책임에 대한 어려운 결정을 내릴 권한을 내어준 상황이니 만큼 광고주의 돈을 받고 광고주의 이익에 부합하는 기사를 실어주는 빙식은 미국 경제에 무척 나쁜 징조였다. 그뿐 아니라 선거 고문 톰 엘리스를 통해 스티브 포브스가 공개적으로 인종 차별주의 재단임을 내세웠던 파이어니어 펀드(Pioneer Fund)와 맺은 관계도 문제였다.

파이어니어 펀드는 앵글로색슨 백인이 우수한 유전형질을 갖고 있음을 보여주는 것을 목표로 하는 글과 연구에 자금을 제공하는, 나치 동조자이며 직물업계의 큰손인 위클리프 드레이퍼가 1930년대에 설립한 단체다. 엘리스는 1970년대에 파이어니어 펀드의 이사를 지냈으며 홀로코스트를 부정하는 사람이나 인종 차별주의를 옹호하는 대학 교수들과, 흑인이 유전적으로 지능이 낮다는 터무니없는 내용을 골자로 하여 《벨 곡선(*The Bell Curve*)》이라는 제목으로 출판된 리처드 헌스타인과 찰스 머레이의 연구에 보조금을 지급하여 파이어니어 펀드가 드레이퍼의 목적에 한 걸음 더 다가갈 수 있도록 지지했다. 포브스가 인종주의적이거나 반유대주의적이었다는 근거는 없지만 포브스가 엘리스와 파이어니어 펀드와의 밀접한 관계를 파악하고 있었던 것은 틀림없는 사실이다. 1983년, 레이건 대통령은 포브스와 엘리스를 자유 유럽 방송(Radio Free Europe)과 미국의 다른 선전 기관을 감독하는 국제 방송 위원회(Board of International Broadcasting)의 위원으로 임명했다. 임명 후 상원 위원회에 불려가 나란히 앉은 두 사람에게 파이어니어 펀드의 활동에 관한 질문 포화가 쏟아졌다. 엘리스는 파이어니어 펀드와의 밀접한 관계로 인해 후보에서 사퇴하라는 압박을 받았지만 포브스는 최종 임명을 받아낸 후 위원회 역사상 가장 부패하고 정실인사가 만연한 시기 중 한때를 책임졌다.[3]

공공 부문에서 포브스만큼 단련되거나 굴욕적인 경험을 한 사람은 그다지 많지 않을 수도 있다. 하지만 자만심으로 가득하다는 포브스 특유의 이미지는 쉽게 사라지지 않을 것이다. 포브스는 아무런 규제가 없는 공급 중심 자본주의가 글로벌 경제 위기(포브스가 해결책으로 제시한 바로 그 규제 없는 공급 중심 자본주의로 인해서 발생했던)를 해결하기 위한 만병통치약이라고 선전하는 책을 내놓기 위해 공동 저자를 모집하는 등, 최근 있는 그대로의 자유시장을 숭배해야 한다고 홍보하는 역할을 하기에 이르렀다. 그뿐 아니라 포브스는 티 파티 출신의 상원 후보를 지지하는 등 티 파티라는 브랜드를 달고 있는 사회 보수주의에 대놓고 추파를 던지고 있다.[4] 포브스는 딕 아미가 운영하는 로비 회사이며 티 파티가 주최하는 시위에 자금, 조직, 물류 부문에서 초기에 상당한 지원을 한 프리덤웍스의 이사회에도 이름을 올리고 있다.

포브스에게 티 파티는 자유시장 신조라는 자신만의 독특하고 혼란스러운 브랜드를 알리기에 가장 편리한 매개체다. 포브스는 최근 엘리자베스 에임스와 함께 책과 비슷한 형태의 문서 《우리를 구원하는 자본주의(How Capitalism Will Save Us)》를 발표했다. 포브스는 이 책에서 지난 30년 남짓한 기간에 이루어진 거의 모든 기술 혁신이 레이건 시대의 세금 감면으로 인한 직접적인 결과라는 터무니없는 주장을 했

다. 포브스와 에임스는 최근의 경제 역사를 독자의 오해를 불러일으킬 만한 방식으로 간략하게 설명한 후 다음과 같이 기술했다. "지난 몇 년 동안 혼란스러웠던 것은 사실이다. 하지만 카터와 닉슨이 백악관을 장악했던 1970년대에 시작된 정체에서 경제를 해방하기 위해 로널드 레이건 대통령이 시장 친화적인 개혁을 시작한 1980년대 초 이후 나타난 폭발적인 성장을 약화시키지는 못했다." 이것이 전부가 아니다. "세금 감면, 규제 완화 등의 개혁으로 인해 시장으로 자본이 흘러 나왔고 자본이 늘어나자 일자리가 생겨났다. 그 결과 개인용 컴퓨터와 휴대 전화, 인터넷에 이르는 수많은 혁신으로 이어진 맹렬한 성장 경제가 탄생했다. 사실 언젠가 역사를 뒤돌아보며 1982년부터 2007년까지를 경제 황금기라고 부르게 될지도 모른다. 현금자동인출기부터 DVD 플레이어, 가정용 컴퓨터, CT 촬영 기기 등 현재 우리가 당연하게 여기는 수많은 편리한 기기들은 1970년대와 1980년대 초까지만 하더라도 존재하지 않았거나 널리 보급되지 않았다."[5]

한참 토론을 하던 레이건이 자신 있게 고개를 젖히며 '정부가 해결책이 아니라 문제'라고 주장하기 훨씬 전부터 이런 제품 대부분이 개발 단계를 거치고 있었다는 사실은 개의치 말기 바란다. 그뿐 아니라 국방 선진 개발연구소(Defense Advanced Research Projects Agency)의 성과물이자 우리 시대를 정의하는 주요 혁신(그 이름도 자랑스러운 인터넷)이 이루어질 수 있었던 것도 결국 중요한 개발 단계를 진행하기 위해 필요한 모든 자금을 국민들의 혈세를 통해 확보했기 때문이라는 사실도 개의치 말기 바란다.

대신 레이건이 내놓은 규제완화 및 감세 정책이 대부분 공공 부문에서든 민간 부분에서든 과학 연구와 개발 노력(혁신적인 기술을 만들어내기 위해 반드시 필요한 장기적인 자본 지출)에 전혀 기여하지 못했다는 단순한 진실만 생각해보기 바란다. 금융 부문 규제 완화와 레이건 시대의 과감한 법인세 감면 정책으로 인해 불어 닥친 차입 매수 열풍으로 인해 기업의 R&D 부서가 가장 큰 피해를 입었다. 헤인즈 존슨이 레이건 시대에 관한 자신의 저서 《꿈 속의 역사 산책(Sleepwalking Through History)》에서 기술하듯이 대부분의 신생기업 소유주는 저리로 대출을 받아 기업을 인수했기 때문에 "부서 전체를 매각하거나 폐지했다. 최우선 매각 대상 중 하나가 미래를 위해 기초 R&D를 추진하는 연구 실험실이었다. 연구 실험실은 당기 순이익을 내지 못했기 때문에 첫 번째 제거 대상이 되었다."[6] 존슨은 '1981년부터 1985년까지 R&D 지출이 5.5퍼센트 증가했으나 1980년대 후반에는 R&D 지출이 절반 이상 줄어들었다'는 내용이 기술되어 있는 미국국립과학재단(National Science Foundation)의 1980년대 기업 R&D 지출 현황 연구를 인용했다.[7] 그렇다고 해서 정부의 R&D 지출이 늘어난 것도 아니었다. 레이건의 두 번째 임기 동안 1953년 이후 처음으로 정부의 R&D 지출이 미국 전체 R&D에서 차지하는 비중의 50퍼센트 이하로 떨어졌다.[8]

레이건 행정부가 혁신의 원동력이었다고 믿는 사람이 펼칠 수 있는 유일한 주장은 발명가들이 보조금이 끊기거나 저축대부기관에서 자금을 빌린 기업 사냥꾼에 의해 모기업이 산산이 분해되기 전 재빨리 혁신의 결과물을 시장에 내어놓아야 한다는 절박한 필요성을 느꼈다

는 주장뿐일 것이다. 하지만 이것 또한 포브스와 에임스가 규제 없는 자유시장 정책을 옹호하며 내놓은 대표적인 주장이다. 이들은 세계 모기지 시장의 몰락이 '정부가 만들어낸 서대기관 패니 메이(연방 저당권 협회)와 프레디 맥(연방주택대출저당공사)'의 작품이며 터무니 없이 높은 의료 비용은 '정부가 제공하는 의료보험 메디케어와 메디케이드로 인한 여파 때문'이라는 주장을 펼쳐 또 다른 논란거리를 만들어냈다.[9]

이와 같은 두 가지 주장은 모두 잘못된 것이다. 하지만 처음부터 다시 하나하나 짚고 넘어가 보자. 먼저 포브스와 에임스는 패니 메이와 프레디 맥을 묘사하며 세심하게도 '거대'하다는 표현을 골랐다. 그뿐 아니라 포브스와 에임스의 표현에 의하면 이 두 기관은 '정부가 만들어낸' 것들이다. 패니 메이와 프레디 맥은 정부가 만들어낸 조직으로 2008년 글로벌 위기가 발생할 당시 이윤을 목적으로 삼은 민간 기업이었던 만큼 엄밀하게 말해서 이들의 주장이 틀린 것은 아니다(글로벌 금융위기 당시 파산의 위기에 처한 수많은 다른 기업들과 마찬가지로 패니 메이와 프레디 맥도 현재 법정관리를 받고 있다). 워싱턴에서 사용하는 공식적인 표현을 따르면, 패니 메이와 프레디 맥은 '정부가 지원하는 독립업체'다. 다시 말해서 법이 정한 연방 당국에서 설립했지만 다른 선두 기업들과 동일한 '시장'에서 활동하고 있는 것이다.

법에서 정한 이 두 기관의 역할에 대출 비용을 적정한 수준으로 유지하기 위해 주택 소유주의 부채를 통합하는 일도 포함되어 있는 것이 사실이다. 하지만 이런 역할이 의미하는 것은 금융위기가 최악의 상황으로 치달았을 때 패니 메이와 프레디 맥이 엄청난 금액의 부실 채권을 소유하고 있었다는 것뿐이다. 이런 현상 덕에 게으른 선전주의자들은 모든 모기지 문제가 패니 메이와 프레디 맥의 사악한 행위 때문에 벌어진 것이라는 말도 안 되는 주장을 펼칠 수 있었다. 이런 주장은 폴란드로 인해 제2차 세계대전이 발생했다는 주장만큼이나 논리적인 설득력이 전혀 없다.

메디케어와 메디케이드가 의료 부문 위기의 주범이라는 주장은 공화당 의원들이 고심 끝에 차마 소리 높여 말하지 못했을 정도로 허황한 것이다. 2010년에 발표된 의료개혁 법안에 반대하는 공화당 의원들은 의료개혁 법안이 통과될 경우 메디케어 지원금이 줄어든다는 점을 이용해 노년층 유권자들이 의료개혁 법안에 반대하도록 만들었다. 그럼에도 불구하고 의료개혁 법안에 반대한 공화당 의원들도 오랜 기간 명백한 정치적 경제적 진실로 여겨온 주장, 즉 정부 차원에서 제공하는 보험이 메디케어 대상자와 같이 형편이 넉넉하지 못한 미국인들에게 저렴한 의료 서비스를 제공하는 가장 효율적인 방법이라는데 동의했다. 사실 2005년 부시 행정부 집권 시절 메디케어를 단계적으로 민영화하기 위해 추진된 은밀한 메디케어 개혁법안은 이러한 점을 감탄스러울 만큼 명료하게 보여준다. 공화당의 이론적 지도자들이 애지중지하는 프로젝트이며 의료보험 제공업체에 민간 보험업체에서 노인들을 위한 보험을 구입할 것을 요구하는 '메디케어 어드벤티지(Medicare Advantage)'로 인해 정부가 메디케어를 지원했을 때와 비교해 보험료가 14퍼센트 증가했고 2010년에 의료개혁법이 통과되면서 보

154

험료가 1500억 달러 이상 줄어들었다.

경제에 대한 포브스의 주장에 귀를 기울이다 보면 극작가 릴리언 헬먼이 작가인 메리 매카시를 고소할 수밖에 없게 만들었던 유명한 말 "'그리고(and)'와 '그(the)'를 포함해 그 주제에 대해 그 사람이 쓰는 모든 단어는 거짓말이다"를 차용해 표현해보고 싶은 욕구가 생길 수도 있다. 그것이 바로 경험론을 제대로 이해하지 못하고, 태도가 분명하지 않으며, 정치적 조작에 능숙했던 거물 스티브 포브스를 이 시대를 대표하는 완벽한 상징으로 뽑을 수 있는 이유다. 포브스는 결코 진짜 직업을 가질 필요가 없었다. 포브스는 운 좋게 물려받아 자신이 통제권을 쥐게 된 미디어 플랫폼에 올라서서 독립적인 권한을 지닌 자유시장의 확고한 장점을 설파한다. 포브스는 최고 입찰자가 갖고 있는 이미지를 추켜세우기 위해 기업의 선전도구를 성공적으로 활용한다. 포브스는 편협하고 독단적인 세계관을 추구하고 아무런 관련이 없는 모순적인 근거를 제시하면서도 자신이 운영하는 기업이 얼마나 편협한가에 대해서는 전혀 신경을 쓰지 않는다.

법을 어기고 대중에게 해를 가했다는 이유로 골드만삭스의 로이드 블랭크페인을 그 자리에 앉힐 수 없고 씀씀이가 헤픈 컨트리와이드의 CEO 앤젤로 모질로도 같은 이유로 그 자리에 앉힐 수 없다면 결국 포브스를 그 자리에 앉힐 수밖에 없다.

17

자유시장

아담 스미스를 향한 미신적인 숭배

미국과 자유시장의 관계를 비판적인 시각으로 분석하려는 것은 눈보라가 몰아칠 때 흰 페인트로 울타리를 칠하려 애쓰는 일이나 다름없다. 모든 것이 목표인 동시에 그 어느 곳에서도 목표를 찾을 수가 없기 때문이다. 주위에 있는 것은 분명하지만 대기 중에 온통 흩어져 있어서 어디서 시작해야 할지 파악할 수조차 없기 때문이다.

개개인의 사리사욕으로 움직이는 보이지 않는 손으로 인해 시장에서 자율 규제가 이루어진다는 개념이 처음으로 등장한 때는, 물론 애덤 스미스가 너무도 유명한 저서 《국부론(The Wealth of Nations)》을 발표한 18세기다. 영리를 추구하는 기업을 강제되지 않은 사회관계로 구성된 신비로운 안식처라고 여겼던 스미스의 스코틀랜드식 계몽주의는 자원이 풍부하고 노동이 억압당하는 신세계에서 항상 소유주 계층의 입지

156

를 강화하는 데 도움이 되었다. 국경 팽창주의는 팽배했으나 계급 구분이나 사회 복지 시스템이 부족했던 미국 건국 초기에는 스미스의 논지(스미스가 스코틀랜드의 핀 공장에서 확인했던 분업의 맹렬한 확산)가 직관적으로 옳은 듯했다. 어떤 곳이든 자유시장의 본고장이 될 수 있다면 건국 초기의 미국이 자유시장의 본고장이었을 것이 틀림없다.

한편, 스미스와 같은 국적인 영국인들은 그의 업적을 한층 따분한 시각으로 대했다. 경제역사학자 마이클 페럴먼에 따르면 〈에든버러 리뷰(Edinburgh Review)〉의 편집자이자 영국 의회 지금위원회(地金委員會, Bullion Committee) 위원장이던 프랜시스 호너는 1803년에 애덤 스미스의 책을 재발행할 때 책의 머리말을 써달라는 청을 거절하며 다음과 같은 솔직한 평가를 내놓았다. "스미스의 이론이 최대의 효과를 내기 전에 스미스의 실수를 공개하는 것이 꺼려진다. 스미스의 이름을 향한 미신적인 숭배가 있었기에 우리는 지금과 같은 발전을 이룰 수 있었다. 좀 더 완벽한 성공을 거머쥘 때까지 그런 감정을 손상해서는 안 된다. (중략) 부의 기원에 대한 올바르고 정확한 논리를 제시할 수 있을 때까지는 유명하고 그럴듯하지만 부정확한 스미스의 가설이 서민들에게도 도움이 될 것이다."[1]

어쩌면 호너는 "그 문제는 양키들(미국)에게 넘기자"라는 말을 덧붙였을지도 모른다. 하지만 지금 미국에서 스미스는 뉴딜 정책이나 정부의 경제 개입을 매도하는 산업을 창출한 오늘날의 보수주의자들을 위한 시장 주권을 예견한 선지자로 추앙받고 있다. 페럴먼은 스미스 연구자인 어느 학자의 다음과 같은 말을 인용한다. "1890년대보다

1990년대에, 1790년대보다 1890년대에 《국부론》의 새 판본이 더 많이 발행되었다."[2]

그 학자가 언급한 시기는 인류의 경제에서도 중요한 때다. 1890년대에는 미국 전역에서 산업혁명이 일어났으며 진보적인 경제학자와 법률 전문가들이 고안한 협동조합 형태 기업 모델의 기초가 마련되었다. 이런 환경이 형성된 데다 1888년에는 셔먼 독점금지법(Sherman Antitrust Act)이 법정에서 기업 친화적인 방식으로 해석되는 기념비적인 일이 발생했다. 주식합명회사의 등장으로 주로 19세기에 형성된 지역 기반의 브랜드들이 사라지면서, 규모가 작은 가족 소유의 기업 제국이 붕괴되어 역설적이게도 법인 설립의 황금시대가 도래했다. 1890년대는 현대적인 관리 자본주의(managerial capitalism)가 탄생한 시기이기도 하다. 역사학자 앨프레드 챈들러는 관리 자본주의가 관리자라는 새로운 전문 계층이 "원래 자본가들이 영향력을 발휘했던 기업"을 통솔하는 시스템이라며 "1950년대에는 관리자가 경영을 맡는 기업이 현대 기업 운영의 표준 관행으로 자리를 잡았다"라고 설명했다.[3]

이런 변화에 내포되어 있는 가장 중요한 사실은 무엇보다 챈들러가 관리 체제의 '행정적 조화'(시장 점유율 확대를 위해 기업의 활동이 외부로 향하는 동시에 생산 및 유통 시스템이 수직 통합 카르텔로 재결합되는 현상)라고 표현했던 것으로 인해, 건전한 기업가 개개인이 토대를 마련하고 보호해온 자유시장이라는 장치, 즉 산업형 기업 운영에 대해서는 별다른 설명을 해주지 못했던 그 장치가 거의 전적으로 힘을 잃어버렸다는 것이다. 2008년에 글로벌 금융위기가 발생한 이

후에도 이런 현상은 약화되지 않았다. 뉴딜 정책을 실행할 당시 미국은 경제가 금융과 산업에 집중되지 않도록 조정하여 공공 부문의 소비자 수요를 진작하고 일자리를 창출하려고 했다. 히지만 당시와 달리 오늘날의 경제 규제 기관들은 마치 대마불사의 원칙을 따르듯 카르텔화되어 있는 금융 부문에 엄청난 구제금융을 안겨주고 있다. 그 결과 연방 정부에서 내놓은 돈이 곧장 금융기관의 금고 속으로 들어가는 등 자유시장 이론과 정반대되는 현상이 나타나고 있다. 골드만삭스같이 특히 교활한 대상에게 정부의 돈이 흘러 들어가 쓸데없이 자선사업을 하는 일이 벌어지면 상황은 더욱 악화된다. 2009년, 골드만삭스는 미국 재무부의 정책에 힘입어 겉보기에는 마치 그럴듯한 소비자 금융기관처럼 굴면서 초저금리로 지방채와 국채를 마구 사들였고, 사실상 공짜로 엄청난 이윤을 챙겼다. 그러는 과정에서 그 어떤 것도 생산되지 않았다.

한 가지 이상한 점은 금융기관을 살리기 위해 정부가 마련한 지원금이 이처럼 통탄할 방식으로 오용되고 있는데도 미국인들이 여전히 자유시장을 신봉하고 있다는 것이다. 시카고 대학교의 행동경제학자 스티븐 레빗은 자신의 저서 《괴짜경제학(Freakonomics)》에서 고전주의 시장 개념을 활용하여 사실상 모든 것을 알기 쉽게 설명했고, 애덤 스미스의 자유시장 논리를 과격한 신디칼리즘(Syndicalism, 공장·사업체 등은 그 속에서 일하는 모든 사람들이 소유하고 경영해야 한다는 주의─옮긴이)으로 묘사한 아인 랜드의 소설은 판매량이 급증했다. 한편 의료보험 혜택을 늘리고 빚에 허덕이는 금융 시스템을 새롭게 규제해야 한다는 의견을 어렴풋

이 반영한 입법 시도가 미약하게나마 나타나면 사람들은 마치 발작을 하듯 '사회주의!'라고 소리를 질러댄다.

이 모든 상황을 미루어볼 때 자유시장이라는 경건한 원칙을 숭배하는 미국인들의 마음속에 과잉 보상이 필요하다는 압박감이 있는 것이 아닌지 의문스럽다. 스미스의 자유시장 원리와 같은 뻔한 말을 갈구하는 현상이 가장 절실하게 나타나는 순간은 경제적 현실이 우아한 자유시장의 원리와 가장 어긋날 때다. 말하자면 1990년대에 어깨를 구부정하게 접은 채 사무실에 파묻혀 일하던 베이비붐 세대에게 '남성 해방'을 갈구하는 염원이 가장 깊이 뿌리를 내린 것도 마찬가지다.

사실 시장은 전혀 유기적인 존재가 아니다. 시장은 항상 계약법, 서로 맞물린 트러스트, 교역 관련 협약을 교묘하게 짜맞춘 것이었다. 시장이 갖고 있는 것으로 '추정'되는 자유란 결국 이러저러한 이로운 관계를 통해 가장 많은 '이익'을 얻을 수 있는 사람을 위한 것이다. 클린턴 대통령 시절 미국 정부는 많은 나라와 '자유 무역' 협정을 체결했다. 미국 내에서 제조업을 기반으로 한 수많은 지역 경제에서는 정말 냉혹한 의미에서 자유 무역의 이점을 얼마든지 누릴 수 있다. 다시 말해서 일자리가 개도국으로 옮겨가면 갑작스레 엄청난 자유 시간을 누리게 되는 것이다. 하지만 자유시장이라는 신화는 여전히 강력하고 지적인 아편 같은 존재로 남아 있으며 그 아편을 판매하는 밀매자는 말콤 글래드웰에서 스티브 포브스, 세라 페일린에 이르기까지 그 수가 무척 많다.

어쩌면 자유시장의 주문을 깨뜨릴 수 있는 가장 효과적인 방법은

자유시장으로 인한 폐해를 몸소 체험하는 데 도움이 되는 12단계 프로그램을 만드는 것인지도 모른다. 예를 들어 버지니아 포스트렐이나 크리스 앤더슨 등 신경제와 자유방임주의 이론을 주장하는 사람들을, 자본주의가 고도로 발달해 있지만 악랄하다고 표현할 수 있을 만큼 권위주의가 팽배한 낙원의 섬 싱가포르에 떨어뜨려놓고 얼마나 잘 살아가는지 지켜보는 것도 좋다. 혹은 토머스 프리드먼에게 마리아나에 있는 섬유 공장에서 몇 달 동안 일한 후 시장이 만들어놓은 세상이 얼마나 평평해 보이는지 살펴볼 기회를 주는 것은 어떨까? 스스로를 '해상 거주(seasteading) 자유론을 펼치는 유토피아 이론가'라 부르는 사람들을 데려다가 모든 국제 해상 협약의 효력에서 벗어나 그 어떤 국가의 간섭도 받지 않는 자유시장 유토피아를 직접 만들어보게 하는 것도 좋을 것이다. 스티브 포브스에게는 '아부다비 스카이라인'으로 알려져 있으며 투자자들의 과도한 투자에 대한 경의를 표하기 위해 숨이 멎을 듯 높게 건축물을 지어 올리는 현장(아부다비의 건설 현장에는 노동을 착취당하는 미숙련 노동자들이 가득하다)에서 노조 조직책으로 일할 기회를 주는 것도 좋겠다. 사실 내 생각에는 오지에서 생존 게임을 하는 사람들의 모습을 담은 리얼리티 프로그램 '서바이버'와 유사한 '자본주의 디톡스 아일랜드(Capitalist Detox Island)'라는 프로그램이 곧 생겨날 것 같다. 물론 부실 자산 구제 프로그램의 혜택을 받는 기업들에게 프로그램 방영 전후에 광고권을 구매할 것을 미리 약정하지 않는다면 광고를 팔기 힘들 수도 있다. 자, 이제 그 시장의 힘이 교묘하게 조작된다는 사실을 밝혀보도록 하자.

18

주식시장

1%만을 위한 건전성의 지표

투자자 거래량 지수는 금융 공화국에서 살아가는 상당수의 전문가들과 선량한 시민들에게 미국 경제의 전반적인 성과를 정의해서 보여주지만, 그것만큼 미국인의 삶에서 우려스러운 감시의 눈길 속에 제대로 이해받지 못하는 존재도 드물다. 사실 주식 거래량은 금융업 내부에서 활동하는 일부 세력의 변덕스러운 감정 변화가 반영된 수치일 뿐이다. 그뿐 아니라 엄청난 규모의 투자자본이 채권, 증권, 헤지펀드, 기타 공개적으로 거래되는 보통주보다 훨씬 특이한 투자 상품 등으로 흘러 들어가는 만큼, 주식 거래량이라는 말 자체도 사람들의 오해를 사고도 남을 만한 표현이다. 2008년에 세계 경제를 뒤흔들어놓은 경기 후퇴까지 겪은 마당에 그에 대해 설명이 더 필요하다고 할 사람은 없을 것이다. 전 세계를 강타한 2008년의 대재앙은 월가의 일상

적인 거래를 생산 경제의 전반적인 상황과 비교했을 때 대부분 얼마나 조잡하고, 편향적이며, 사기성이 짙은지 부끄러울 정도로 자세하게 있는 그대로 드러내 보였다.

하지만 부시 행정부 시절에 재무부장관을 지냈던 헨리 폴슨이나 뉴욕연방준비은행 총재 티모시 가이트너(오바마의 대통령 당선 이후 재무장관으로 재직) 같은 이들은 연방 정부 차원의 위기관리라는 명목으로 위기를 초래한 수많은 원흉들의 건전성을 되찾아주기 위해 놀랄 만큼 민첩하게 대응했다. 금융위기의 중심에 서 있었던 원흉들로는 허황하게 과도한 채무를 끌어다 썼던 AIG와 회생이 불가능할 정도로 엉망이었던 증권사 골드만삭스(폴슨과, 클린턴 대통령 시절 재무장관을 지냈던 로버트 루빈은 정부에서 일하기 전 골드만삭스의 고위 경영진이었다), 그리고 정부의 구제금융을 받고 되살아난 악성 부채 공급업체 모건 스탠리와 베어 스턴스 등이 있다.

미국 정부는 앞서 언급한 금융업체들과 심각한 문제를 안고 있는 대기업들에 자금을 지원하는 것이 꽁꽁 얼어붙은 미국의 신용 시장을 되살리는 가장 확실하고 빠른 길이기 때문에 거기에 7000억 달러를 사용해야 한다고 주장했다. 감세 정책을 단행했던 부시 행정부 시절에 겉보기에나마 그럴듯한 번영이 가능했던 까닭은 부채 증권화가 뒷받침되었기 때문이다. 금융계가 애정 어린 손길로 만들어낸 정교한 금융 기법인이 부채 증권화가 미국 경제를 끝을 알 수 없는 구렁텅이 속에 내던져버리겠다고 협박하자 한때 위험을 즐겼던 투자자들은 잔뜩 겁을 집어먹었다.

물론 미국 연방 정부가 택한 해결방안에도 나름의 논리가 있다. 이들이 주장하는 논리는 민간 부문에서 신용 거래가 막히면 연방 규제 기관이 최후의 대출 기관이 되어 투자자 사이의 자본 흐름을 촉진해야 한다는 것이다. 하지만 과거 연방 정부는 월가에 도움의 손길을 내밀 때마다 그 대가로 많은 것을 양보했다. 사실 이번 글로벌 금융위기가 발발한 이후 좀 더 규제가 엄격한 해외 시장에서는 노골적으로 국유화 바람이 휘몰아쳤다. 영국도 마찬가지였다. 아이슬란드에서는 영국과 네덜란드를 비롯한 해외 투자자들이 파생상품이라는 망상에 사로잡혀 아이스세이브(Icesave)라는 대형 인터넷 은행을 몰락시킴으로써 국가 경제가 파산의 위기에 직면하자, 정부에서 구제 계획을 제안하고 국민투표를 실시했다. 당시 아이슬란드의 93퍼센트 유권자가 정부안에 반대했다.

반면 미국 연방 정부가 2008년 금융위기로 어려움을 겪게 된 주요 투자 기관을 위해 최후의 주주가 되기를 자처했을 때, 정부 규제 기관들은 해당 투자 업체의 공공 부문에 대한 지분으로 얻은 투표권 행사를 깔끔하게 거절했다. 정부 규제 기관들은 별다른 열의를 보이지도 않았다. 정부의 권한 사용도 최소한으로 자제한 채 경영자에게 지급할 보상이라는 주요 문제에만 개입했다. 정부의 이런 태도로 인해 금융계의 고위 경영진에게 터무니없이 많은 보상을 지급하던 관행을 지지하는 움직임은 더욱 강화되었다. 생산 경제에 할당해야 할 자원을 엉뚱하게도 다른 곳에 안겨주는 문제는 갈수록 더욱 심화되었다. 연방 정부의 급여담당 특별보좌관 케네스 파인버그는 부실 자산 구제

164

프로그램에서 자금을 지원받는 기업의 경영자가 받는 보상을 연간 50만 달러로 제한하는 정책을 내놓았다. 하지만 파인버그는 애초에 경영자에게 과도한 보상 지급을 허용하는 기이한 체제를 만들어낸 투자 모델의 내부 구조 자체를 개혁하는 일에는 개입을 포기했다.

실제로 파인버그는 〈뉴욕타임스〉 기자 스티븐 브릴에게 자신의 역할이 금융계 거물들에게 지급되는 급여를 결정하는 동시에 국민들의 분노에서 그들을 보호하는 것이라고 설명하기도 했다. 부실 자산 구제 프로그램의 지원을 받는 기업의 경영자들과 논의를 하던 중 파인버그는 브릴에게 다음과 같이 말했다. "내가 아무것도 하지 않으면 국민들에게 엄청난 반감을 얻게 될 것이고, 연방의회의 하원 금융위원회 위원장인 바니 프랭크가 틀림없이 금융 시스템 전체를 위태롭게 만들 만큼 더 급진적인 안을 제시할 것이라는 점을 그들에게 이해시키려고 했다."

이런 노력 덕에 파인버그는 자신이 금융기업을 규제하기 위해 등장한 사람이 아니라 금융기업을 돕는 사람이라는 생각을 조심스레 심어줄 수 있었다. "시티은행이나 뱅크오브아메리카, 혹은 다른 금융기관들과 내가 반목하는 구도가 아니라 시티은행과 나, 혹은 뱅크오브아메리카와 내가 한편이 되어 다른 이들에게 맞서는 것이다." 파인버그가 이야기하는 '다른 이들'이란 바로 일반 국민들이다.[1]

좋게 이야기하면, 정부를 대신해 정책을 집행하는 역할을 자처하고 규제 권한을 앞세워 약탈자들에게 책임을 피할 최고의 방법을 조언한다는 것은 공무원의 역할에 대한 새로운 철학이다. 하지만 물론 이런 태도는 시장에 굴복한 정부 체제 내에 경종을 울리는 데는 도움이 되지 않는다. 연방 법령에 따라 금융 부문과 경제에 안정성을 부여할 책임을 맡은 FRB가 노동경제학자나 소비자, 금융 부문의 중소기업 옹호론자 등이 아니라 오직 은행가와 금융 부문 경제학자만 이사로 임명하는 이유가 무엇인지 의문을 품은 사람에게 경고의 메시지를 보낼수 없는 것과 마찬가지다. FRB가 대중을 위해 존재하는 기관이라면왜 의제를 정하고 정책을 수립할 기회가 민간 부문에서 가장 많은 보상을 받는 사람들을 옹호하는 이들에게만 주어지는가?

상황이 이러하여 파인버그는 금융계에서 잘못을 저지른 그 어떤 사람보다 빈번하게 대중의 조롱을 받는 인물이 되었다. 금융계와 언론기업에 소속되어 아무런 비판 없이 그저 사건을 기록할 뿐인 기자들은 파인버그의 정책이 사회주의로 이어지는 길로 방향을 튼 기념비적인 사건이라며 파리 코뮌(Paris Commune)의 수립만큼 놀라운 일로 취급했다. 하지만 그래 봤자 파인버그의 정책은 기업이 부실 자산 구제 프로그램을 통해 자금을 지원받는 동안만 지속되었으며, 이연된 주식보상이나 기타 주식 기반 보상을 통해 실제로 월가 경영자들에게 돌아가는 엄청난 돈에는 제약을 가하지도 못했다. 마틴 설리번, 로버트월럼스태드, 모리스 그린버그 등 AIG의 고난과 혼란스러운 몰락에책임이 있는 경영진의 이름보다 파인버그의 이름을 기억하는 미국인이 훨씬 많다는 사실은 주식시장 운영이나 이른바 공익사업이라 불리는 것을 둘러싼 논쟁이 어떤 상황에 처해 있는지 많은 것을 알려준다.

이번 사태를 통해 미국인들이 금융 정책 및 산업 정책을 결정할 때

얼마나 상상력이 부족한지 명확하게 드러났다. 정책 측면의 상상력 부재는 주식시장에서 역행적인 맹신이 경제의 기초적인 목표를 이해하는 데 어떤 영향을 미쳤으며 그것을 얼마나 왜곡했는지 잘 보여준다. 주식시장의 성과는 미국의 전체 인구 중 채 1퍼센트도 안 되는 사람들의 경제적 안위에 직접적인 영향을 미칠 뿐이다. 그런데도 주식시장 동향은 경제 전반의 건전성을 나타내는 굳건한 지표로 여겨진다. 일간지 기사들은 '시장'을 정책의 성공과 실패를 최종적으로 결정짓는 존재로 의인화한다. 또한 오바마 행정부가 뒤늦게 제출한 새로운 은행 규제 방침에 관한 보도에서는 불안감을 표시하고 연방공개시장위원회(Open Markets Committee)가 감세를 하거나 금리를 인하할 조짐을 보이면 기쁜 내색을 보인다.

블룸버그의 경제면 칼럼니스트 아미티 슐라에스는 자신의 저서 《잊혀진 사람(Forgotten Man)》에서 뉴딜 정책이 실패였다는 터무니없는 주장을 펼치며 새로운 장을 시작할 때마다 1930년대의 다우존스 지수를 언급하기에 이르렀다. 슐라에스가 이 같은 주장을 펼친 까닭은 독자들에게 루스벨트 대통령 시절 백악관에서 내어놓은 새로운 정부 개입 정책으로 인해 실물 경제가 더 고통을 받고 발전 속도는 더욱 더 더뎌졌다는 망상을 심어주기 위해서였다. 하지만 최근의 경제 불안정성이 여실히 보여주는 것이 무엇인지는 이미 학생들까지 모두 잘 알고 있는 대로다. 그것은 바로 투자자와 자본가가 루스벨트 대통령과 뉴딜 정책을 정말 끔찍하리만큼 싫어한다는 것이다.

뮤추얼 펀드가 사회적 평등을 실현하는 데 탁월한 도구라는 허황된 주장에 기술주의 약진이 더해져 주식시장에 잔뜩 거품이 끼었던 1990년대를 지배했던 중요한 통념 중 하나가 바로, 주식시장 현황을 경제 정책에 대한 국민 투표라고 인정하는 것이었다. 1990년대는 주식 상장을 통한 '마이크로소프트 백만장자', 비어즈 타운 여성 투자 클럽이라고 알려진 주식 투자자들의 사교 클럽, 주식시장이 영원히 강세를 보일 거라는 환각을 초래한 제임스 글래스먼의 저서 《다우 3만 6000(Dow 36,000)》 등이 등장했던 시대다. 그뿐 아니라 당시는 사회보장연금(Social Security)을 민영화해야 한다는 말도 안 되는 생각이 주류 경제학계를 사로잡았던 시기이기도 하다. 만일 부시 대통령이 두 번째 임기 중에 사회보장연금의 민영화를 계속 추진했더라면 지금쯤 미국의 은퇴자 대다수가 직장에서 힘겨운 노동을 하고 있을 것이다. 혹은 퇴직 연금을 전혀 받지 못한 채 일주일에 34시간씩 월마트에서 일을 해야 했을 수도 있다.

이처럼 많은 사람들이 열광적으로 허튼소리를 쏟아놓고 있는 가운데서도 주식시장이 실물 경제 상황과는 비참할 정도로 일치하지 않는다는 사실이 이미 증명되었음을 언급하는 사람은 극히 드물었다. 예를 들어, 노동시장 환경이 완전 고용에 가까운 수준으로 개선된다 하더라도 소심한 투자자들 사이에서 경제발전에 대한 전망이 인플레이션에 대한 두려움을 유발하면 주식시장이 곤두박질칠 수도 있다. 어쨌든 클린턴 시절에는 경제발전에 동반한 인플레이션이 나타날 가능성이 심각하게 제기되지 않았다.

월가로 인해 실물 경제의 성과가 왜곡되는 또 다른 사례로는 노동

생산성이 급증하더라도 임금은 그와 같은 수준으로 올라가지 않는 것을 들 수 있다. 월가에서는 항상 국가 전체의 노동으로 인해 탄생한 열매를 공평하게 분배할 것을 요구하는 단체 교섭을 싫어했다. 미국의 현대 역사상 처음으로 평균 임금이 동반 상승하지 않은 채 경제가 5년 연속 성장세를 기록했던 부시 대통령 시절에는 경제적 공평성에 대한 월가의 병적인 혐오감이 더욱 악화되었다.

부실 자산 구제 프로그램에 대해 미국 국민들 사이에서 논의가 거의 이루어지지 않고, 실물 경제를 망가뜨리는 데 혁혁한 공을 세운 기업들에 대해 연방 정부가 엄격한 규제를 가하기 위해 별다른 노력을 기울이지 않는 중요한 이유 한 가지는 연방 정부가 복지 문제를 해결하겠다고 월가와 관계를 맺은 뒤 이미 한 세대가 지나버렸기 때문이다. 레이건 대통령 시절에 규제가 완화된 저축업과 대부업이 어려움을 겪자 부시 대통령이 첫 번째 임기에 구제금융을 지원했던 사례부터 '대마불사'의 기치 아래 롱텀 캐피털 매니지먼트(Long Term Capital Management)의 헤지펀드를 위기에서 건져낸 사례에 이르기까지, 투자자들은 자신들이 아무리 터무니없이 행동하더라도 정부가 상징적으로 비난을 할 뿐 결국 재무부가 백지 수표를 내어줄 거라는 확신이 있었기에 위험천만하고 부채로 그득한 시장으로 무모하게 뛰어들었다. 이러한 논리는 오늘날 금융 시장에서 채권 거래를 하는 사람들의 부모가 이미 수십 년 전 십대 청소년이던 자녀가 학교에서 퇴학당했다는 소식을 듣고도 관대하게 한숨이나 한 번 내쉬고 그 악동을 다른 사립학교로 전학시키기 위해 아무렇지도 않게 수표를 꺼내 들었을 때도 결국 똑같이 작용했을 것이다. 비즈니스 관련 글을 쓰는 도우 헨우드는 지금의 재앙이 일어나기 전인 2000년에 이와 같은 새로운 체제를 다음과 같이 깔끔하게 요약했다. "가난한 사람들을 위한 복지국가는 산산이 부서져버렸는지도 모른다. 하지만 모든 것을 화려하게 망쳐놓고도 정부의 값비싼 구조를 기대하는 대형 금융기관을 위한 복지국가는 사라지지 않았다."[2]

모두가 알다시피 루스벨트는 귀족 출신이었다. 그런 까닭에 동부 금융 계의 부지들 사이에서 자신이 속한 계급을 배신했다는 비난을 받기도 했다. 하지만 루스벨트는 정적들에게 자신들의 행동에 책임질 것을 요구할 수 있는 도덕적, 정치적 힘을 갖고 있었다. 하지만 지금은 개인이 자신의 삶을 책임져야 한다는 우스꽝스러운 모토 아래 탄생한 복지개혁법(The Personal Responsibility Act of 1996)으로 인해 빈곤층을 위한 연방 정부의 소득 지원이 폐지되는 시대다. 이런 때에 정치 지도자가 무모하고 심술 사납고 게으른 월가 수혜자들에게 적절한 수준의 자기 규제가 무엇인지 알려줄 수 있는 상황을 만들려면 과연 어떤 노력이 필요할까.

19

'계급투쟁'

누가 감히 '공정'을 이야기하는가?

저널리스트이자 소설가인 척 팔라닉의 말을 약간 달리 표현하면 미국 내 계급투쟁의 첫 번째 원칙은 '투쟁은 항상 위를 향해 벌어질 뿐 결코 아래를 향하는 법이 없다'는 것이다. 공개 토론회에서 '세금 감면, 그야말로 엄청날까, 혹은 그냥 엄청날까?'와 같은 승인된 질문의 범주를 넘어서려는 시도가 있을 때마다 보수주의자들이 자연스럽게 꺼내는 문구이기 때문이다.

공개 토론회에서 이 문구가 반사적으로 튀어 나오는 경우가 참 많다. 세입 문제에 관한 언론 보도에서도 종종 인용될 정도다. 대표적인 사례로 2009년 〈로스앤젤레스 타임스(Los Angeles Times)〉가 연방 정부의 재정 적자 해결을 둘러싼 논의를 다루면서 사용한 제목을 들 수 있다. 얼마 안 되는 증세를 받아들이게 될 계급은 연간 25만 달러의 소득을 올리는 사람들이었음에도 당시 〈로스앤젤레스 타임스〉는 '오바마의 예산, 공정성을 위한 조세징수인가, 아니면 계급투쟁인가?(Obama's Budget, Taxing for Fairness or Class Warfare)'[1]라는 제목을 사용했다. 증세를 감내하게 될 사람들이 계급투쟁을 벌인다면 그 사람들은 아마도 펜싱용 검이나 라크로스 채로 무장할 것이다. 그뿐 아니다. 세금이 인상된다고 해봐야 결국 클린턴의 두 번째 임기 때 냈던 것과 같은 수준의 금액만 납부하면 될 터였다.

이상하게도 〈로스앤젤레스 타임스〉의 이분법에 등장하는 또 다른 중요한 용어 '공정성(fairness)'에 대해서는 그와 비슷한 수준으로 이야기하는 사람이 없다. 사면초가에 몰린 것마냥 설 자리를 잃은 '공정성'이라는 개념은 기사 제목이나 헤리티지 재단의 세미나에서도 전혀 등장하지 않을 뿐 아니라 생각하는 것조차 거의 금기시될 정도다. 그게 바로 미국인들이 살아온 삶의 결과다. 수십 년 동안 우파를 겨냥해 광적으로 반정부 노선을 걸었던 경제적 진보론자들은 현재 방어적인 태도로 '제3의 길(Third Way)'이라는 말로 표현되는 중도 개혁식의 정책 결정 방식에서 좀처럼 벗어나지 못하고 있다. 중도 개혁파 민주당원들이 선택한 결정 방식이란 전면적인 감세가 아니라 냉철한 기술 전문가가 '정확한 목표를 겨냥한' 감세 정책을 단행하고, 재분배보다는 '인센티브'를 제공하며, 노조보다는 '지적 자본'을 장려하는 방식을 의미한다. 따라서 미국인들이 조세 정책이 공정하다고 이야기한다면 주택과 양질의 교육, 모든 국민이 누릴 수 있는 의료 서비스, 소득 지원 등의 격차를 메우는 것은 고사하고 실질적인 의제와 관련해 대체 어떤

것이 공정하다는 것인지 파악하기조차 힘들다. 산업 정책? 무상 장학금? 기업 지구? 이처럼 신뢰를 잃어버린 위대한 사회(Great Society, 존슨 대통령이 정책 이념으로 내건 목표–옮긴이)나 뉴딜 개념에 대해 변호사에게 질문을 던져보기 바란다. 그 변호사가 민주당원이어도 좋고 공화당원이어도 좋다. 그것은 전혀 중요하지 않다. 누구에게 물어보든 전혀 이해를 하지 못했을 때 나타나는 텅 빈 눈길만 되돌아올 것이다. 운이 좋을 경우 상대가 "큰 정부가 필요하던 시절은 끝이 났다"라는 말을 조금 변형해서 내뱉을 수도 있다.

억만장자 투자가인 워런 버핏이 닉슨 대통령 시절에 연설문 작성을 담당했던 자유시장 옹호론자 벤 스타인에게 했다는 말은 무척 놀랍다. 부자들이 신뢰해 마지않는 민첩한 회계사나 세금 전문가의 도움을 일절 받지 않고 조세법에 따라 간단한 절차로 연소득 신고서를 작성하던 도중, 비례적으로 계산했을 때 자신이 자신에게 월급을 받는 사람들보다 훨씬 세금을 적게 낸다고 불평을 했다니 조금 혼란스러운 기분이다. 버핏은 "어떻게 이것이 공정한 거지? 어떻게 이것이 옳은 거지?"라고 질문을 던진다. 스타인이 보수론자들이 늘 그러하듯 연방정부의 예산 안정을 위한 논의에 이런 의문을 더하는 것은 계급투쟁에 해당한다고 이야기하자 버핏은 다음과 같이 답했다. "계급투쟁은 존재한다. 하지만 투쟁하고 있는 계급은 내가 속한 계급, 바로 우리 부유층이다. 우리가 그 투쟁에서 승리하고 있다."[2]

물론 실제 미국에서 이런 식으로 계급투쟁이 늘상 이루어지고 있지는 않다. 금융계의 거물 가운데서 자신이 '힘겹게 일해서 수많은 일자리를 창출하고 기업가정신을 고취하는' 관대한 사람은 아니라고 자진해서 고백하는 경우는 거의 없다. 사실 부유층이 조세법 자체가 자신들처럼 과도한 보상을 받는 부유층에 유리하도록 조작되어 있다고 자기들 입으로 말하는 것은 데이트 사이트에 가입하면서 자기소개란에 '성병으로 고통을 받고 있는 사람'이라고 적는 것이나 다름없다. 공개적으로는 계급투쟁이라는 망령은 제멋대로 행동하는 소작농에서 출발해야 마땅하다. 물론 미국에서 가짜 대중주의가 그러했듯이 실제로 존재하는 서민들의 위협적인 바람이 결코 실현되는 법은 없을 테지만. 〈포춘〉에서 발표하는 500대 기업 목록이나 〈포브스〉가 매년 공개하는 모방할 만한 가치가 있는 인물 목록을 전범으로 삼아서, 사람들의 관심을 갈구하는 존 에드워즈나 '저지 쇼어(Jersey Shore)' 출연진 등 민초들을 대변해 전국적인 계급투쟁을 주동할 가능성이 가장 큰 인물을 소개하는 화려한 연감을 만들 출판사가 있다면 크게 도움이 될지도 모른다.

하지만 계급투쟁이라는 유언비어에는 또 다른 이상한 점이 있다. 그것은 바로 상상할 수도 없을뿐더러 존재하지도 않는 군사적 충돌을 언급한다는 점이다. 명확하게 정의할 수도 없고 신분이 비천하며 노동력을 징발하는 사람의 돈을 갈망하는 프롤레타리아에게 이름을 지어주고 상황을 직시하게 하면, 돈이 많은 특권층 사이에서 '계급투쟁'이라는 외침이 터져 나오는 흥미로운 장면, 즉 부자들이 역사의 희생자 역할을 하는 희귀한 기회가 사라져버린다는 것이다. 소련 붕괴 직후인 1992년 선거 당시 '계급투쟁'이라는 슬로건이 처음으로 많은 반향을

불러일으킨 것은 결코 우연이 아니다. 다시 말해서, 당시는 실질적인 계급투쟁의 전망이 역사의 무대 뒤편으로 사라져버린 때다. 역사의 변증법상 반대편에 서 있던 공산당에 대해 엄청난 재산을 소유한 부자들이 약간의 가책과 더불어 향수를 느꼈다고 해서 비난을할 수 있을까? 교회에 다니긴 하지만 기독교에서 금지하는 통속적 희가극에 대해 끝없는 상상력을 펼치는 아이처럼, 반대편에 서 있는 적들에게서 향수를 느끼는 부자들은 실패로 끝난 사회주의 질서가 남긴 거대한 회색 유산(몇 푼 안 되는 노동 임금, 야만적인 정부, 특권 계층의 굴욕적인 구애)을 돌이켜보며 '대체 어땠어야 했나?' 하는 의문을 가질지도 모른다. 이런 의문에 대해 고민한 직후 이들은 또다시 질문을 던질 것이다. "멍청해 보이는 군중들이 나를 향해 몰려오면 어쩌지? 윈스턴 스미스(조지 오웰의 소설 《1984》의 주인공—옮긴이)라면 어떻게 했을까?"

생각만큼 말도 안 되는 상상은 아니다. 레이건 집권 당시에는 냉전이 최고조에 달했었다. 미국과 소련이 서로 한창 무력을 과시하던 1983년, 노먼 포도레츠는 〈하퍼스(Harper's)〉를 통해 거부할 수 없을 만큼 매력적인 신보수주의 환상을 파헤친 시론을 발표했다. '오웰이 지금껏 살아 있다면?(What If Orwell Were Alive Today)'이라는 제목의 기사에서 포도레츠는 오웰의 《1984》가 소련이라는 위협적인 존재를 파헤친 소설이며 따라서 미국 정계에 보내는 러브 레터이기도 하다고 주장했다(내 생각일 뿐이지만 포도레츠와 비교하면 조지 오웰은 미국인을 그다지 찬양하지 않았다. 오웰은 '러시아의 권위주의'를 비난했던 것만큼 '미국의 물질주의'를 조롱했으며 "반짝이는 제복을 입고 엄청난 연봉을 받는" 미국의 엘리트 언론인들을 향해 특히 강렬한 경멸의 감정을 표현했다. 오웰은 《1984》 출판 이후 〈타임〉의 인터뷰 요청을 거절했는데 〈타임〉으로 인해 공화당 우파들이 '부끄러울 정도로 유명해진 점'을 그 이유로 언급했다).[3]

이런 관점에서 볼 때 오늘날 경제학적 우파들에게서 보이는 계급투쟁에 대한 환상은 박해받던 옛 백만장자들에게 상당한 우아함과 타당성을 안겨주었고, 좀 더 자신감 넘치는 진보주의 지식인들에게서 우호적인 대응을 불러일으키기도 했다. 예를 들어, 20세기 중반에 〈뉴요커〉의 언론 비평가 A. J. 리블링은 신문 발행업자들이 사설란을 자신들이 처한 상황에 대한 넋두리를 늘어놓는 공간으로 활용하는 데 대해 놀라움을 표현했다.

신문협회(이 경우에는 발행자협회와 동일)는 '노동'이라는 단어에 대해 '완강한' 태도를 보인다. 정부에 대해서는 '낭비한다'고 입장을 밝혔다면 빈곤층에 대해서는 '버릇이 나빠졌다'거나 꾀병을 부린다거나 자격이 없다는 태도를 취한다. '납세자'가 '과도한 부담을 떠안았다'고 여긴다. 하지만 이 글을 쓰면서 나는 납세자가 항상 돈 한 푼 없이 속옷만 간신히 걸쳐 입은 보잘것없는 사람(약 8달러의 소득세를 내는 부류에 속하는 사람)으로 묘사될 뿐 대형 신문사 소유주와 같이 누가 봐도 명백한 부자로는 표현되지 않는다는 사실을 떠올렸다. 돈 한 푼 없는 남자는 연로하신 부모님을 위한 의료 서비스와 같은 프로젝트가 경솔하게 도입되면 이미 감당하기 힘겨운 조세 부담이 두 배로 늘어날 것이

라는 경고를 듣곤 한다. 신문 기사에는 신문사가 연로하신 부모님을 걱정하는 것 이상의 역할을 한다는 내용이 포함되어 있다. 물론 신문사 소유주는 실제로도 그렇다. 하지만 그가 그럴 수 있는 이유는 부모님이 그 신문사를 남겨주었기 때문이다.[4]

이 시대의 특권계급에 속하는 사람들 사이에서 계급투쟁을 알리는 사이렌 소리가 퍼져 나오기를 바라는 듯한 조바심이 느껴진다. 그들은 텅 빈 지갑이나 속옷 등과 같은 조잡한 도구를 활용하지 않는다. 대신, 비싼 값에 자신의 주장을 뒷받침해줄 옹호론자들을 섭외해서 폭스 뉴스의 황금 시간대를 공략하여, 통탄해 마지않는 거물들의 분노를 있는 그대로 드러내면서 과중한 세금을 물리는 정부의 의료 정책에 대해 원망의 목소리를 쏟아낸다. 물론 텔레비전 프로그램 진행자인 션 해니티에게 근사한 옷을 입히고 머리 모양도 멋지게 연출하게 하려면 투자자 계급의 경제적 걱정거리에 대한 만평(漫評)을 의뢰하는 것보다 훨씬 많은 돈을 들여야 한다. 하지만 경제적 갈등에 대한 누군가의 관점이 너무도 희화적이라고 여긴다면 왜 전달 체계에 대해서는 불만을 토로하지 않는가. 어느 쪽이든 계급투쟁의 진정한 의미에 대해 고민만 하는 것보다는 낫다.

20

회고록
신식민주의적 상상의 산물

미국 문학에는 저자가 자신의 이야기를 직접 풀어나가는 길고 존경할 만한 전통이 있다. 그 역사는 성 아우구스티누스에서 시작되었다. 하지만 1990년대쯤에는 미국 출판계가 조금은 다른 형태의 고백 장르(오프라 윈프리의 나이에 작성한 회고록)에 점령당했다. 벤베누토 첼리니, 장 자크 루소 등 성 아우구스티누스에서 현대로 이어지는 다양한 부류의 후계자들은 언젠가는 죽을 수밖에 없는 인간의 문제에 관한 준엄한 논리를 일러주는 보편적인 원칙을 교훈적인 방식으로 전달하기 위해 자신의 이야기를 글로 승화했다. 하지만 지난 20년 동안 발표된 회고록은 거의 모두가 개인적인 성공에 관한 이야기였다. 메리 카의 《거짓말쟁이 클럽(*The Liars' Club*)》이나 어거스텐 버로스의 《가위 들고 달리기(*Running with Scissors*)》, 제임스 프레이의 《백만 개의 작은 조

각들(*A Million Little Pieces*)》 등 많은 작품에 적대적인 사회를 극복해나가는 영웅적인 화자가 등장한다.

열거한 책들의 경우, 끝이 난 회고록 그 자체가 그들의 고된 노력의 증거가 된다. 하지만 지금 회고록의 시대에 쏟아져 나오는 세속적이고 치유적인 구원의 글에 등장하는 주인공들은 독단적인 사회의 힘으로 인해 약물 남용, 정신적인 혼돈, 잘못된 '매혹적인 사고(magical thinking, 아름다운 문장을 구사하는 수필가 존 디디온이 최근 발표한 또 다른 인기 있는 회고록 《상실(*The Year of Magical Thinking*)》에서 차용한 표현)' 등을 경험하고 그 결과 몰락이라는 조작된 게임 속으로 빠져드는, 아무런 책임이 없는 피해자일 뿐이다.

그중에서도 당대의 수많은 회고록에는 방치, 학대, 부모(혹은 부모 역할을 하는 사람)의 이른 죽음 등으로 인해 부모와 자식 간에 전통적인 형태의 애착이 형성되지 않는 가족 이야기가 주를 이룬다. 데이브 에거스가 X세대로 살아온 자신의 이야기를 담은 《비틀거리는 천재의 가슴 아픈 이야기(*A Heartbreaking Work of Staggering Genius*)》가 어쩌면 가족 문제를 다룬 가장 대표적인 회고록인 듯하다.

책이 50쪽을 채 넘어가기 전 양친을 모두 잃어버린 에거스는 아무런 방해도 없이 허클베리 핀의 문학적 전통을 따라 서부로 떠난다. 하지만 스스로에게 권한을 부여한 우리의 영웅 에거스에게도 어린 동생 토퍼를 보호하고, 미디어에 둘러싸여 반복적으로 역설을 경험하는 세대가 숙지해야 할 규범을 알려주는 등 가족을 재건해야 할 막중한 책임이 있었다.

오늘날의 회고록 장르에서 공통적으로 매우 특별한 가족 모험담이 등장한다는 사실을 깨달은 인문학자 월터 벤 마이클스는 이 장르를 신자유주의(글로벌 신경제에 등장하는 시장 중심적인 이데올로기)의 대표적인 이야기 전달 형식이라고 규정했다. 마이클스가 지적하듯이 이처럼 가정 생활을 축약해서 기록한 글은 마거릿 대처가 남긴 유명한 보수주의적 격언('사회 같은 건 없다')을 잘 반영한다.[1] 대처가 자유 시장의 원칙으로 영국을 통치하는 동안 공영 아파트의 전기 사업 등 모든 종류의 사회적 재화가 민영화되었다. 이는 회고록 역시 못지않게 급진적인 자아의 민영화를 촉발했다. 여기서 급진적인 자아의 민영화란 독자들이 자신의 이력이나 사회적 계급에 의해 결정되는 좀 더 광범위한 삶의 결과에 영향을 받지 않고 간접적으로 자기 자신을 탈사회적인 운명의 저자와 동일시하는 현상을 뜻한다.

사실 이처럼 강고한 의지로 사회를 벗어나려는 현상은 오늘날의 회고록 장르가 공식적인 약세를 기록하는 데 중요한 역할을 했다. 당혹스럽게도 일부 작가들이 매력적인 일인칭 구성 방식을 선호하는 현상이 있었다. 마거릿 셀처가 2008년에 발표한 거짓으로 가득찬 가짜 회고록《사랑과 결과(*Love and Consequences*)》의 경우에서 보듯이 작가들이 사회적 기회의 폭을 좁히는 경제적 궁핍에 관한 질문에 답을 하려 애를 쓸 때도 그 결과는 결국 사회적 환상의 실패였다. 예를 들어, 셀처(회고록에서 그녀는 마거릿 존슨이라는 필명을 사용한다)는 캘리포니아 남부의 위탁 가정 밑에서 자라면서 디킨스 소설에 등장할 법한 닭 뼈의 연골을 빨아먹으며 영양을 취했을 정도로 굶주렸다고

이야기한다.[2] (이 책은 셀처의 친언니가 회고록의 내용이 사실과 전혀 다르다고 폭로함으로써 날조된 내용임이 드러났다—옮긴이)

회고록이라는 형식을 사용할 경우 용의주도한 독자들에게서 일시적으로나마 관심을 끌려면 마치 닭과 타조를 교배해 얻은 교배종처럼 새로운 요소가 필요하다. 하지만 어떤 면에서는 바로 그 부분이 가장 중요한 역할을 하기도 한다. 셀처는, 느러터진 《사랑과 결과》의 편집자들까지 믿게 만든 가상의 이야기를 만들어낼 정도의 경제적인 궁핍을 경험한 적이 없다. 그뿐 아니라 셀처는 메리 케이트 올슨과 애슐리 올슨 자매가 다녔던 LA 기숙학교를 졸업했다.

《사랑과 결과》의 거의 모든 페이지는 빈민가에서 벌어지는 끔찍한 멜로드라마로 도배되어 있다. 이 책의 첫 페이지에는 베이루트를 연상케 하는 내용이 담겨 있다. 위탁 가정에서 셀처가 거주했던 방이 자세히 묘사되어 있는 것이다. 셀처는 자신의 방에 총격의 흔적이 있었으며 그 흔적은 자신이 성인이 될 때까지 그 자리에 남아 있었다고 묘사했다. 셀처는 LA 중남부에 있는 암흑가에서 보낸 첫날밤 그런 일이 일어났다고 이야기했다. 또 하나의 몹시 걱정스러운 장치는 셀처가 가족의 수중에 남아 있는 마지막 몇 달러를 들고 가서 식료품을 구매한 후 0.5갤런들이 우유를 떨어뜨리는 장면이다. 유리병이 바닥에 떨어져 산산이 부서지면서 하얀색 액체가 불길하게도 길 위에 떨어져 있는 피와 섞이는 모습을 바라보던 셀처는 어린 동생이 영양분을 제대로 섭취하지 못할까 걱정한다(이 부분 또한 역량 있는 편집자의 눈을 거쳤더라면 말이 안 된다며 지적을 당했을지도 모른다. 도심의 상점에서는 곽에 들어 있는 우유만 팔았었기 때문이다). 길 위에 혈액이 있었다는 것은 경찰이 결코 순찰을 돌 것 같지 않은 암울한 동네에서 충격이 있었음을 의미한다. 이것이 끝이 아니다. 저자의 얄팍한 상상 속에서 우리의 주인공은 전기를 끊어버리겠다는 협박에 못 이겨 밀린 전기요금을 내기 위해 고군분투한다. 전기요금을 내기 위해 주인공이 취한 행동은 집으로 달려가 화장실에서 당시 9세와 14세에 불과했던 양오빠들에게서 건네받은 비법대로 코카인을 제조하는 것이었다.

　이 모든 내용들을 자세히 살피는 까닭은 단순히 현대 출판계의 조잡한 편집 실태를 공격하려는 것이 아니다. 입문 단계의 편집 업무는 보수가 적기로 악명이 높기 때문에 이 일을 하는 사람 중에는 가족의 지원을 받으며 일을 할 수 있을 만큼 가정환경이 넉넉한 사람들이 많다. 따라서 일반적인 미국인들보다 저소득층의 궁핍한 삶을 셀처가 그려내는 대로 믿는 경향이 크다는 사실을 짚고 넘어갈 필요가 있다. 하지만 셀처가 상상으로 묘사한 서민층의 고난에는 훨씬 걱정스러운 부분이 있다. 간접적인 충격을 전달하기 위해 상상으로 꾸며낸 고통을 유해한 방식으로 풀어낸 것이다. 일종의 싸구려 체험학습인 셈이다.

　《사랑과 결과》는 신자유주의적인 상상의 산물인 동시에 감정의 측면에서 따져보면 현대 회고록의 꽉 막힌 사회적 상상력을 드러내는 신식민지주의적인 상상의 산물이기도 하다. 《사랑과 결과》는 클로드 브라운의 《약속의 땅에서 자라는 아이(*Manchild in the Promised Land*)》이나 《말콤 X 자서전(*TheAutography of Malcolm X*)》 같은 과거에 발표되었던 서민 동네에서 자란 사람들이 집필한 자서전과는 극명하게 대비된다. 위와

같은 회고록은 사회적인 깨우침을 안겨준다. 경범죄를 저지르고 가족 문제로 힘들어하는 주인공들은 인종 차별적인 사회 질서로 인해 자신들이 선택할 수 있는 것이 제한되어 있으며, 자신 같은 사람들이 경제적 정치적으로 고립되어 있을수록 인종 차별적인 질서가 더욱 강화된다는 중요한 깨달음을 얻는다. 다시 말해서 이런 회고록의 주인공들은 모멸감을 느끼는 피해자의 입장에서 매우 대중적인 정치적 주체로 성장한다.

그와는 반대로, 《사랑과 결과》에서 우리의 주인공이 얻은 교훈은 자신의 위탁 가족에 국한되어 있다. 그뿐 아니라 내용 하나하나를 지적하지 않더라도 셀처의 묘사는 지극히 인종 차별적이다. 예를 들어, 셀처는 양어머니 에블린의 독백을 아주 전형적인 방법으로 묘사한다. 체구가 크고 독실한 기독교 신자인 에블린은 청소부이며 고객들은 에블린을 '빅 맘(Big Mom)'이라고 불렀다. 에블린은 갱단에 들어가 마약 거래에 빠져든 아들을 생각하며 기도를 한다. "'하나님, 저는 도움의 손길이 필요합니다. 도움이 필요해요. 이건 제가 알던 세상이 아닙니다.' 에블린은 스카프로 눈을 훔쳐내며 믿을 수 없다는 듯 천천히 고개를 저었다. '하나님, 저는 어떻게 해야 할지 모르겠군요. 저를 인도하소서.' 무거운 짐에 눌린 어깨가 털썩 내려앉는가 싶더니 어머니는 이내 머리를 식탁에 파묻고 하나님을 향해 한 손을 들어올린 채 통곡하기 시작했다."[3] 이 부분에서 에블린이 느닷없이 '산에 가서 말하라(Go Tell It on the Mountain)'라는 성가곡을 불러대기 시작했던 것 같다.

이처럼 위험에 처한 아이들을 더 이상 그럴듯하게 그려내서는 안

된다. 마치 과시라도 하듯 특유의 발음까지 그대로 표기해서 보여주는 전형적인 대화를 보고 있노라면 '클랭(Klangs)!', '밥(Babp)!'이라고 적힌 만화 속의 대사가 생각난다. 셀처가 상상 속에서 만들어낸 가상의 양오빠 타예는 감옥에서 풀려난 후 다음과 같이 이야기한다. "가족 같은 건 포기한 지 오래됐어. 맨 처음 나왔을 때 나는 노력하고 또 노력했어. 너희들은 모두 나를 미워하겠지. 하지만 나도 이세 엄마의 위선과 수많은 요구에 질릴 대로 질려버렸어. 난 이제 거리에서, 그리고 친구들을 통해서 내가 필요한 모든 걸 얻고 있어."[4]

셀처가 발표한 회고록이 사실은 지어낸 이야기에 불과하다는 사실이 드러나기 전까지 비평가들은 셀처의 글이 갱들로 넘쳐나는 LA 중남부 빈민가의 삶을 그려낸 희귀하고 투지 넘치는 작품이라고 묘사했다. 〈뉴욕타임스〉에 글을 기고하는 미치코 가쿠타니는 《사랑과 결과》의 주인공이 "한밤중에 총알이 창문과 벽을 뚫고 집안으로 날아 들어올지도 모른다는 두려움에 떨며 총알을 피하기 위해 바닥에서 잠을 자는 법을 익혀야 했던 동네의 잔혹한 현실과 가족과 친구들의 도움으로 간신히 위기를 벗어난 경험 등을 모두 떠올리게 해주는 훌륭한 일을 해냈다"라고 주장했다.[5] 〈뉴욕타임스〉는 '하우스 앤 홈(House and Home)' 섹션에서 오리건 주 유진에 위치한 셀처의 아름다운 집을 공개하며 그 집이 LA 중남부에서 불우한 어린 시절을 겪었던 소녀가 자신의 힘으로 상처를 치유해가는 과정의 중간 단계쯤 된다고 소개했다. 하지만 실제로 그 집은 브렌트우드에서 자란 아이가 냉소로 가득한 인종 차별적인 글을 발표해 갈취한 부정 이득이었을 뿐이다.

하지만 셀처의 사례를 통해서 확인할 수 있듯 신식민지주의적인 셀처의 회고록은 단순히 '잔혹한 현실'을 조작한 글이 아니다. 좀 더 근본적으로 파고들면 셀처의 회고록은 자의식을 바탕으로 독자의 양심을 건드리는 정치적인 서술을 바탕으로 한 것이 아니라 다른 사람의 불행을 곁에 두고 지켜보려는 계급적 관음증을 드러낸다. 셀처의 글에는 같은 나라에서 살아가는 이웃들을 모두 아무런 개성도 없고 누구나 똑같은 감정에 똑같은 고통을 느끼는 이국적인 존재로 바라보는 특권이 표현되어 있다. 셀처가 그들에 대해서는 그 무엇도 알고 싶지 않다는 생각을 노골적으로 드러낸 것이야말로 가장 불쾌한 일이다.

21

데이비드 브룩스

냉혹한 문화 결정론자

〈뉴욕타임스〉의 칼럼니스트 데이비드 브룩스가 뮤지컬 '뮤직 맨(The Music Man)'의 주인공인 매력적인 세일즈맨 헤럴드 힐을 묘사한 글이 있다. 그는 힐이 대중주의와는 거리가 멀고, 금전적인 면에서 영악하며, 성격이 약간은 재미있다는 점을 끈기 있게 설명하는데, 나는 그 글을 읽을 때마다 항상 힐처럼 밀짚모자를 쓰고 줄무늬 재킷을 입은 데이비트 브룩스를 상상하게 된다. 힐과 마찬가지로 브룩스도 열렬한 청중을 향해 자신을 둘러싼 사회 질서에 대해 차분하지만 흔들림 없는 확신을 가질 수 있도록 재치 있는 말을 끊임없이 속사포처럼 내뱉었기 때문이다. 하지만 힐과 브룩스 사이에는 한 가지 중요한 차이점이 있다. 그것은 바로 힐은 학교 음악밴드를 홍보하기 위해 시민들의 열정을 불러 모았지만 브룩스는 거짓된 실력주의의 가치에 대한 탄탄

한 신화(모든 정당한 보상이 뛰어난 지식 엘리트 계급에게 흘러가도록 만드는 시스템)를 홍보했다는 것이다.

브룩스는 2000년에 사회의 미래를 내다보는 선각자라는 자신의 명성을 걸고 미국의 새로운 권력 지배계층이 보헤미안을 자처하는 현상을 조롱하는 베스트셀러 《보보스(Bobos in Paradise)》를 발표했다(브룩스가 고안한 '보보스'라는 재치 있는 표현은 '부르주아'와 '보헤미안'이라는 두 단어를 단순히 더한 것에 지나지 않는다. 브룩스는 보보스가 미국 사회에서 새롭게 나타나는 현상이라고 주장했다. 하지만 보헤미안은 항상 부르주아 계급에서 나왔으며 진지하게 타고난 사회경제적 권리를 버려야 한다는 생각을 하는 경우는 드물다).

하지만 실력주의를 중시한다면서 사실과 반대되는 거짓된 주장을 펼쳤던 다른 책들이 그러했듯 브룩스가 공을 들여 집필한 재치로 가득한 이 작품도 결국 가장 진실한 유형의 아첨에 불과한 것으로 밝혀졌다. 브룩스는 사회 전반에 팽배한 소비 과잉 현상에도 불구하고 보보스 계층이 매우 뛰어난 적응 능력과 놀라운 수준의 지략을 갖고 있다고 기술했다. 브룩스가 설명하는 부유한 보보스족은 크리스토퍼 래시와 같이 좀 더 완고한 사회 비평가들의 예언에 등장하는 격변하는 향락주의에 빠져들지 않는다. 대신 이들은 "주주를 위한 계몽 모더니즘"[1]을 실천하며, "역방향으로 움직이는 미다스의 손"을 활용해 손에 닿는 모든 것을 "영적인 것으로 변화시키는"[2] 등 자신의 육체적 정신적 발전을 위해 엄격한 노력을 기울인다.

다시 말해서 오래된 느낌이 나는 가구나, 터무니없이 비싼 가격을 붙여 놓은 홀푸즈(Whole Foods)의 동굴 숙성 치즈를 찾는 보보스족을 향한 가벼운 조롱은 결국 브룩스 자신이 새롭게 등장했다고 주장하는 사회 계층을 대신해 매우 오래된 유형의 사회적 존경심을 끌어내보자는 무언의 노력인 것이다(물론 국가주의적이고 노블레스 오블리주를 실천하는 사람들이어야 한다는 조건이 붙어 있긴 하다). 브룩스는 책의 마지막 부분에서 무기력한 보보스족을 향해 역사의 증인이 되어 미국의 문화적 사명을 완수하는 데 역할을 다해줄 것을 촉구했다. 브룩스는 자신이 존경하는 제국주의자 시어도어 루스벨트와 매우 비슷한 어조로 자신의 고민을 표현했다. "우리는 사생활뿐만 아니라 우리가 살고 있는 지역에서 안락함을 누리고 있지만, 한 국가의 연대감과 특별한 역사적 사명감을 잃어버렸는지도 모른다. 정말로 두려운 것은 미국이 감당할 수 있는 수준을 넘어선 과도한 발전으로 인해 몰락할지도 모른다는 가능성이 아니다. 우리가 두려워해야 할 것은 미국을 이끌어나가는 시민들이, 거대한 물질적 안락함에서 얻는 기쁨이 애국심에 뿌리를 둔 국가에 대한 봉사보다 만족스럽다고 생각함으로써 국가 전체의 기력이 약해지는 것이다."3

한편, 래시는 정당을 막론하고 모든 사람들에게서 제국주의적인 모험을 추구했다는 평가를 받은 루스벨트를 통렬하게 비판했다. 그는 루스벨트의 제국주의에 대해 '지배계층의 도덕적, 지적 재건'이라는 날카로운 평가를 내렸다. 안락하게 살고 있는 보보스 엘리트를 결집하여 국가에 대한 봉사라는 의식을 엷게나마 불어넣고자 애썼던 브룩스가 염두에 둔 것이 바로 래시가 이야기한 지배계층의 도덕적, 지적

재건이었다. 물론 지금에 와서 생각해보면 지배계층의 재건과 국가적인 사명을 무작정 덧붙인 것은 너무도 잘못된 일이다. 미국은 브룩스가 강조한 사항을 정확하게 따랐기 때문에 이라크에서 처참하고 불법적이며 제국주의 정신을 기반으로 한 엄청난 일에 휘말리게 되었다. 당시 브룩스는 미국의 시사 주간지 〈위클리 스탠더드(Weekly Standard)〉와 〈뉴욕타임스〉의 칼럼난을 물려받은 편안한 위치에서 이라크 전쟁에 열렬한 지지를 보내는 글을 썼다. 물론 엄청난 부채를 바탕으로 한 위태로운 환상곡, 주택을 소유한 수많은 보보스족들이 집을 담보로 부채를 끌어다 주방을 호화롭게 꾸밀 수 있도록 도와주었던 환상곡은 처참하게 무너져 내렸다.

하지만 적절한 때에 등장해 미국의 지식 엘리트 계급의 귀에 달콤한 말을 속삭여준 브룩스라는 존재가 지닌 진정한 장점은 사과를 할 필요가 없다는 것이다. 혹은 자신이 입 밖으로 내뱉은 말에 많은 의미가 담겨 있다는 사실을 인정할 필요가 없다는 것이다. 이렇건 저렇건 미국에서는 누군가가 권위자라는 명성과 유행의 첨단을 걷는다는 인정을 동시에 얻었다면 그 사람은 무조건 역사의 오른편에 서 있는 것으로 여겨진다. 주주를 위한 모더니즘에 내재되어 있는 탄력적인 규칙을 완전히 익힌 사람이 있다면 그 사람이 바로 브룩스다.

브룩스는 책을 발표한 다음 해 펜실베이니아 주의 프랭클린 카운티에서 '붉은 미국(Red America, 접전이 벌어졌던 2000년 대선 당시 조지 W. 부시를 지지하며 오만한 우파 성향을 보였던 선거구와 주)'에 나타난 한마디로 설명하기 힘든 내륙의 정서를 파헤치며 엉뚱하게도 인류학을 전면에 내세운 기고문을 작성했다. 브룩스의 기고문이 〈애틀랜틱〉의 표지 기사로 실리자 그가 《보보스》에서 표현하려 했던 '희극적 사회학(comic sociology)'의 공허함이 많은 사람들에게 알려졌다.

브룩스는 예상대로 프랭클린 카운티 주민들의 소비 습관이나 문화적 감수성에 관한 이야기를 그럴듯하게 늘어놓았다. 브룩스가 기술한 내용은 '붉은 미국(공화당을 지지하는 주—옮긴이)'과 '푸른 미국(민주당을 지지하는 주—옮긴이)' 사이에는 메울 수 없는 문화적 격차가 존재한다는 전반적인 주제를 뒷받침하는 것들이었다. 예를 들어 마이클 켈리는 〈애틀랜틱〉에 기고한 칼럼에서 두 지역 간의 문화적 격차를 변치 않는 계급적 분리로 표현했다. 유일한 문제점은 브룩스가 발표한 글에 들어 있는 내용 중 사실로 밝혀진 것이 극소수에 불과하다는 것이다. 예를 들어, 브룩스의 비현실적인 주장과는 반대로 현지 레스토랑에서 20달러 이상을 주고 한 끼 식사를 하는 것이 얼마든지 가능하며, 브룩스가 저가 매장으로 그득하다고 주장한 지역에는 고급 소매점이 놀라울 만큼 많았다. 브룩스가 아무 생각 없이 펼쳤던 주장과는 달리 붉은 미국이 QVC(미국의 종합 홈쇼핑 사이트—옮긴이) 홈쇼핑 중독자들로 그득한 것도 아니었다. QVC에서 제품을 가장 많이 구입하는 사람들은 비벌리 힐스에서 우편번호가 90210인 호화 주택가에 거주하는 급진적 자유주의자들이었다. 그뿐 아니라 브룩스가, 푸른 미국으로 통하는 민주당 지지 주에 거주하는 진보주의자들이 경주용 자동차를 운전하는 전문 레이서의 이름을 다섯도 대지 못한다고 우겼던 것과는 달리, 붉은 미국은 나스카(NASCAR, 개조한 자동차를 타고 경쟁을 하는 미국

의 대표적인 자동차 경주—옮긴이)를 흠모하는 사람들로 가득한 곳이 아니었다. 확인 결과 나스카 시청률이 가장 높은 다섯 개의 주 가운데 세 곳이 푸른 미국에 속하는 것으로 확인되었다. 게다가 푸른 미국이 불법 이민 노동자를 고용하는 맛에 푹 빠져 직접 기기를 이용해 정원을 다듬는 것을 포기했다는 브룩스의 주장도 사실이 아니었다. 사실 불법적인 노동자 고용이 가장 많이 이루어지는 주는 대부분 농경이 주를 이룬 붉은 미국에 속했다.

2004년, 잡지 〈필라델피아(Philadelphia)〉의 기고가인 사샤 아이젠버그는 브룩스의 연구 내용과, 대중이 브룩스에게 보내는 혼란스러운 찬사를 날카롭게 분석한 글을 발표하여 브룩스가 주장한 내용 중 사실과 반대되는 부분을 꼼꼼하게 확인했다. 당시 젊은 기자였던 아이젠버그는 희극적 사회학 분야의 유명인사인 브룩스에게서 자신이 처한 사태에 대해 냉철한 설교를 전해 들었다. "정직하지 않은 연구로군. 자네는 이 문제에 정직한 기자가 가져야 할 정신을 바탕으로 해서 접근한 것이 아닐세." 브룩스는 아이젠버그를 질책했다. "이런 식으로 기자 경력을 시작하려는 건가?"[4]

물론 브룩스는 경력을 좀 더 높이 쌓아 올리려면 실증적인 근거를 바탕으로 엘리트 집단의 맹목적인 믿음에 대항하기보다, 엘리트 집단의 보편적인 문화적 편견을 파렴치하게 활용해야 한다는 것을 잘 알고 있었다(브룩스가 아이젠버그의 분석을 '정직하지 않은 연구'라며 비난한 사실이 놀림감조차 될 수 없는 수많은 이유 중 하나가 바로 이것이다). 〈애틀랜틱〉에 발표한 글로 인해 짜증스러운 사건이 발생한

지 얼마 되지 않아 브룩스는 〈타임스(Times)〉의 보수파 수석 칼럼니스트라는 알짜배기 자리를 차지하게 되었다. 이후 브룩스는 메이저리그 플레이오프 경기장의 흥분한 관중들부터 세계적인 개발 정책이나 해외 원조 현황에 이르는 자신이 쓴 기사에서 뿌리 깊은 문화 결정론을 일반화하는 논조를 보였다.

하지만 2008년에 벌어진 일련의 사건들로 인해 모든 문제에 문화적인 시각으로 접근하려는 특유의 관점을 상품의 수입에도 적용해야 할 상황이 벌어지자 브룩스 특유의 접근방식이 너무도 진부하다는 사실이 만천하에 드러나고 말았다. 2008년 말, 조지 스테파노풀로스가 진행하는 ABC방송의 시사 프로그램 '디스 위크(This Week)'에 출연했다가 말문이 막힌 브룩스는 미국의 자동차 제조업체를 살리려는 정부 정책에 대한 의견을 장황하게 늘어놓았다(물론 브룩스는 오랫동안 이 정책이 신성한 자유시장 원칙에 위배된다며 반대해왔다). 자동차 제조회사에 구제금융을 제공하면 부당하게도 '정치'가 산업 정책에 끼어들게 된다(이미 잘 알고 있겠지만 시장 활동을 규제하지 않았기 때문에 미국 경제가 전반적인 안정세를 유지할 수 있었다). 그뿐 아니라 연방 정부가 무려 1000억 달러가 넘는 엄청난 돈을 금융기관 구제를 위해 사용한 것과 비교하면 자동차 제조업체에 제공한 구제금융은 별다른 성과로 이어지지 않을 가능성이 크다. 브룩스는 대수롭지 않다는 듯 "그것이 바로 공익 사업"이라고 선언했다. 함께 참석한 패널이 브룩스의 기이한 주장에 압박을 가하자 브룩스는 아무렇지도 않은 듯 어깨를 으쓱하고 말았다. 브룩스는 아이젠버그와 대화를 나눌 때 무

례한 태도를 보였던 것과 마찬가지로 거들먹거리는 태도로 "그건 비유죠"라며 은근슬쩍 무마하려 했다.

이 같은 비유로 정부를 옹호했던 사람들로 인해 수백만 가정이 압류의 덫에 걸리고 말았으며, 세계 신용 시장이 흔들렸고, 자동차 산업과 같은 제조업체들이 경제적 생존 능력을 상실했다. 자동차 제조업체에 구제금융을 제공하는 것을 공익 사업이라고 표현한 것은 베니토 무솔리니에게 평화상을 수여하자는 주장만큼이나 터무니없다. 하지만 다시 한 번 이야기하지만 브룩스는 이라크를 점령한 미국의 잘못된 결정을 '이상주의에 눈이 먼' 나라의 오판 때문이라고 공개적으로 애석해할 수 있는 인물이다. 그뿐 아니라 브룩스는 일주일 후 "그럴 수 있을지 미심쩍긴 하지만 미국은 무지에서 벗어나 성공을 향해 나아갈 수 있을 만큼 적응력이 뛰어나다는 점을 증명해 보여야 한다"라는 기발한 주문으로 점차 쇠약해지는 충직한 침략자들의 정신을 결집하려 노력했다. 바로 여기서 주주를 위한 모더니즘, 즉 전혀 매력적이지 않은 서구 식민주의의 오랜 역사 여러 곳에서 나타난 너무도 익숙한 풍자와, 재난 속에서도 굳건한 인간의 의지에 대한 미숙한 낙관론을 발견할 수 있다.

당연하게도 빈곤이나 세계적 발전과 관련된 질문이 등장하면 브룩스가 즐겨 사용하는 문화 결정론은 빛을 잃는다. 하지만 이처럼 곤란한 상황에서도 브룩스식 문화 결정론은 듣는 사람을 조마조마하게 만드는 허황된 비유와 망상에 가까운 표현을 의식하지 못한 채 무자비하게 모습을 드러낸다. 그 과정에서 브룩스식 문화 결정론을 주장하는 사람들은 헤럴드 힐처럼 무모한 자신감을 드러내는가 하면, 영화 '선셋 대로(Sunset Boulevard)'의 결말부에서 불행한 최후를 맞는 한물간 여배우 노마 데스먼드처럼 광기를 보이기도 한다.

예를 들어, 수많은 생명을 앗아간 2010년의 아이티 지진 직후 브룩스는 자신이 가장 좋아하는 주제로 칼럼을 내놓았다. 당시 브룩스가 선택한 주제는 아이티(노예 혁명에 성공한 이후 서구 열강들에 의해 국제사회에서 고립되었다가 폭력적인 정치 쿠데타를 잇달아 경험했으며 오랫동안 미국의 보호를 받았다)처럼 지저분하고 가난한 국가에서 궁극적으로 부를 결정짓는 존재는 문화라는 신비로운 힘이라는 것이었다. 지진으로 엄청난 인명 피해가 발생한 데 대해 브룩스는 다음과 같이 기술했다. "이런 현상은 발전을 반대하는 문화에서 비롯된 것이다. 인간의 삶은 예측할 수 없으며 계획을 세우는 것 자체가 무의미하다는 메시지를 확산시키는 부두교의 영향력도 문제다. 아이티에는 사회적 불신이 팽배해 있다. 스스로 책임을 지려고 노력하는 경우는 많지 않다. 자녀를 양육할 때도 아이가 어릴 때는 방치하다가 아홉 살이나 열 살쯤 되면 가혹하게 벌을 주는 경우가 많다. 인간은 예의를 갖춰 다른 문화를 존중해야 마땅하다. 하지만 다른 문화에 비해 발전을 싫어하는 문화가 존재하는 것이 사실이다. 그런 문화가 끔찍한 재앙을 더욱 악화시켰다."

엄청난 인명 피해를 초래한 재해로 비통해하는 사람들의 눈앞에 자기만족적인 성향이 짙은 관련 기사를 작성하여 문화 전쟁에서 점수를 따보겠다고 덤비다니, 권위자의 기회주의적인 모습만큼 혐오스러운

것도 드물 것이다. 운명론을 바탕으로 한 아이티인들의 종교 부두교가 전적으로 합리적이지는 않은 신앙일 수도 있다. 하지만 적어도 부두교를 믿는 아이티인들의 실제 삶에서는 사람들의 마음을 어루만져 주고 망자 앞에서는 진심으로 애도를 표현하는 종교다.

부두교의 신들이, 사회적 지위와 소득 간의 불일치로 고통스러워하는 사람들은 고통을 보지 않고 오로지 '실력'을 중시하는 신화적인 보보스족 등 데이비드 브룩스가 신봉하는 신들을 응징하는 모습을 상상할 수 있을 뿐이다. 브룩스가 만든 미신적인 존재들은 부두교에서 숭배하는 아프리카 신들과 매우 비슷하다. 아이티 포르토프랭스의 슬럼의 모습에서 볼 수 있듯이 건전하고 유익한 발전을 추구하는 보보스족의 세상에 무자비한 혼란을 가져오는 변덕스러운 시장의 힘을 상징하는 존재이기 때문이다. 이렇게 생각하는 것이 즐겁긴 하지만 이와 같은 신들의 몰락(Gotterdammerung)은 결코 이루어지지 않을 것이다. 유쾌한 어조로 어떤 심각한 도전에도 대처할 수 있을 만큼 시장 이념이 확고하다고 선언한 데이비드 브룩스에게 과도하게 투자한 유명 언론이 너무 많기 때문이다. 사람들은 '신들의 몰락'은 아니라도 브룩스가 최소한 이번만은 시장 우주론을 늘어놓으며 우쭐대기보다 참혹한 재난을 겪은 아이티 사람들에게 자신들이 믿는 토속신앙이 줄 수 있는 것, 즉 겸손하고 공손한 침묵을 안겨주기를 기대했을 것이다.

22

창조 계급

값비싼 취미를 즐기는 두뇌 노동자들

　부의 집중, 빈부에 따른 주거지역 분리, 소득 불평등, 직업적인 운명과 삶의 결과를 결정짓는 금융 정책 등을 고려했을 때 미국 사회는 계급이 존재할 수밖에 없는 구조이다. 이런 국가에서 사회 계급의 존재를 부정하기 위해 안간힘을 쓰느라 미국의 사회 비평가들은 과도한 반응을 보이고 있다.

　이들은 물질적인 삶의 방식과 거의 아무런 관련이 없는 방식으로 계층을 나누는 새로운 방법을 찾아낸 다음, 거기에 도시의 사회계약을 수정하고, 세금 및 투자 정책을 추진하고, 서양 세계 자체의 좌표를 변경하는 이상하고 놀라운 새로운 힘이 있다고 믿었다. 이들은 사회경제학의 연금술이라는 매력적인 행위를 통해 신정보 경제라는 신비로운 주문을 사용하여 탄성이 있는 자동 기계 골렘(golem)을 만든

다음 '창조 계급(Creative Class)'이라는 이름을 붙였다.

물론 여느 슈퍼히어로의 모험담과 마찬가지로 창조 계급에 관한 이야기에도 굴곡이 있다. 즉 역경이라는 시험을 거치고 정체성의 위기를 겪은 후 존재의 정당성을 인정받는 최후의 순간이 찾아오는 것이다. 로버트 라이시는 세계화의 물결이 처음 등장한 때를 시작으로 스스로를 '상징 분석가(symbolic analyst)'라고 이름 붙인 새로운 특권층('지식'과 '가치'를 처리하는 일을 주된 업무로 맡고 있는 사람들)이 등장하는 모습을 지켜보았다.

클린턴 행정부에서 경제적 공정성을 가장 적극적으로 지지했고, 그 결과 아주 비참한 결과를 맞았던 라이시는 자존심 있는 상징 분석가라면 결코 저지르지 않을 기본적인 실수를 저지르고 말았다. 라이시는 글로벌 기업을 경영하는 새로운 세력들이, 인건비가 저렴하고 노조도 없는 개도국의 노동시장과 갑작스레 국제적으로 경쟁해야 하는 곤경에 처한 도시 임금 노동자들의 현실을 무관심하게 외면한다고 우려했다. 뿐만 아니라 이들이 노동자의 곤경에는 관심은 기울이지 않은 채 사설 경비원이나 해외에서 이민 온 정원사, 돈을 받고 쓰레기를 수거하는 청소부 들의 서비스를 받을 수 있으며 외부인의 출입을 제한하는 교외의 부촌으로 옮겨가는 등 공적인 생활 및 사회적 책임을 피하려 할 것이라고 우려를 표시했다.

라이시는 이런 현상을 '성공한 사람들의 분리 독립(secession of the successful)'이라 칭했다. 1990년대 초만 하더라도 라이시의 이런 우려는 불필요한 불안심리를 조성할 뿐이라는 인식이 팽배했다. 물론 외부인의 출입이 제한되는 동네라니 조금은 으스스하다. 하지만 사설 경비원을 한두 명쯤 고용한다고 미국의 국가 기능이 전면적으로 무너지기야 하겠는가.

물론 당시는 미국의 사회 비평가들이 놀라운 일을 뚝딱 해내는 새로운 정보 엘리트 계급의 힘을 제대로 파악하지 못했을 때다. 하지만 결국 상징 분석가들이 인사한 미소를 띤 채, 후퇴 중인 산업화 시내 경제의 주위를 맴돌며 사회 질서 속에 온갖 종류의 새로운 움직임을 만들어낼 수 있다는 사실이 드러나고 말았다. 〈워싱턴포스트〉의 조엘 가로 기자는 도심과 교외 사이에 위치한 '주변 도시(edge city)'에서 이처럼 대담하고 새로운 변화가 나타나고 있다는 것을 깨달았다. 그는 교외에 있는 복합 상업 지구가 도심에서 좀 더 가까운 곳으로 이동할 수 있도록 연방 정부가 엄청난 금액을 보조한 사실은 외면한 채, 새로운 지식 노동자의 지칠 줄 모르는 기업가적 결단을 칭송했다(지금은 한때 호황을 누렸던 주변 도시의 상업 지구들이 심각한 경제난을 겪고 있다. 하지만 도심을 떠나 교외로 옮겨가려는 기업의 노력은 그리 대단해 보이지 않는다. 그 이유가 무엇일까? 지역 개발업자들이 텅 빈 업무 단지와 빠른 속도로 쇠락하고 있는 새로운 도심의 경계에 자리한 텅 빈 대형 상품소매 창고를 어떻게 처리해야 할지 몰라 애를 태우고 있기 때문이다).

라이시와 가로가 의견을 피력하고 몇 년이 흐른 후 폴 레이와 셰리 앤더슨은 또 다른 사회경제적 계층인 '문화 창조자(Culture Creative)'가 등장하는 현상에 조심스레 접근했다. 문화 창조자란 탈공업화 경제에서

주요 업무를 맡고 있지만 환경 결정론, 새로운 문화 경험 등을 중요하게 여긴다. 레이와 앤더슨은 5000만 명, 혹은 미국 성인 인구의 4분의 1에 이를 만큼 그 수가 많은 문화 창조자 계층을 찬양하듯 다음과 같이 기술했다. "문화 창조자들은 집에서건, 가게에서건, 직장에서건, 정치에서건 진실성을 요구한다." 이들은 마치 '진실성'을 얻기 위한 탐구가 미국 소비자 문화에 예정된 진부화와는 크게 상관없다는 태도이다.[1]

하지만 중요한 통합 과정이 아직 남아 있었다. 당시 카네기 멜런 대학교의 교수인 경제학자 리처드 플로리다가 새로운 계층 제도를 통합하는 일을 맡았다. 플로리다는 2002년에 출판한 파격적인 저서 《창조계급: 창조적 변화를 주도하는 사람들(*The Rise of the Creative Class*)》에서 새로운 경제 생산 모델(경제 생산 모델과 더불어 급진적일 만큼 새로운 업무 패턴, 여가, 사회 지리학, 문화를 보여주는 모델)을 찾기 위해서 탈산업화 과정을 겪고 있는 피츠버그 도심의 보헤미안 거주지를 활용했다. 당시는 새천년이 시작될 무렵으로, 창조 계급이 새롭게 등장하고 있었다. 플로리다의 표현을 빌리자면 창조 계급은 그 누구도 반론할 수 없을 정도로 강렬하게 세상을 바꾸어가고 있는 만큼 창조 계급이라는 단어는 고유명사로서 인정받아야 한다.

그렇다면 창조 계급이라는 새로운 경제 집단을 움직이게 만든 것이 무엇일까? 플로리다가 그려본 것처럼 창조 계급은 원래 라이시가 처음 생각해낸 상징 분석가 집단(신자본주의 정신을 상징하는 두뇌 노동자)이 좀 더 강화된 개념이다. 사실 창조 계급 구성원들은 마치 이상한 나라의 앨리스가 마법의 알약을 삼키듯이 물질주의 이후의 생활 방식을 혁신하는 본질을 거의 있는 그대로 흡수하는 존재다. 우리 사회의 예언자는 다음과 같이 선언했다. "마르크스는 언젠가 노동자가 생산 수단을 통제하게 될 것이라고 예상했다. 마르크스의 주장도 부분적으로 옳다. 이제 이런 움직임이 나타나기 시작했다. 물론 공장이 프롤레타리아 계급의 수중으로 들어가게 될 것이라는 마르크스의 생각과는 조금 차이가 있다. 하지만 그 어느 때보다 많은 노동자들이 생산 수단을 통제하게 될 것이다. 생산 수단이 노동자의 머릿속에 있기 때문이다. 노동자 자신이 바로 생산 수단인 것이다."[2]

하지만 노동 소외 문제와 존재를 통한 생산 문제를 해결했다고 해서 창조 계급이 실질적으로 경제적 결정과 같은 힘을 갖게 된 것은 아니었다. 사실 비정규직 고용이 만연한 정보 경제 내의 실태를 깨달은 플로리타가 경제 관계 내에 영구적인 변화를 일으키기 위해 필요하다고 주장했던 현상이 나타났다. 즉 오랜 기간 같은 일자리에서 일함으로써 상당한 수준의 수당이나 퇴직 연금이 적립되어 제공될 것이라는 기대에서 점차 멀어진 것이다. 물론 케케묵은 유물론적인 신념을 비판하는 사회 비평가들은 플로리다가 세례를 베풀어, 위대하고 전지전능하며 자신의 잠재능력을 최고로 이끌어내는 집단으로 묘사한 노동자 계급이 마르크스의 '산업예비군'(일자리를 매우 귀하게 만들고 인위적으로 임금을 떨어뜨리는 데 도움이 되는 과잉 노동 인구)처럼 보이기 시작한다고 지적할지도 모른다. 하지만 플로리다가 침착하게 설명하듯 이와 같이 사소한 부분 하나하나를 문제 삼아 반대를 하면 좀

더 큰 그림을 놓치게 된다. 플로리다는 다음과 같이 설명했다. "만성적인 이직이라는 새로운 진실이 노동 정신 속에 내면화되었다. 사람들은 스스로의 힘으로 일어서야 한다는 사실을 받아들이고 있다. 즉 오랫동안 안정성과 재정을 제공해주던 것이 더 이상 존재하지 않거나, 중요하지 않다는 사실을 받아들인 것이다."[3] 대중이 기업의 인원 감축에 분노했던 1980년대와 1990년대를 생각해보자. 요즘은 기업이 수천 명의 직원을 해고하고 고용주 충성, 장기 건강보험과 같은 구닥다리 개념을 쓰레기통으로 던져버려도 사람들은 '그리 심한 건 아니다'라는 반응을 보인다. 이런 현상에 대한 플로리다의 평가는 다음과 같다. "글씨가 적힌 피켓도 없고 시위도 없고 정치인의 감시도 없다. (중략) 우리는 그저 기업의 해고를 당연하게 받아들이고 바쁜 삶으로 되돌아간다. 우리는 우리에게 관심을 갖는 기업이나 기관이 없다는 사실을 인정한다. 즉 자신의 힘으로 일어서야 한다는 사실을 인정하는 것이다."[4]

마거릿 대처가 남긴 '사회 같은 건 없다'는 유명한 말에도 같은 뜻이 담겨 있다. 하지만 대처의 말은 계급에 얽매어 있던 영국 정치계에서 분노와 불신을 불러일으켰으며 상당히 적절하게도 시장 숭배 체제와 동일시되었다. 하지만 리처드 플로리다가 설명한 새로운 정치 경제 내의 멋지고 새로운 변경에서는 아무런 방해를 받지 않는 대신 특정한 곳에 소속되어 있지도 않은 지식 노동자들이 떠다니는 기표가 된다. '창조 계급'에 속한 구성원들은 색다른 취미를 가질 수도 있고 케케묵은 도시의 하위 문화를 좇을 수도 있다. 하지만 한 가지 기억해둘 것이 있다. 플로리다가 '경험 중심의 삶(experiential life)'이라고 표현한 것을 지치지 않고 끝없이 추구하는 사람들은 실질적인 부와 소득은 고사하고 결코 경제력이 분배되는 방식에 관한 세세한 문제들로 스스로를 괴롭히지 않는다.

플로리다의 저서 중 가장 유명한 부분은 49개의 주요 광역도시권을 조사한 다음 '게이 지표(The Gay Index, 인구조사에서 드러난 동성 가정의 높은 비율을 반영)', '보헤미안 지표(The Bohemian Index, 기술 기업과 중요한 인디 록 환경을 자랑하는 지역 사이에서 나타나는 상관관계를 나타내는 것으로 통계적 정확성이 상대적으로 높지 않음) 등 첨단 기업이 급증한 지역과 생활방식 측정지표 간의 상관관계를 찾아낸 부분이다.

거기에서도 거대한 맹점이 계속 등장한다. 이와 같은 상관관계는 도표로 기록해둘 수도 있다. 하지만 플로리다가 찾아낸 상관관계들은 대부분, 대도시에 있는 기술업체로 모여들며, 좀 더 관용적인 시각으로 사회를 바라보고, 독립적인 삶을 유지할 수 있을 정도로 넉넉한 가처분 소득을 갖고 있는 젊은 노동자들의 다소 따분한 추세를 강조한다. 하지만 의아할 정도로 이상한 내용을 다룬 부분이 있다. 플로리다는 자신이 아끼는 창조 계급이 제아무리 문화적 다양성과 대안적인 생활방식에 전문적인 지식을 갖고 있다 하더라도 이들이 실제로 자신들보다 덜 운이 좋고, 피부가 덜 하얗고, 앵글로 색슨족이 아닌 사람들 속에서 살아가거나 일하지 않는 경향이 있다는 사실을 인정할 수밖에 없었다. 플로리다는 다음과 같이 인정한다. "직접 조사를 해본

결과 특정한 지역 내의 첨단 기업의 집중도와 해당 지역의 전체 인구에서 유색인종이 차지하는 비중 사이에 부정적인 통계적 상관관계가 존재한다는 사실을 확인했다."[5]

좀 더 자세히 살펴보면 플로리다의 연구 곳곳에서 비슷한 변칙을 발견할 수 있다. 가령, 사람들은 게이 지표와 신경제 성장 속도 간의 상관관계를 따지면 라스베이거스가 다른 도시와 큰 차이를 보일 것이라고 생각한다. 라스베이거스 경제가 개방적인 성의 표현과 밀접하게 연결되어 있기 때문에 라스베이거스에서는 동거 파트너 수당과 같은 문제를 따질 때 게이 평등성이 전혀 문제가 되지 않는다. 하지만 라스베이거스는 노조에 적대적이기로 악명이 높으며 고도로 발달한 서비스 경제의 고향이기도 하다. 따라서 라스베이거스는 게이를 용인하는 문화 순위에서 5위를 차지하지만 첨단 산업 지표에서는 애석하게도 42위에 그쳤다. 유동성이 매우 높을 뿐 아니라 경우에 따라서는 혜택을 받는 대상에 포함되기도, 제외되기도 하는 근로자들이 가난한 삶에서 벗어나지 못하는 요즘 같은 때에 문화적 태도에는 그런 힘이 없는 듯하다.

마찬가지로 창조 계급이 세계적인 문화의 다양성에 열정을 품고 있었음에도 플로리다는 당황스럽게도 첨단 산업 지표(High Tech Index)가 이민자 인구가 많은 대도시 지역과 별다른 상관관계가 없다는 사실을 발견하고 말았다. 그 이유는 바로 이민 노동자 중 많은 수가 저임금 서비스 직종에 종사하기 때문이다. 이민 노동자 중 많은 사람들이 서류조차 제대로 처리되지 않은 상태에서 노동을 하기 때문에 이들은 노조 설립 노력에 한층 커다란 방해가 된다. 시카고, 로스앤젤레스, 베이 에리어 등 이민자를 위한 노동시장과 창조 부문 모두에서 노동자를 양성할 수 있을 만큼 인구가 많은 일부 지역에서는 상관관계가 한층 강력하다. 여기서 다시 한 번 확인할 수 있듯이 두 요인 사이에 특이한 상관관계가 존재하는 지역에서는 흥미로운 사실을 확인할 수 있다. 로드아일랜드 주 프로비던스는 플로리다의 이민자 지표에서 6위를 차지했지만 첨단 산업 지표에서는 44위를 차지했다. 이는 곧 흡수력이 낮은 지역사회의 낮은 생활수준이 문화적인 유토피아를 향해 나아가고자 하는 창조 계급의 자연스러운 진화 과정을 심각하게 방해한다는 의미다.

사실 개성, 개방성, 다양성, 실력주의(물론 빠질 수 없다) 등 플로리다가 창조 계급에 부여한 중요한 문화적 특성은 〈포춘〉 선정 500대 기업 중 어느 곳이건 신입사원 교육을 위한 안내책자에 적어두었을 법한 것들이다. 이런 자질들은 경제 관계를 혁신하고 소외된 노동을 역사의 무대에서 추방하기는커녕, 21세기의 기업 경영 마인드의 근간을 구성한다. 문화나 민족, 인종을 근거로 차별을 하는 관행을 치료하는 데 도움이 되는 다양성과 개방성이 갖고 있는 진정한 장점을 부정하려는 것은 아니다. 그뿐 아니라, 미국 경제가 이와 같이 시대에 역행하는 관행으로 가득 찼다고 생각하는 사람이 있다면 그 사람은 현대 비즈니스 문화에 깊은 관심을 갖고 있지 않은 사람이다. 사실 다양성 컨설팅은 그 규모가 수십억 달러에 이르는 탄탄한 산업이며 성적 취향, 성별 자각 등과 관련이 있는 '개방성'을 면밀하게 관찰하고

공식적으로 축하하기 위한 직원 세미나도 꾸준히 열리고 있다. 이와 같은 깨우침의 분위기가 나타나는 이유를 가늠하기 어려운 것도 아니다. 이런 분위기가 나타나는 것 자체가 억압받는 사람들이 공정하고 공평하게 인정받기 위해 치렀던 힘겨운 전쟁에서 법적으로 진실하고 값진 승리를 얻어냈음을 의미하는 동시에, 결국 시장 친화적인 세상이 좀 더 다양하고 문화적 포용도가 높은 세상이라는 것을 의미한다. 우리가 살아가는 세상의 부와 소득의 다양성이 문화와 성별의 다양성만큼 높은 위치에 올라서 있지 못한 곳이라는 현실은 결코 우연이 아니다.

이런 점에서 볼 때 우리가 살아가는 세상의 전반적인 모습에 관한 플로리다의 연구는 상당히 흥미롭다. 순종적인 독자가 플로리다가 들려주는 놀라울 정도로 '경험 중심적인' 창조 계급에 대한 이야기에 귀를 기울이다 보면 창조 계급이 지금처럼 맹렬한 속도로 일시적인 문화적 제휴를 받아들이고 변화를 추구하려면 많은 돈이 필요하다는 사실이 점차 분명해진다. 플로리다는 즐거운 목소리로 이야기한다. "인터뷰에 참여한 사람들은 자신들이 창의적인 활동으로 이어진 수많은 관계 속에 있다고 생각한다. 한 사람이 동시에 작가, 연구가, 컨설턴트, 자전거 타는 사람, 암벽 등반가, 전자 음악 애호가, 세계 음악 애호가, 애시드 재즈 애호가, 아마추어 요리사, 와인 애호가, 소규모 맥주 제조자 등 다양한 역할을 할 수도 있다."[6]

이처럼 이상적인 유형의 창조 계급 구성원들은 파티에서 낯선 사람들과 대화를 나누는 상황을 두려워하는 그런 부류의 사람일 뿐 아니라 극단적일 정도로 다양한 취미 포트폴리오를 유지하기 위해서 엄청난 가처분 소득을 갖고 있어야 한다. 다양한 취미를 즐기려면 취미 하나하나에 엄청난 자원과 시간을 쏟아 부어야 한다. 따라서 이와 같은 취미 활동은 창조적인 활동이라기보다 소모적인 활동에 가깝다. 물론 '작가'는 예외라는 주장을 펼치는 사람도 있을 것이다. 하지만 이 창조적인 영혼이 오후에는 작가로, 밤에는 암벽 등반가로 활동한다면 수많은 값비싼 컴퓨터 장비를 동원해야 한다. 혹은 (감히 이렇게 말해도 될지 모르겠지만) 새천년을 맞아 새롭게 등장한 창조 계급이라는 소공자들은 어쩌면 딜레탕트(dilettante)나 다름없는 존재인지도 모른다.

컴퓨터와 서류가 중심이 된 신경제의 여러 특징들과 마찬가지로 창조 계급은 아직 그리 훌륭하게 숙성되어 있지 않다. 2010년이 되자 플로리다는 사회적 예언이 담긴 걸작 《그레이트 리셋(The Great Reset, How New Ways of Living and Working Drive Post-Crash Prosperity)》을 통해 묵은 술을 새 부대에 담아놓은 듯한 뻔한 부록을 공개했다. 《그레이트 리셋》에서 플로리다가 제시한 처방은 인상적이지도, 전면적이지도, 혁신적이지도 않다. 가령, 플로리다는 《그레이트 리셋》에서 부동산 시장의 탄력성을 강화하고 대중 교통 체제를 개선해야 한다고 주장한다. 플로리다의 이 같은 주장은 경제가 호황을 누렸던 1990년대에 탈물질주의 주창자들이 주장했던, 그 누구도 반대할 수 없는 사회적-민주적인 목표와 일맥 상통한다. 한 가지 재미있는 사실이 있다. 이처럼 수정주의적인 내용이 담겨 있는 책의 그 어떤 곳에서도, 말 안장에 올라타고

시대정신을 외치며 열정적으로 멋진 신경제를 예언하는 영웅들이 어쩌면 구질서의 광범위한 몰락에 상당한 책임이 있는 인물들일지도 모른다는 사실을 알려주지 않는다. 다시 한 번 말하지만 최고의 알리바이를 입증하는 사람이 가장 창의적인 사람이다.

23

아인 랜드
원하는 것을 얻기 위한 유일한 방법은 파괴

경제적인 삶의 근본적 변화를 평가하는 문제와 관련해 최근 미국이 겪고 있는 심각한 혼란을 가장 명확하게 보여주는 징후가 나타난 때는 오바마 집권 초기다. 백악관과 의회가 과거 투자 경제라 알려졌던 미국 경제의 폐허를 살펴보고, 경제 전문가들이 꽁꽁 얼어붙은 수요를 되살리고 꽉 막혀 있는 신용시장을 해방하고, 그러지 않으면 새로운 대공황이 찾아올 것이라는 전망을 피할 수 있을 만한 무언가(무엇이든)를 찾아내기 위해 안간힘을 쓰는 상황에서 미국 독자들은 위안거리를 찾으며 우스울 정도로 독단적인 아인 랜드의 소설에 빠져들었다.

2009년 초, 무려 1000쪽에 달하는 아인 랜드의 작품 《아틀라스, 지구를 떠받치기를 거부한 신(*Atlas Shrugged*)》은 아마존 사이트에서 베스트

셀러로 등극해 사람들을 놀라게 만들었다.[1] 몇 달이 흐른 후 반정부를 표방한 티 파티 운동으로 이어진 시위에 참가한 시민들은 《아틀라스》의 초반에 등장하는 문장('존 골트는 누구인가?')을 전면에 내세우기 시작했다.

소설로 위장하고 있지만, 실제로는 바람에 문이 닫히지 않도록 괴는 용도로 사용해도 손색이 없을 만큼 두툼한 이념서 따위를 선천적으로 좋아하지 않을 것 같은 사람들에게 골트는 《아틀라스》에 등장하는 순교자 겸 영웅에 불과하다. 골트는 비현실적이고 극도로 이기주의적인 철학자로, 부유한 산업화 시대의 엘리트들을 모아 집단적이고 무모한 파업을 조직해 미국 사회가 더 이상 돌아가지 않도록 만들어버리는 인물이다.

20세기 초 러시아 혁명이 일어난 후 미국으로 망명한 랜드는 자신이 철학적인 영웅으로 숭상하는 프리드리히 니체가 고안한 어구를 차용하여 조심스럽게 재평가된 가치(철도, 금속 합금 산업을 향한 현대적인 감탄사 아래에 숨겨져 있는 것)들을 소설의 줄거리로 삼았다. 1917년 러시아 혁명 당시에 토지를 빼앗긴 러시아의 영세 소작농과 지식 계급이 그랬던 것과 동일한 방식으로 20세기의 억압받는 계급이 봉기를 일으켰다. 한 가지 차이점이라면 이번에 봉기에 참여한 사람들의 외침이 공산주의나 중농주의가 아니라 보수주의 토리당의 신성한 외침 '경제, 그것이 바로 나다'였다는 것이다. 랜드가 주장하는 논지는 규제의 칼날을 휘두르는 국가의 암울한 명령이 아니라 자유로운 개인의 마음속에 내재한 창의적인 천재성만이 영속적인 경제적 가치 및 존재 가치의 원천이라는 종교에 가까운 믿음이다.

단순하기 짝이 없는 랜드의 서술을 따라가다 보면 공익이나 개념적인 이익 공동체를 인정하는 태도에서 조금도 벗어날 수 없다. 따라서 랜드의 소설에 등장하는 분노로 가득한 수없이 많은 이상적 등장인물들은 사회 전반과는 물론이고 상호 간에도 많은 공통점이 있다. 역설적이게도 순응적인 문화를 향한 비트 제너레이션(Beat Generation, 패배의 세대라는 뜻−옮긴이)의 비평에서 기인한 풍자적인 주문이 이토록 완벽하고 전체주의적인 방식으로 드러나는 소설은 없다.

이처럼 빈틈 없는 주장의 부작용은 랜드의 소설에 등장하는 그 어떤 등장인물도 영속적인 관계와 유사한 그 어떤 것을 만들어내지 못한다는 데 있다. 《아틀라스》와 자신에게 명성을 안겨준 또 다른 소설 《마천루(The Fountainhead)》에서 랜드가 앞세운 영웅들은 가족들과 멀리 떨어져 있다. 혹은 좀 더 간단하게 아예 고아로 설정된 경우도 있다. 《마천루》에서는 뛰어난 건축가이자 모나고 신경질적인 하워드 로악이라는 인물이 등장한다. 로악은 단순히 근사한 고층건물을 만들어낼 뿐 아니라 건물이 완성되는 순간 앨버트 녹, 막스 슈티르너 등과 같은 인물이 남긴 격언을 낭송할 수 있을 만큼 지혜로운 인물이다.

랜드는 존 골트와 같은 부류의 등장인물 중 한 사람에 대해 다음과 같이 기술한다. "그 사람은 불로소득을 싫어하듯이 아무런 원인도 없는 애정을 경멸한다."[2] 프랑크푸르트학파의 마르크스주의자를 이해의 황홀경에 빠뜨리려는 경제적 자유방임주의의 전망과 감정적 자유방임주의의 전망을 아무런 비판 없이 동일시하는 것이다.

랜드가 가족을 극도로 싫어한다는 점도 랜드 소설의 예기치 못한 인기가 '가족의 가치'를 무엇보다 중요시하는 보수적인 운동과 어울리지 않는 셀 수 없이 많은 이유 중 하나다. 랜드의 공공연하고 독단적인 무신론을 고려할 때도 마찬가지다. 예를 들어, 《마천루》에서 로악은 평생 욕심을 부리며 물질적인 삶을 추구하면서 많은 죄를 짓고 살았으나 말년에 접어들어 신과 화해하기 위해 애쓰는 백만장자를 대신해 일을 한다. 인도교(人道敎)에 현대적인 방식으로 경의를 표한(안뜰에 이교도 여성의 나체를 묘사한 조각을 가득 배치) 로악은 사기 혐의로 법정에 서게 되었으며 사람들의 마음을 불편하게 만든 로악의 건축물은 정신병이 있는 어린이들을 위한 시설로 변신한다(얼마나 잔혹하고 집산주의적인 아이러니인가!). 실오라기 하나 걸치지 않은 채 영예롭게 뜰 가운데 서 있던 동상은 무신론적인 언론 재벌의 음탕한 관심을 사로잡는 데 중요한 역할을 할 뿐이다(이것이 바로 랜드가 택한 구성의 치밀한 천재성이다).

나는 티 파티의 존 골트 진영이 구조적인 면에서나 내용 면에서나 1990년대에 발생한 전국 교육협회를 둘러싼 갈등, 혹은 동상에 대한 존 애쉬크로프트 전 법무장관과 미국 법무부의 분노(하지만 랜드가 목표로 삼은 독자들이 지지하는 대상이 바뀌어버렸다)와 매우 유사한 종교와 예술 간의 전쟁에 대한 이 같은 조소 섞인 시선을 어떻게 생각하는지 궁금하다.

랜드의 소설에 등장하는 주인공들은 자신의 진실성과, 타협할 수 없는 비전에는 그 무엇으로도 꺾을 수 없는 순수성이 있다고 장황하게 설명한다. 하지만 랜드가 내세우는 영웅적인 개인주의는 철학적인 일관성에 대한 세부적인 내용에 별다른 인내심을 보이지 않는다. 이런 특징이 나타나는 이유는 등장인물들이 자신이 생각하는 원칙에 입각하여 인간 사회와 일정한 거리를 유지하기 때문인 듯하다. 랜드의 소설에서 발견할 수 있는 가장 역설적인 점은 주인공들이 개인주의를 바탕으로 자신들이 주장하는 이상을 너무도 중요하게 여겨 누가 봐도 명백할 정도로 사리사욕을 추구하는 행위를 하지 않는다는 것이다. 좀 더 노골적으로 이야기하면, 매우 전문적이고 세계 정복의 의지가 담긴 자신의 주제곡에 대해 맹목적이고 과시적인 충성을 보이는 태도 때문에 주인공들은 어리석어 보인다. 하워드 루악이 미적인 이상향을 추구해야겠다는 생각에 사로잡혀 경력을 쌓는 데 도움이 되는 일을 피하는 데서 그쳤던 것은 아니다. 루악은 자신이 사랑하는 여인이자 냉정하고 허무주의적인(그리고 이전에는 냉랭했으며) 사회 건축 칼럼니스트 도미니크 프랜컨을 강간한다. 로악은 프랜컨을 성적으로 굴복시킨 후 프랜컨이 자신의 직업적인 몰락에 기여하는 것까지 기꺼이 받아들인다.

프랜컨도 현대 건축계의 고객층을 구성하는 어리석은 집산주의자들이 제안한 일을 하느라 로악의 천재성이 망가지는 모습을 가만히 지켜볼 수만은 없었다. 그래서 프랜컨도 자신이 그동안 직업과 사교 생활을 통해서 쌓아 올린 인맥을 활용해 모든 중요한 일감을 로악의 라이벌에게 밀어주었다. 매우 합리적인 주인공이 택하기에는 황당할 정도로 복잡한 관점이다. 특히 프랜컨의 입장에서는 자신을 강간한

나쁜 놈인 로악의 경력을 모두 망가뜨려 놓겠다고 다짐하는 것이 훨씬 타당하지 않은가.

이처럼 각 등장인물이 갖고 있는 몹시 비논리적인 동기는 랜드의 작품 속에서 사회라는 캔버스에 그대로 투영된다. 랜드가 묘사한 연애 사건에서 자만이 터무니없는 자기희생으로 나타난 것처럼 랜드가 좋아하는 '객관주의적인' 철학을 바탕으로 하는 시장 이상주의(market utopianism)는 모든 사회적 의무를 인간의 진정한 흥미를 떨어뜨리고 파괴하는 대상으로 바라본다. 골트는 자신의 추종자 중 한 사람에게 질문을 던진다. "가능한 것에 대한 관점에서 비이성적인 것을 제외하고 실용적인 것에 대한 관점에서 파괴적인 것을 제외하면 비즈니스에서건, 거래에서건, 가장 인간적인 욕망에서건 사람들 사이에서 이해관계가 전혀 충돌하지 않을 것이라는 생각을 해본 적이 있소?" 그렇다. 랜드의 소설에 등장하는 인물들은 모두 이런 식으로 이야기한다. 처음부터 끝까지 이런 식의 대화를 나눈다. 골트의 설교는 계속된다. "진실은 꾸며낼 수 없는 절대적인 것이며, 거짓은 통하지 않고, 불로소득이 나쁘지 않으며, 그럴 만한 가치가 없는 사람들은 대가를 얻을 수 없으며, 가치가 파괴된다 하더라도 가치가 없는 것이 가치를 갖게 되는 것은 아니라는 사실을 모든 사람이 이해한다면 그 어떤 사람도 다른 사람에게 위협이 되지 않을 것이오. 자신보다 뛰어난 경쟁자의 목을 조여 시장을 손에 넣으려는 사업가, 고용주가 소유한 부의 일부를 원하는 노동자, 경쟁자의 뛰어난 재능을 시샘하는 예술가. 이 모든 사람들은 존재하지 않는 것을 원하는 것이라오. 이들이 자신이 원하는 것을 얻기 위해서 택할 수 있는 유일한 방법은 파괴지요. 하지만 자멸과 자기희생이 수령인의 행복을 위한 실용적인 방법이라는 이야기가 계속 전해지는 한 사람들은 계속해서 불가능한 것을 꿈을 꾸고 파괴의 열망에 사로잡힐 겁니다."[3]

니체의 철학이 묻어나는 전문 용어를 제외하면 골트의 투박한 독백은 랜드가 갖고 있는 신념의 본질, 즉 사교계가 암울하고 침략적이라는 생각을 그대로 반영하고 있다. 랜드는 사교계가 정체 불명의 '수령인'들이 내리는 악몽 같은 지시를 따르기 위해 '거짓' 이타주의의 이름으로 순화되어버린 열등감이 존재하며 전혀 억제되지 않은 '파괴'가 어우러지는 무대라고 생각했던 것이다.

시장은 골트와 같이 한껏 고양된 영혼이 명확하게 이해하며 마찰이 없고 전혀 꾸밈이 없는 '현실'이라는 온상과의 균형을 유지한다. 다시 말해서 현대 사회를 살아가는 뛰어난 초인의 뜻을 따르면 사람들 사이에서 이해관계가 충돌하지 않는다. 따라서 '뛰어난' 사업 경쟁상대에게서 시장 점유율을 빼앗으려 하거나 노동자의 이름으로 고용주의 부를 나누어줄 것을 강요하는 것은 부당한 징발 행위일 뿐 아니라 객관적인 현실을 어지럽히는 훨씬 중대한 모독 행위다(이와 같은 철학 세계에는 예지력이 있는 기업가와 고용주의 입지가 이미 정해져 있다. 너무도 자명하고 근본적이어서 의문을 가질 필요조차 없다).

랜드가 1938년에 발표한 소설 《우리 살아 있는 자들(We the Living)》의 초판에서 이런 관점을 훨씬 설득력 있게 표현한 것은 사실이다. 《우리 살아 있는 자들》의 등장인물은 질문을 던진다. "발 아래에 있는 흙

과 가치 있는 사람을 위해 불타오를 연료를 제외하면 당신들은 대체 누구인가?" 반계몽주의자들이 사용하는 용어로 그득한 《아틀라스》의 절대론적인 개인주의 시각 또한 독자의 마음을 파고들었다. 경제적인 천재성을 숭배하며 인간을 향한 혐오가 베어 있는 조소를 억제했기 때문이다. 바로 이런 이유 때문에 《아틀라스》가 1957년에도, 그리고 지금도 많은 사람들에게 놀라움을 안겨주며 인기 있는 미국의 고전 작품으로 우뚝 서 있는 것이다. 랜드의 세계관은 정치적이라기보다 형이상학적이다. 랜드의 세계관에 의하면 역사를 지배하는 이해관계는 대중의 갈등, 혹은 조직적으로 숙고한 결과라기보다 존재를 의미하는 하나의 범주다.

랜드가 생각하는 것처럼 인간의 의지는 모든 부차적이고 사소한 우려보다 우선된다. 그뿐 아니라 사회가 천재성을 바탕으로 자신의 능력을 발휘하는 재능 있는 소수가 역량을 분출할 수 있도록 돕는 것이 당연하다. 티 파티 운동에 참여하는 사람이 주 정부의 조세정책으로 인해 자신의 부가 줄어드는 데 분개하려면, 그 사람은 랜드의 소설에 등장하는 영웅들이 자신을 질투하는 대중, 그리고 신이 나서 일반 대중에게서 몰수한 자산에 대한 입찰을 받는 주 정부와의 비극적인 대립에 빠져들 수 있도록 몰고 가는 원시적인 천재성도 갖고 있어야 한다.

이처럼 어설픈 마니교는 랜드의 문장이라는 가장 눈에 띄는 매력에서 기인했는지도 모른다. 사실 랜드는 젊은 시절 할리우드에서 극작가로 일한 경험이 있다. 비록 부조리한 줄거리와 등장인물의 성격 등이 문제이긴 하지만 랜드가 발표한 통속소설은 정말 재미있다. 랜드의 소설은 할리우드 대작처럼 대담하고 화려하며 등장인물의 연애 이야기도 재미있게 짜여 있다. 랜드의 소설이 독자들에게 미치는 전반적인 영향은, 세실 데밀이 가벼운 환각 상태에서 하이에크의 자유의지론적인 성명서 《노예의 길(The Road to Serfdom)》을 개작한 것과 비슷할 것이다.

일반적인 영화에 등장하는 인물들은 영화를 보는 사람이 즉각 구분할 수 있는 도덕 유형으로 분류된다. 가령, 도덕 관념이 없는 폭력배(혹은 뭔가 석연치 않은 외계인)와 결단력은 있지만 뛰어난 능력은 없는 오합지졸 경찰(혹은 연방 수사관) 등으로 등장인물이 대비되는 것이다. 마찬가지로 랜드도 별다른 개성 없이 등장인물을 두 부류로 나누었다. 그중 한 부류는 위축되고 나약한 가짜 이타주의자고 두 번째 부류는 영웅적이고 영원히 제대로 이해되지 못하는 절대론자다. '스타워즈(Star Wars)'를 보는 아이라면 누구나 한 솔로(Han Solo)가 되기를 희망하듯 《마천루》를 접하는 십대라면 누구나 하워드 로악이 되어 있는 자신의 모습을 꿈꾸며 집산주의 국가와 근위대에서 일하는 정체모를 사람들을 공격한다. 하지만 미국인들은 놀랍게도 헌법으로 인해 랜드가 그려낸 상상을 넘어설 수 없다.

랜드의 팬으로 잘 알려진 전 FRB 의장 앨런 그린스펀이 평생을 바쳐 노력한 덕에 고통스럽게도 이런 현실이 더욱 명확해졌다. 그린스펀이 평생 이루어낸 업적은 어쩌면 원하는 것을 성취해내는 모습을 묘사한 랜드의 공상이 현실에서 실현될 수 없도록 방해하는 가장 강력한 장애물인지도 모른다. 랜드의 소설을 읽고 자란 그린스펀은 어

른이 되어 워싱턴 정계에서 자신의 방식대로 랜드의 공상을 각색했다. 1998년에 롱텀 캐피털 매니지먼트(Long Term Capital Management) 헤지펀드를 살리기 위해 구제금융을 제공한 후 파생 상품시장을 규제하라는 청을 묵살하고 시장이 전적으로, 그리고 독단적으로 시장 내의 모든 도구를 활용할 수 있게 되면 시장이 과잉을 바로 잡을 형이상학적인 능력을 갖게 된다며 골트 추종자들을 단호하게 쳐냈다. 2009년이 되자 그린스펀이 만들어낸 작품이 어떤 결과를 초래할 수 있는지 온 세상에 알려졌다. 모든 사태를 지켜본 사람들은 금융위기를 간신히 넘긴 과거의 중산층들이 중요한 사실을 깨달았을지도 모른다는 희망을 품었다. 이 영화는 이전에도 본 적이 있으며 결말이 결코 좋을 수가 없다는 깨달음 말이다. 하지만 과거 미국의 중산층을 이루었던 사람들은 깨달음을 얻는 대신 후속편을 보기 위해 길다랗게 줄을 서고 있다.

24

대법원

부자에게는 확대적용, 서민들에게는 축소적용

솔직히 이 항목엔 그다지 많은 설명이 필요하지 않다. 최근 몇 년 동안 미국 대법원은 권리 장전(Bill of Rights)에 모셔져 있던 개인의 자유 중 핵심적인 부분을 해석한 기록을 정리해왔다. 하지만 임명을 받아 종신 재직하며 헌법을 다루는 아홉 명의 대법원 판사들은 일반적인 서민들이 겪는 경제적, 정치적 투쟁을 이해하지 못하는 미약한 존재들이다.

이 같은 주장에 대한 근거가 필요하다면 멀리 갈 것도 없이 대법원이 2010년에 시민 연합 대 연방 선거 관리 위원회(Citizen United v. Federal Election Commission) 사건에서 내린 결정을 돌아보면 된다. 이 사건의 골자는 매케인-파인골드(McCain-Feingold) 선거 재정법에 따라 기업과 협회가 예비 선거 30일 이내에는 선거운동을 지원하는 행위가 금지되

어 있음에도 선거가 채 30일이 남지 않은 상황에서 시민 연합이라는 보수 시민 단체가 힐러리 클린턴에 반대하는 영상을 내놓은 것이다. 최후 변론으로 이어진 법정 다툼에서 시민 연합은 관람자가 시청 여부를 선택하는 이러한 영상은 매케인−파인골드법이 규정하는 '독립적인 경비(기업체나 협회의 재무팀에서 나온 많은 금액의 현금)'를 이용해 자금을 확보한 단체가 개입한 선거 관련 홍보물과 동일하게 볼 수는 없다고 주장했다.

2009년 9월에 열린 재판에서 구두 변론을 들은 존 로버츠 법정은 돈의 정치적 영향력을 제한하는 법안 자체를 아예 폐지하려 했다. 과거 기업체의 법률 고문으로 일했던 연방 대법원장은, 모든 가능성을 고려했을 때 개인 주주들이 기업의 돈이 정치적인 목적으로 유용되지 않는지 감시하지 않을 것이라는 추론은 연방 정부으 심각한 온정주의라고 주장했다. 물론 일반 주주들은 매우 다각화되어 있는 연금이나 뮤추얼 펀드를 보유하고 있지만 명목상의 소유권에 따라 기업의 정치적인 행동을 감시하려면 본업을 관두어야 한다.[1] 주주가 아닌 시민들이, 돈을 이용해 선거 과정을 조작하려는 세력에게서 대중의 책임을 이끌어낼 방법이 무엇인가에 관한 질문은 이 사건의 구두 변론이나 최종 판결에서 깊이 다뤄지지 않은 수수께끼다.

이 재판의 결정이 담긴 판결문을 보면 부조리한 자가 효과적인 대의정치의 원칙을 그럴듯한 핑계로 둘러대는 것처럼 터무니없다. 고등법원의 발표답게 자랑스러울 정도로 이성적인 취지가 느껴지기보다 알프레드 자리나 앙드레 브르통과 같은 초현실주의자들의 작품 같은 느낌이 들 정도다. 다수의 의견은 다음과 같았다. "이 법원은 기업이 후원하는 경비를 포함한 독립적인 경비가 부패, 혹은 부패의 출현을 야기하는 것이 아니라는 결론을 내렸다. 의견을 표현하는 사람들이 선출된 사람들에게 영향력을 미치거나 그들에게 가까이 다가갈 가능성이 있다고 해서 그 당선인들이 부패했다고 볼 수는 없다. 그리고 영향력이나 접근의 흔적이 있다고 해서 유권자가 민주주의에 대한 믿음을 잃게 되는 것은 아니다."

최종 판결문을 글자 그대로만 해석해서 지지할 수도 있다. 과반수의 대법관이 판결문에서 실제로 어떤 종류의 민주주의에 대해서도 묘사하지 않고 대신 대중의 마음을 얻기 위해 개방적인 금권정치의 형태를 택했기 때문이다. 어떻게 유권자들이 애당초 존재하지도 않았던 무언가에 대한 믿음을 잃을 수 있겠는가? 기업의 넉넉한 재원에 접근할 수 있다고 하더라도 부패나 '부패의 출현'에 힘을 실어주는 법안을 대가로 제공하는 경우가 결코 없을 것이라는 생각은, 워싱턴에서 활동하는 로비스트의 공상적인 활동에 매료되어 곧 열릴 대법원 재판에서 무지갯빛 유니콘의 존재를 증명하겠다고 장담하는 것이나 다름없다. 물론 '잭 아브라모프(미국의 전직 로비스트 겸 사업가―옮긴이)'라는 두 단어로 이루어진 주문이 있다면 불가능한 것은 아니다.

하지만 시민 연합 사건의 판결문은 미국의 건국 선조들이 만든 비열한 이기심이 곳곳에 자리를 잡을 수밖에 없는 정치 시스템을 뜬금없이 칭송한 데서 끝나지 않는다. 대법원의 판결문은 수정헌법 제1조를 무리하게 확대 해석하여 현대의 기업을 보호받아야 할 대상으로

표현했다. 대법원은 허울만 그럴듯한 주장을 계속했다. "누군가에게서 자신의 의견을 표현할 권리를 빼앗아 선거운동에 필요한 자금을 제약하는 것은 불리한 처지에 있는 사람이나 계층에게서 연사의 연설을 사용할 권리를 빼앗는 것이다." 가장 큰 거짓말은 바로 이 부분이다. "또한 대중에게서 어떤 연설과 연사가 고려의 가치가 있는지 결정할 권리를 빼앗는 것이기도 하다."[2]

이해가 되는가? 마치 선거 절차를 상품을 홍보하듯 활용하더라도 부패할 위험이 없을 뿐 아니라 기업의 선전을 소비하는 것 역시 민주적인 자치의 첫 번째 조항이라고 주장하는 것이다. 게다가 '시민 연합'과 같이 버젓이 시민의 이름을 달고서도 돈을 대주는 세력과 야합사실을 감추려 하지도 않는다.

안타깝게도 이 결정을 통해 로버츠 법정이 보여준 자기 관리의 속임수야말로 대법원에서 오랫동안 전해져 내려온 기업 친화적인 법률 체계 전통의 필연적인 정점이다. 미국 법에서 기업에 처음으로 '인격'을 부여한 때는(따라서 기업의 시민권도 보호했음) 산타클라라 카운티 대 남태평양 철도회사(Santa Clara County v. Southern Pacific Railroad) 사건에서 모리슨 웨이트 판사가 다음과 같이 간략하고 전례 없는 결정을 내린 1886년이다. "이 법정은 수정헌법 제14조가 기업에 절차의 권한 및 동등한 시민권을 부여했는지에 관한 논쟁에 귀를 기울이고 싶은 뜻이 없다. 우리는 기업에 절차의 권한 및 동등한 시민권이 있다고 생각하기 때문이다."[3] 이처럼 본 판결과 별로 상관도 없는 망상에 가까운 의견이 흔들림 없는 판례로 발전하게 된 이유가 궁금하다면 당시의 상황을 살펴봐야 한다. 작가 톰 하트만은 뉴버그 및 뉴욕 철도 회사의 사장을 지내고 당시 법원 공보관으로 일하던 밴크로프트 데이비스가 해당 사건의 구두 변론을 듣던 중 이 대목을 포착해 최종 판결 해설문에 포함했다고 주장한다.[4]

이후 연이은 판결문에서 대법원은 법인(소유 구조가 바뀌면 손쉽게 정체성을 수정할 수 있고, 미국 국경을 넘어 전략적으로 위치를 이동할 수 있으며, 관련 행위로 인해 살아 있고 숨을 쉬고 언젠가는 죽을 운명인 미국 시민들을 압박하여 성가신 법적인 결과를 감내할 필요 없이 입법권을 임차하고 획득할 수 있는 조직)이라는 법적으로 매우 민첩한 부류를 위해 수정헌법 제14조에 기술되어 있는 정당한 법의 절차 및 동등한 보호의 개념을 확대 적용하는 방식을 따랐다.

이런 조항들이 시민들에게 철저하게 적용되기를 기대했던 의회의 생각과 달리 대법관들은 동일한 조항을 시민들에게 적용할 때는 범위를 급격하게 줄였다. 가령, 노예 신분에서 해방된 흑인들과 그 자손들은 자신들의 완전한 정치 참여를 막기 위해 인종 차별적인 장벽을 세워 온갖 잔혹한 노력을 기울였던 남부의 백인들로 인해 많은 어려움을 겪었다. 플레시 대 퍼거슨(Plessy v. Ferguson) 사건, 베뢰아 대학 대 켄터키(Berea College v. Kentucky) 사건 등에서 내려진 기이한 판결은 흑인 시민들이 동등한 보호와 정당한 법 절차를 누릴 수 없도록 개인과 기업이 지닌 권리의 요지를 옹호했다. 철도 회사의 자금으로 진행된 수많은 소송에서는 기업이 갖고 있는 시민으로서의 권리가 각 주에 따라 달라지는 차별적인 조세 부과에 저항하기 위한 책략으로 사용되었

다. 미국 대법원이 초기에 수정헌법 제14조를 해석한 방식은 이후의 법 해석에 상당한 영향을 미쳤다. 1890년부터 1910년까지 대법원은 법인이 갖고 있는 것으로 추정되는 권리에 대한 문제를 다루는 수정헌법 제14조 관련 사건을 288건이나 다루었다. 반면 같은 기간에 흑인의 법적 권한에 관해 대법원에서 다뤄진 사건은 19건에 불과하다. 1930년대에 휴고 블랙 판사가 지적한 것처럼 수정헌법에 관한 시범 사건을 다루었던 반세기 동안 "흑인 보호를 위해 (대법원에서) 수정헌법이 적용된 사례는 0.5퍼센트에도 못 미쳤으며 수정헌법의 내용을 기업에 적용하기 위한 사례는 50퍼센트가 넘었다."[5]

20세기에 들어선 이후에도 대법원은 기업을 보호하기 위한 새로운 방안을 찾아내기에 여념이 없었다. 수정헌법 제4조(불법 수색 및 압류를 금지하는 조항), 수정헌법 제5조(자기 귀죄와 동일 범행에 대한 이중 재판을 금지하는 조항), 수정헌법 제7조(너무도 터무니없지만 동료들이 배심원으로 배석한 상태에서 재판을 받을 권리) 등은 모두 선례라고 보기 힘든 산타클라라 카운티 사건을 기반으로 한 것이다.[6]

하지만 로버츠 법원이 기업의 모습을 한 신청인들에게 신속하고 협조적으로 서비스를 제공했던 것과 비교하면 이런 조항들은 점진적으로 개선되었다. 임기 시작 후 몇 년 안 되는 짧은 기간에 로버츠 법원은 보수 성향을 가진 다섯 명의 판사들에 힘입어 역사가 97년이나 된 반독점법을 폐지하고, 직장 내에서 동등한 급여를 주도록 강제하는 소송을 걸지 못하도록 장애물을 만들어 의회로 하여금 성 차별의 희생양이 된 노동자를 위해 새로운 법안을 구상하도록 만들었다. 제프리 투빈의 보도에 따르면 이와 같은 기록들로 인해 중도 성향의 연방 대법원 판사 스티븐 브레이어는 다음과 같은 말을 남겼다. "법조계에서 이토록 적은 사람이 이토록 많은 것을 이토록 빠르게 변화시킨 경우는 드물었다."[7] 게다가 브레이어 판사가 이 같은 말을 남긴 때는 시민 연합 사건에서 터무니없는 판결이 내려지기 전이었다.

법률적 사건에서 이처럼 이사회를 우선시하는 관점은 로버츠가 변호사로서 걸어온 길과 완전히 일치한다. 투빈은 다음과 같이 기술한다. "판사가 되기 직전 로버츠는 대법원에서 미국 장애인법에 따라 팔목터널증후군으로 고통 받는 여성이 자신의 고용주인 도요타를 상대로 한 소송에서 이길 수 없다고 주장했고 로버츠는 결국 승소했다. 또 화재로 사망한 여성의 가족이 앨라배마 주 타런트를 상대로 고소한 사건에서 피고측 변론을 맡아 불법 행위에 의한 사망이라고 주장하여 대법원에서 승소했다. 로버츠는 대법원에서 진행된 사건 중 총 39개의 변론을 맡았고 패소한 경우는 드물었지만, 파업을 벌인 광부들에 대해 버지니아 법정이 광산 노동자 조합(United Mine Workers)에 6400만 달러의 벌금을 부과한 결정을 확인하도록 대법원을 설득하는 데는 실패했다."[8]

대법원에서 로버츠가 변론을 맡은 사건 중 가장 잘 알려진 것은 루한 동물원 대 국립야생동물연합(Lujan v. National Wildlife Federation) 사건이다. 이 사건의 변론을 맡은 로버츠는 환경보호단체는 연방 정부 소유의 1억 8000만 에이커의 땅을 광산업체에 매각하기로 한 레이건 행정부의 결정에 대항할 법적 권리가 없다고 주장했고 법원의 로버츠의

224

손을 들어주었다. 로버츠는 국립야생동물연합의 태도가 아무 생각 없이 법원에 들어와 "이 문제에 관심이 있어요"라고 외치는 여느 시민들의 관심사와 전혀 다를 바가 없었다며 국립야생동물연합의 고소가 기각되는 것이 당연하다고 주장했다.[9]

멸시의 뜻을 담아 '여느 시민'이 좋아하는 화젯거리라고 하니 대단히 유익한 것처럼 들린다. 확고한 반정부 레이건주의자가 어떤 방해도 없는 기업의 자주권을 지키려고 강력해 보이지만 실제로는 아무 관계도 없는 이야기를 늘어놓는 것을 보니 특히 그렇다. 하지만 로버츠 법정이 선거 자금지원 판결에서 기업의 정치 활동을 위한 발언을 포괄적으로 보호해야 한다고 주장한 것과 비교하면 로버츠가 루한을 변론하며 내세운 논리는 합리적이지는 않지만 적어도 일관성은 있어 보인다. 로버츠의 변론은 19세기에 사회적 평등이라는 불편한 질문으로 싸움이 시작된 이후 지금까지 대법원이 지켜온 것이 무엇인지 정확하게 알려준다. 그것은 바로 일부 시민들은 다른 사람들보다 법 앞에서 더욱 평등하다는 것이다. 결국 시민 연합이라는 것도 기업을 대변하는 조직이 내세운 슬로건에 불과하지 않던가.

25

로비 세상

부패를 팝니다

3만 명에 달하는 로비스트들이 내가 살고 있는 이 대도시(워싱턴 DC)의 고급 레스토랑과 녹음이 우거진 교외 주택지구를 가득 메우고 있다. 정식으로 등록 절차를 밟아 로비스트로 활동하는 사람의 수가 1만 1000명에 불과하다는 주장은 사실이다. 하지만 선거 기금 조성 시스템과 마찬가지로 로비 활동은 얼마든지 다른 말로 대체 가능한 것이다.

워싱턴 곳곳에서 자신의 영향력을 휘두르며 다니는 사람들 중 상당수가 컨설턴트, 전달 전략가, 후원자 등의 직책을 앞세워 로비 활동을 하며 잭 아브라모프와 같은 부류의 사람이라는 오명을 피해간다. 그보다 더욱 중요한 사실은 로비스트가 아닌 다른 직함을 내세우면 로비스트로 공공연히 활동할 때 따르게 마련인 성가신 폭로나 이해 충

돌로 인해 무언가를 포기해야 하는 사태를 피할 수 있다는 것이다.

　연방 정부의 정책에 영향력을 미치는 총감독으로 활약하는 로비스트들은 봉건 국가의 군대가 진군할 때 흔드는 깃발처럼 워싱턴의 따사로운 봄바람에 펄럭이는 화려한 색깔의 넥타이를 목에 매단 채 무리 지어 워싱턴 정가를 휘젓고 고속열차의 복도를 바삐 오간다. 이들은 부르릉 소리를 내는 유럽산 스포츠카(날씨가 허락하는 날이면 차량 덮개를 내린 채 바람을 느끼며 달릴 수 있는 컨버터블)에 몸을 맡긴 채 한가로이 도시를 돌아다니며 자신의 신분에 어울리는 흥밋거리를 찾아 부지런히 고급 스테이크 레스토랑이나 문화 유적을 탐방한다. 이들의 겉모습을 슬쩍 보면 계급 사회에서 살았던 조상들의 모습(영지를 소유한 영국의 귀족이 여우와 밀렵꾼을 찾아 영지를 순찰하는 모습)을 떠올릴 수 있다.

　둔감할 정도로 비생산적인 미국 수도 워싱턴 D.C.의 경제에서 로비 활동은 별다른 가치를 창출하지 못할 뿐만 아니라 객관적으로 많은 해를 입히는데도 불구하고 로비 활동은 그 자체가 하나의 '산업'으로 여겨진다. 물론 오늘날 로비 시장의 엄청난 규모를 생각하면 로비 활동 자체를 별도의 경제적 분류로 여기는 것이 타당하다. 하지만 로비라는 비즈니스는 생산적인 경제 부문으로 여기기보다 주식 조직을 통한 사기로 보는 것이 타당할 것 같다. 1920년대에 엄청난 투자 사기를 저지른 지주회사들과 마찬가지로, 로비스트들은 사람들이 쉽게 넘어갈 만한 임무에 대해 내부자 접근성이라는 귀중한 통화를 보상으로 제공할 것을 약속하며 순전히 관념적인 경제 활동의 경계를 넘어 자금을 이동시킨다. 또한 이들은 이런저런 정책 안건을 추진하기로 마음을 먹으면 535명에 달하는 의원들의 관심을 사로잡기 위해 끊임없이 노력하며 여가성 행사와 무역 증진으로 이루어진 워싱턴 정가의 스크럼을 파고들 때마다 거래 비용을 높여 부른다. 이런 돈으로 인해 워싱턴 D.C., 특히 로비스트들이 휴식을 취하는 워싱턴 D.C. 교외는 돈이 넘쳐나는 골콘다(다이아몬드 가공으로 부를 누린 인도의 고대 도시-옮긴이)와 같은 곳이 되어버렸다. 일인당 소득을 기준으로 했을 때 미국에서 가장 부유한 카운티는 노던 버지니아에 위치한 런던 카운티(19세기에는 토지를 보유한 특권층의 광활한 영지가 있었던 곳이며 지금은 엄청난 부를 누리는 로비스트들의 땅이 곳곳에 자리를 잡고 있는 지역)다.

민간 부문의 폰지(Ponzi)식 이자 사기와 달리 로비 부문은 대개 불황의 영향을 받지 않는다. 정부의 규모가 줄어들 때는 로비스트들이 출동하여 정부 규모가 축소되는 과정에서 자신들이 서비스를 제공하는 고객들에게 이익이 돌아가도록 애를 쓴다. 반대로 정부의 규모가 커질 때는 정부 확대로 인한 이익이 기업에게 유리한 경로로 흘러 들어갈 수 있도록 한층 더 많은 수의 로비스트들이 활동을 벌인다.

따라서 보수 성향의 시민 활동가들이 의료 개혁이 사회주의라며 분노하거나 폭스 뉴스가 금융 개혁이 자유 기업의 사망을 알리는 소리와 같다며 낙인을 찍을 때 로비스트들은 고급 관람석에 앉아 아래를 내려다보며 그저 깔깔거리고 웃어댈 뿐이다. 로비스트들이 앉아 있는 곳에서 바라보면 모든 문제는 결국 로비에서 비롯된 것일 뿐이다. 공

직청렴센터의 발표에 의하면 의료 개혁을 둘러싼 공방이 벌어졌던 2년 동안 1750개가 넘는 기업에서 4500명이 넘는 로비스트를 고용했다.[1] 의원 일인당 여덟 명의 로비스트가 달라붙은 것이다. 비슷한 기간에 금융 개혁을 둘러싼 입법 전쟁이 벌어졌을 때도 약 3000명에 달하는 로비스트들이 의회와 인근의 값비싼 유흥업소를 찾아다니며 많은 돈을 벌었다. 공직청렴센터는 이때 역시 의원 한 명당 다섯 명의 로비스트가 배정된 셈이라고 지적한다.[2]

일반적으로 사람들은 로비 활동이 정부의 부패를 가리키는 별칭이라고 여긴다. 그런 생각은 옳다. 〈시카고 트리뷴(Chicago Tribune)〉과 노스웨스턴 대학교의 메딜 언론대학원(Medill School of Journalism)이 공동 진행한 연구에 의하면 의료 개혁과 관련해 활동했던 로비스트 중 168명이 전직 의원, 혹은 전직 의회 직원이었다. 미국 상공회의소와의 관계 때문에 의료 개혁법과 관련해 로비 활동을 벌인 기업 등 비의료 기업까지 더하면 그 수가 278명으로 늘어난다.[3] 보고서에 의하면 그중 14명은 민주당 원내대표 스테니 호이어의 보좌관으로 일했으며 13명은 금융 개혁법의 상원 통과 여부에 중요한 권한을 지닌 상원 금융위원장 맥스 보커스 밑에서 일한 경험이 있는 사람들이다.

의회에서 일한 경력이 있는 사람들이 민간 부문에서 로비스트라는 직업을 갖고 많은 돈을 벌어들이는 실태의 요점은 이들이 법안의 의회 통과에 중요한 영향을 미치는 인물들에게 접근할 수 있는 자신의 역량을 판매한다는 것이다. 이들이 행사하는 영향력의 핵심은 정부와 기업 사이에 존재하는 가공의 '회전문'에 기름을 치고, 전직 의원들이 민간 부문에 진출하려 할 경우 준수해야 하는 일정한 휴식 기간에 잠정적으로나마 민간 부문에서 재물을 부정 축재하지 못하도록 미약한 노력을 하는 것이다. 전직 의원들은 완곡한 어법으로 기업들과의 소중한 관계를 유지하면서 메시지를 전하는 일을 금지하는 기간이 끝나기만을 기다리고 있는 만큼 그처럼 미미한 제약조건은 너무도 간단하게 피해갈 수 있다.

로비가 판을 치고 악취가 진동하는 정부의 현 상황을 일목요연하게 요약한 다음, 이 주제에 관한 이야기를 접고 싶은 마음이 없는 것도 아니다. 실제로 정부의 부패는 워싱턴 정가가 만들어낸 결과물을 감추기 위한 장식에 불과하다. 종교개혁 시대의 가톨릭 교회에서 방종을 강조한 것 자체가 교회라는 단체와 가톨릭이라는 종교가 한층 더 심각한 문제를 갖고 있음을 나타내는 방증이었듯이 워싱턴에서 로비 활동이 판을 치는 현상은 민간 부문에서 활동하는 로비스트들이 추구하는 진정한 강령(사회적 불평등 제조)의 부작용이다.

토머스 프랭크가 2008년에 발표한 자신의 저서 《구조대(*The Wrecking Crew*)》에서 주장했듯이 레이건 보수 혁명이 벌어졌던 1980년대에 로비 활동이 엄청난 호황을 누린 것은 결코 우연이 아니다. 표면적으로 봤을 때는 이해하기 어려운 현상이다. 보수 혁명이라는 것은 결국 연방 정부의 규모를 줄이고 비효율적이고 거대한 연방 정부에 시장에서 영감을 얻은 개혁 방안을 도입하는 것이다. 레이건 행정부는 심지어 정보규제국(Office of Information and Regulatory Affairs)이라는 별도의 연방 기구를 신설하여 정부 정책의 영향을 받는 산업에 연방 정부가 제안한

규칙 중 수익성에 엄청난 악영향을 미칠 가능성이 큰 것을 뒤집을 수 있는 기회를 주었다. 프랭크는 연방 정부를 심각하게 망쳐놓은 보수 정부의 악정이라는 이념적 낙인이 우연이나 개인의 성격으로 인해 생겨난 스캔들이 아니라고 주장한다. "오히려 정부가 갖고 있는 특정한 철학, 진보적인 상태를 왜곡된 것으로 바라보고 시장을 인간 사회의 이상적인 결합으로 여기는 운동이 이루어낸 승리의 결과다. 이 운동은 산업에 우호적이다. 기업이 선거판에 많은 돈을 내놓았기 때문이 아니라 그런 신념을 갖고 있었기 때문이다. 이 운동은 상업뿐 아니라 정치 부문에서도 기업가 정신이 존재한다고 믿는다. 이 운동이 지배적인 영향력을 갖게 됨으로써 필연적으로 나타난 첫 번째 결과는 기업이 국가를 장악하는 현상이다. 두 번째 결과는 무능, 부정 이득, 워싱턴에서 흘러나온 온갖 끔찍한 부유물 등으로 이는 모두 첫 번째 결과에서 기인한 것이다."[4]

이런 상황이 벌어지는 동안 로비 부문은 성장을 거듭했다. 사실 정말 놀라운 속도로 성장했다. 도대체 무슨 일이 벌어진 것일까?

프랭크를 비롯한 많은 사람들이 주장했듯이 이른바 레이건의 작은 정부 개혁이라고 알려진 움직임이나 깅그리치 혁명은 정부가 미치는 영향력 수준을 급진적으로 민영화할 수 있을 정도로 정부의 규모를 축소하지 못했다. 1980년대에 저축대부기관을 강탈할 때, 1990년대에 상업은행과 투자은행의 겸업을 허용하는 법안이 상정되었을 때, 2000년대에 배당세 및 유산세 감면 법안이 상정되었을 때 등 새로운 규제완화 법안이 의회의 비준을 얻으려 할 때마다 새로운 로비스트들이 모습을 드러내 고객들에게 민영화된 경제 규칙들을 자사에 가장 유리한 방향으로 활용하는 방법을 알려주곤 했다.

사실, 가장 악명이 높은 이 시대의 '슈퍼로비스트(현재 사기 혐의로 구속되어 있으며 비도덕적이기로 악명이 높았던 잭 아브라모프)'는 이런 추세를 만들고 강화하기 위한 실험실에서 모든 능력을 익힌 듯하다. 아브라모프는 레이건 시절에 진행된 매우 냉소적인 규제 완화 실험(경작도 할 수 없어 가난으로 찌든 인디언 보호 거주지에 집결한 인디언 국가에 법적인 자치권을 부여하는 실험)을 완벽하게 익혔고 그 결과로 새롭게 권한을 갖게 된 인디언 부족들이 연방 정부의 감독권 밖에서 독립적인 카지노 도박 제국을 건설할 수 있었다. 아브라모프와 동료들은 그들의 토지 위에 새로운 카지노를 설립할 수 있도록 연방 정부의 허가를 받아 주겠다는 약속을 하고서 고객들에게 기이할 정도로 높은 비용을 청구하여 부를 축적했다. 경쟁을 유발하는 선전 문구를 늘려 대금 청구서를 터무니없이 부풀리며 체들 간에 경쟁을 붙이는 경우도 있었다. 다시 말해서 이해 충돌을 제한하는 모든 조항을 위반하며 업체들 사이의 치열한 경쟁을 부추겨 어부지리를 얻으려 했던 것이다. 무감각하게 보수파의 복음주의 의제를 정치적으로 악용했던 레이건 연합(Reagan Coalition)의 방식을 따라, 아브라모프는 자신의 고객이 연방 정부에서 카지노 설립 허가를 받아내는 데 좀 더 유리한 입장이 될 수 있도록 경쟁 지역에서 '가치 문제를 중요하게 여기는 유권자' 운동과 함께 도박 반대 움직임을 일으키기 위해 얼마 전까지 기독교 연합(Christian Coalition)에 소속되어 있었던 랠프 리드를 이용했다.[5]

카지노 소동은 아브라모프가 규제 기관의 공식적인 권한 밖에서 규제를 받지 않고 제멋대로 활동하는 일당들과 벌인 갖은 사건들 중에서도 가장 규모가 크고 화려한 것이었다.[6]

아브라모프에 대한 대부분의 언론 보도는 부패에 초점이 맞추어져 있었지만 진짜 문제는 아브라모프의 로비 방식이 워싱턴에서 활동하는 대부분의 주요 로비스트들이 사용하는 영업 방식의 일부에 불과하다는 것이다. 의료 체제에 대한 논의가 이루어질 때마다 돈이 없어서 민영 보험 시장의 도움을 받지 못하는 가난한 미국인들을 위해 정부가 보험을 제공하는 '공공 보험' 방안이 여론 조사에서 많은 지지를 받았지만 의료 개혁을 지지하는 민주당 지도부 중 그 누구도 의료 개혁법에 이 같은 내용이 반영되도록 적극적으로 노력하지 않았다. 그 이유가 무엇일까?

양원 간부회의에서 공공 보험을 찬성하는 쪽으로 의견이 기울지 않도록 보험 회사와 제약 회사를 대변하는 로비스트들이 이미 많은 시간과 노력, 현금을 쏟아 부었기 때문이다. 공공 보험은 규모가 방대한 의료 로비계의 이익에도 도움이 되지 않았다. 공익을 위한 시스템을 특정한 개인 고객에게 유리하도록 조작할 방법이 없기 때문이다. 민간 부문 로비스트들이 사회보장 제도를 보호하려 하지 않고 무너뜨리기 위해 결속을 다지는 것도 같은 이유 때문이다. 민간 산업을 대변해 로비를 하는 사람들이 아브라모프와 리드가 자신들이 무너뜨렸던 인디언 부족을 대하는 것과 똑같은 방식으로 의회를 대한다는 말은 전혀 과장이 아니다. 즉 의미 있는 비밀스러운 정치 토론 및 표현에서 미리 정해진 결과를 얻기 위해 활용하는 수단인 것이다.

사실 민영 의료업계의 로비 활동은 의료업계가 오랫동안 의회에서 구축해온 난공불락의 입지와 더불어 의회에서 벌어지고 있는 소모적인 의료 논쟁을 둘러싼 최대의 수수께끼("국민이 선출한 의원들이 통과를 위해 그렇게 오랜 시간을 노력했는데도 법안의 내용은 어떻게 그토록 명확하고 확고하게 더욱 악화될 수 있을까?"라는 질문)에 가장 간결한 답을 제시한다.

대부분의 미국인들은 전후 사정을 제대로 이해하지 못하는 언론의 보도를 통해 의회의 행적을 파악하며, 의미 있는 의료 개혁이 뒷걸음질치는 모습을 지켜보며 정부에 내재되어 있는 비효율성 때문에(실상은 비효율성 때문이 아니라 매우 사악한 본성 때문이다) 이런 일이 벌어진다고 생각한다. 바로 이 대목에서 매우 유해한 로비 환경을 만들어낸 보수 정권의 천재성을 발견할 수 있다. 미국의 정부 기구가 의회 교섭 담당자라는 특권층으로 인해 가장 깊은 부분까지 텅 비어버렸다. 하지만 어떻게 그런 일이 벌어졌으며, 왜 그런 일이 일어났는지 그 이유를 찾기 위해 지속적으로 노력하는 사람은 아무도 없다. 정부의 적법한 활동 영역을 민간 부문에서 조직적으로 결정하는 현상이 나타난 것이 모두 정부의 책임이라고 주장하는 것은 교묘한 속임수다. 마치 강도가 법정에 서서 피해자가 공공연하게 돈을 들고 다녔기 때문에 자신이 강도짓을 하게 되었다고 변론하는 것이나 다름없다.

우리는 특히 지금 냉소적인 일이 정신 없이 벌어지는 상황을 목격하고 있다. 타협을 중요시하는 개혁파 민주당 출신 대통령이 내놓은

개혁을 위한 미봉책(산업 친화적이며 용인 가능한 정책 경로를 벗어나지 않는 방안)이 업계 로비스트들의 작품에 저항할 뜻을 갖고 있는 국민들의 진정한 봉기를 부추기고 있는 것이다. 티 파티 운동을 조직적 병참적으로 지원한 인물은 하원에서 다수당 원내총무를 지냈으며 몇 년 동안 대형 로비업체 DLA 파이퍼(DLA Piper)에서 연간 50만 달러의 대금을 청구하다가 현재는 직접 로비업체 프리덤 웍스(Freedom Works)를 운영하고 있는 딕 아미다. 아미는 프리덤 웍스에서 일하는 동료 매트 키베와 함께, 식민지 시대에 등장했던 '나를 건드리지 마라'는 글귀가 적힌 깃발 사진이 표지에 실려 있는 위협적인 저서 《우리에게 자유를 달라, 티 파티 성명서(Give Us Liberty, A Tea Party Manifesto)》를 공동 집필한 인물이기도 하다. 좀 더 신중하게 귀를 기울여보면 로비스트들이 앉아 있는 고급 관람석에서 우습다는 듯 터져 나오는 너털웃음 소리를 들을 수 있을 것이다.

26

자유론

오로지 당신은 '시장'만 믿으면 됩니다

켄터키 주의 공화당 유권자들이 반정부적인 성향의 티 파티 후보 랜드 폴을 상원 후보로 선출하자 약간 자유주의적 성향이 있는 폴을 인터뷰하겠다는 요청이 쇄도했다. 폴은 NPR, MSNBC와의 인터뷰에서 자신은 인종을 이유로 한 제도적인 차별에 반대하지만 그럼에도 불구하고 민간 기업이 차별을 하지 못하도록 금지하는 1964년에 제정된 공민권법(Civil Rights Act)에 반대한다고 설명했다. 폴은 레이철 매도(MSNBC의 프로그램 진행자―옮긴이)에게 질문을 던졌다. "레스토랑의 정부 소유를 허용하고 개인 소유를 허락하지 않기로 결정했다고 생각해 보죠. 이 경우, 레스토랑 주인이 '안 됩니다. 레스토랑에서는 총을 들고 다닐 수 없습니다'라고 이야기하는데도 그는 손님에게 레스토랑 안으로 총을 들고 들어갈 권리가 있다고 생각하십니까?" 폴은 이 문

제가 철학적인 질문으로 귀결된다고 이야기했다. "이런 상황에선 레스토랑 주인이 레스토랑을 소유한 겁니까? 혹은 정부가 레스토랑을 소유한 겁니까?"[1]

이 같은 대화를 나눈 지 하루가 채 지나기도 전에 폴은 자신이 사실 공민권법이라는 획기적인 법의 모든 조항에 찬성한다며 입장을 번복했다. 선거 정치학으로 인해 폴이 태도를 바꾸었다는 데는 의심의 여지가 없다. 언론에서 남부 출신의 보수주의자가 모든 시민이 동등한 공민이라는 근본적인 권리(그리고 폴이 언급하지는 않았지만 민간 기업 소유주의 관습에 관한 내용을 규정한 공민법의 또 다른 조항인 평등한 고용권)에 반대한다는 헤드라인을 연일 뽑아냈다면 켄터키 공화당과 티 파티 간의 일시적인 밀월 관계는 결국 1974년 이후 처음으로 켄터키 주에서 민주당 상원의원이 탄생하는 결과로 이어졌을 것이다.

다시 말해서 유권자들은 폴의 자유주의적 철학이 무척 힘들게 얻어낸 미국의 핵심적인 원칙(법에 의거해 모든 국민을 동등하게 보호하겠다는 약속)과 맞지 않는다고 생각했던 것이다. 그와 동시에 폴로 인한 일련의 소동이 많은 사람들의 관심을 끈 이유는 폴의 의견이 시장을 방해하는 것은 그것이 무엇이든 자유의 근본적인 원칙을 위배하는 철학적 범죄라는 자유주의 신념을 극찬하는 미국의 새로운 주류 사상과 부합했기 때문이다.

폴이 이런 믿음을 갖게 된 데는 텍사스 주의 공화당 의원이자 자신의 아버지인 론 폴의 영향이 컸다. 론 폴은 1988년에 급진적인 자유주의를 앞세워 대통령 후보로 나선 경험이 있으며 현재 공화당 내에서 작은 정부를 주장하고 있는 인물이다. 이런 혈통의 뒤에는 F. A. 하이에크와 루트비히 폰 미제스가 주창한 순수주의 경제사상 '오스트리아 학파(Austrian school, 고전주의 자유시장 이론을 절대적으로 신봉하며 이 세상을 합의된 현실에서 살아 숨쉬는 참가자들이 거주하며 폴과 같은 기성세대와 젊은 세대가 한결같이 진심으로 지지하는 곳으로 묘사하는 학파)'가 있다.

사실 오스트리아 학파의 과장된 가정에 비하면 랜드 폴의 주장은 아무것도 아닐 정도다. 폰 미제스는 자본주의적인 경제 성장이 변덕스러운 경기 침체와 위기에 희생되지 않는다고(그리고 실제로 그럴 수도 없다고) 주장했다. 이런 혼란이 나타나는 것은 악의적이고 형편없이 비효율적인 정부가 자유시장 관계를 사악하게 방해한 것과 어떤 식으로든 관련이 있다고 설명했다. 결국 현대 국가의 사회 이론은 이익 집단 사이의 갈등(자본 대 노동, 국가 대 도시, 중산층 대 상류층 및 서민층 등) 이론을 따르는 것이다.

폰 미제스는 이런 관점을 외면한 채 개인이 재산을 소유하는 시스템 하에서 모든 사회관계는 이익의 유기적인 수렴을 향해 나아간다고 주장했다. 폰 미제스는 다음과 같이 가정했다. "총자본이 증가하면 자본가와 지주의 소득이 절대적으로 증가하며 노동자의 소득은 절대적으로, 그리고 상대적으로 증가한다. 소득의 경우 기업가, 자본가, 지주, 노동자 등 서로 다른 집단과 사회 계층이 갖고 있는 다양한 이해관계는 모두 함께 변화하며, 각기 다른 이해관계의 변화 과정을 거치면서 모든 이해관계는 같은 방향으로 움직인다. 지주의 이해관계가

집단의 다른 구성원의 이해관계와 반대로 움직이는 경우는 특정한 광물을 온전히 독점하고 있을 때뿐이다. 기업가의 이해관계는 결코 소비자의 이해관계와 다른 방향으로 움직이지 않는다. 기업가가 좀 더 많은 부를 얻게 되면 소비자가 원하는 것을 좀 더 정확하게 예상할 수 있게 된다."[2]

시장이 그래야만 하고 항상 그래왔던 것처럼 결국 영광스러운 자율 규제가 모든 문제를 해결한다는 것이다. 이처럼 시장이 돌아가는 방식을 근본적으로 긍정적인 시각으로 바라보면(즉 시장이 항상 위를 향해 발전한다면 거의 마법처럼 마찰이 없고 한층 공정해진다는 시각) 공익을 정의하고 지지하는 문제(다시 말해서 정치 문제)를 단순한 공식으로 축소할 수 있다. 폰 미제스는 다음과 같이 공표했다. "국가가 해야 할 일은 오직 폭력적인 공격에서 생명, 건강, 자유, 개인 재산을 보호하는 일로만 이루어져 있다. 이 범위를 넘어서는 모든 것은 악(惡)이다. 이 같은 역할을 충실히 수행하는 대신 생명과 건강, 자유, 재산을 지키려는 개인의 노력을 침해하는 수준까지 영향력을 행사하는 정부는 물론 잘못된 것이다."[3]

랜드 폴의 실수에 숨은 내적인 논리를 파악하기는 그리 어렵지 않다. 즉 랜드 폴은 공민권법이 자신이 선택한 사람들의 자유를 제한한다고 생각했던 것이다. 따라서 공민권법이 자유와 재산을 침해하며 기껏해야 위법적이고 최악의 경우 그 의도가 사악하기까지 하다는 논리가 숨어 있다. 랜드 폴의 선언은 단순한 말실수가 아니라 이처럼 시장 중심적인 신념을 반영한 것이다. 랜드 폴의 과거를 파헤치던 기자들은 폴이 국가의 힘을 이용해 시장의 자유계약 원리를 방해한다며 공정주택법(Fair Housing Act)과 미국 장애인법(Americans with Disabilities Act)에 반대를 표시한 적이 있다는 사실을 확인했다. 공민권법에 대한 폴의 의견이 교조적인 자유주의 입장과 일치했던 것이다.

이와 같은 세계관은 하나의 영역 또는 두 가지 역사적 사회적 인과관계를 고려하지 않은 것이다. 우선, 미국의 노예제라고 알려진 신식민지 자본주의의 노동 시스템에서 '재산'으로 간주되는 사람들에게 시민으로서의 동등권과 경제적 정치적 평등권을 주지 않기 위해 국가 조직과 손을 잡은 기업 소유주들이 조직적으로 짐 크로법(Jim Crow Act, 백인과 흑인의 분리와 차별을 규정한 법-옮긴이)을 시행했던 사례가 있다. 노예제가 법적으로 폐지되자 미국 사회의 모든 상업 부문 및 정치 부문에서 백인과 흑인의 차별을 제도적으로 못 박는 것을 목표로 하는 경제적 정치적 동맹이 등장해 짐 크로법을 제정했다. 블록버스팅(blockbusting, 흑인이나 소수 민족을 전입시켜 백인 거주자 사이에 불안감을 조성해 부동산을 싸게 판매하는 수법-옮긴이), 제한 조항, 레드라이닝(redlining, 금융기관들이 특정 지역에 붉은 선을 그어놓고 소수 민족 등에게 대출을 해주지 않는 관행-옮긴이) 등이 독해 및 작문 능력 시험과 인두세만큼 확실하게 인종 분리 정책을 보호하는 역할을 했다. 그뿐 아니라 이 모든 것들로 인해 백인과 흑인 간의 차별을 용인하는 법이 폐지되고 한참 시간이 흐른 후까지 인종 차별이 미국인의 삶에 지대한 영향을 미쳤다.

자유주의자들은 사회적 지배층과 경제적 지배층이 통합되는 과정에서 나타나는 기초적인 인과관계를 이해하지 못한다. 자유주의적 사

240

고방식의 기본 원칙 하에 이런 관계를 만들어나가는 것은 절대적으로 가능하지 않기 때문이다. 시장질서가 본질적으로 불안정할 수 없는 것처럼(시장 모델 자체가 용인하지 않는다) 인종 차별주의가 시장질서의 토대 속으로 조직적으로 파고들 수는 없다. 시장 모델 자체가 용인하지 않기 때문이다.

제법 그럴듯하게 자신은 인종주의적인 견해를 갖고 있지 않으며 차별을 혐오한다고 주장하는 랜드 폴은 공민권법의 민간 기업 조항에 대한 질문을 받고서 짐 크로법이 시장에서 동떨어져 완전히 격리된 사회 실험실(KKK가 관리하는 테네시 계곡 개발청과 같은 것)에서 고안되기라도 한 것인지 가련하게도 의회가 공공 장소와 직장에서의 차별을 금지하는 법률을 제정해야 한다는 주장을 고수했다.

가장 궁금한 것은 이토록 논리가 부족한 정치 철학이 어떻게 21세기의 미국에서 폴을 정치적으로 급부상하게 한 티 파티 운동을 가능케 할 만큼 많은 사람들의 동의를 얻었는가 하는 부분이다. 결국 자유방임주의를 주장한 위대한 아버지이자 백인이었던 애덤 스미스도 오스트리아 학파 지지자들이 끔찍이도 싫어하는 공공 복지 원칙, 즉 경제로 인해 불가피하게 발생한 사회적 병폐를 관리하는 국가 차원의 규제 원칙에 동의했다. 리사베스 코언이나 베서니 모어턴 같은 수많은 학자들이 설득력 있게 주장했던 것처럼 현대 미국의 중산층이 지금과 같은 위치에 올라설 수 있게 된 데는 정부의 토지 무상 불하나 지금과 같은 교외 지역을 만들어낸 주간 고속도로의 건설 등 정부의 기여가 상당했다.[4] 랜드 폴의 고향인 남부는 특히 그렇다. 미국 남부가 지금처럼 발전할 수 있었던 것은 루스벨트 대통령이 뉴딜 정책에 대한 당내 남부 지역 당원들의 적극적인 지원을 약속받은 대가로 시민 평등권 관련 법안을 잠시 미뤄두자는 끔찍한 협약을 맺은 후, 연방 정부가 남부에 엄청난 돈을 쏟아 부었기 때문이다.

많은 사람들에게 당연하게 받아들여지고 있지만 자유주의 진영에서는 종종 조롱거리가 되는 사회적 권리에 대해 생각을 하다 보면 자유주의자들이 주장하는 진정한 시장 논리에 대해 부르주아들이 자기혐오의 감정을 갖고 있는 것은 아닌지 궁금증을 느끼지 않을 수 없다. 랜드의 아버지 존 폴이 2008년에 대통령 후보 선출을 위한 공화당 경선에 출마했을 때 존 폴의 젊은 지지자들은 본능적으로 1960년대에 신좌파 운동을 하며 시위를 벌인 중산층이 선호했던 미사여구와 이미지를 차지하고 나섰다. 론 폴 선거 진영은 '혁명(Revolution)'이라는 단어를 선전 구호로 내걸었으며 로버트 인디애나로 인해 유명해진 커다란 글씨체를 채택하고 혁명이라는 영어 단어 중간에 위치한 'evol'을 강조해 사랑을 뜻하는 'love'를 역순으로 적어놓은 것처럼 보이게 만들었다. 시민 개개인이 자율적으로 '해방운동'을 추진한 덕분에 신좌파는 정치적인 변화를 요구하는 고통스럽고 타협으로 가득한 불쾌한 경험에서 벗어나 자기 탐구를 할 수 있게 되었다. 이 같은 해방운동의 핵심적인 정신은 무조건적인 자유가 허용되며 세금을 혐오하고 정부를 비방하는 새천년의 이상과 일맥상통한다. 글렌 벡의 초청을 받아 워싱턴에서 열린 기념비적인 '9/12' 티 파티 집회에 참석했을 때 나는 어느 티 파티 지지자가 '이곳은 나의 우드스톡(록 페스티벌이 열리는 뉴욕

교외의 지명—옮긴이)'이라고 적힌 표지판을 신나게 휘둘러대는 모습을 볼 수 있었다. 어느 정도 모순적인 메시지였지만 그 메시지를 통해 어느 정도 모순적인 제스처가 사실상 조롱해야 할 대상에 대한 깊은 호감의 표현이라는 사실도 이해할 수 있었다.

좌파를 비난하는 수많은 비평가들은 아인 랜드의 미숙한 사회 비판이나 합리적인 선택에 대한 대학의 푸념, 법학 가운데서도 '법경제학'파를 이끌어가는 인물이자 시카고 법대 교수 리처드 엡스타인 등을 편애하며 현대의 자유주의자를 일종의 허무주의자로 평가한다. 하지만 나의 생각은 다르다. 비평가들의 이런 생각은 잘못된 것이다.

노쇠한 신좌파와 마찬가지로 최근 자유주의가 부활하는 까닭은 자기 표현, 혹은 자기 확장을 숭배하는 현상 때문이다. 자유주의 운동의 겉모습을 감싸고 있는 것은 그토록 오랜 기간 동안 신좌파를 몹시 불편하게 만들었던 혼란스러운 유토피아적 몽상이다. 미 항공 우주국을 정부 기관이 아니라 민간 투자 체제를 통해 우주 식민지화에 나서야 한다고 주장하는 사람도 있다. 해양 조약(Treaty of the Seas)의 영향을 받지 않는 중립 수역에 초대형 선박을 정박시켜 정부의 제약을 받지 않는 사회를 구축하는 꿈을 갖고 있는 사람들도 있다. 이들의 주장에 귀를 기울이다 보면 마음이 인색해지는 순간이 찾아온다. 그럴 때면 왜 이들이 복잡한 선진 기술 개발과 이론 확립에 쏟아 붓는 수고를 아껴서, 소말리아와 같이 (비록 해상이 아닌 육지에 위치해 있긴 하지만) 이미 정부의 혐오스러운 간섭 없이 제 기능을 하는 사회로 이주해 가지 않는지 궁금해진다. 다다익선이라는 시장의 신조를 사람의 생명

주기에 대입하는 화체설(化體說)을 통해 생명 확장, 회춘, 냉동 인간 등을 설파하는 가장 비현실적인 부류인 생명 무한 확장론자도 있다. 생명 무한 확장론을 창시한 사람은 인간의 모든 한계에 대한 원칙적인 거부에 경의를 표하며 맥스 모어라는 이름을 선택한 호주의 철학 교수다. 나는 모어가 결혼식에서 춤을 추는 모습을 본 적이 있다. 그 모습은 정말 끔찍했다.

반문화 정신이 분명하게 모습을 드러내어 고착화된 실리콘 밸리의 새로운 첨단 정보 경제를 지배하는 사람들이 자유론을 감격적으로 받아들인 것은 두말할 필요도 없다.[5] 모든 사회 세력 가운데서도 표현력이 강하고, 시장에 집착하며(흥미롭게도 경영진이 많음), 무엇보다 돈 문화를 중시하는 태도 등에서 현대 자유주의 정신을 가장 잘 대표하는 것이 바로 기술 부문이다. 좌파 성향의 자유주의자들은 "자유주의자란 부유하고, 캘리포니아 마운틴 뷰의 시민들이 채택하는 모토의 역할을 하며, 래리 엘리슨이나 에릭 슈미트 같은 기술 재벌의 명함에 이름을 새긴 무정부주의자"라는 농담을 주고 받곤 한다. 사이버 자유주의자라는 신조는 "정보는 자유를 원한다", "정보의 무선 이동은 미래의 시장 문명을 형성하는 가장 강력한 요인이다", "노조, 관세, 무역 장벽, 국경, 산업 정책 등 산업화 시대 생산 방식의 부패한 유산은 역사의 뒤안길로 사라져야 한다" 등의 단순한 원칙을 바탕으로 사람들에게 좋은 인상을 준다. 이 모든 원칙을 그대로 실천한다면 국가의 힘은 진정으로 자유로운 글로벌 데이터 시장의 엄청난 압박으로 인해 결국 약화될 수밖에 없다.

244

2000년에 인터넷 시장의 거품이 꺼져버린 후 기술과 데이터를 기반으로 무시무시한 세계적인 경제 재앙이 나타났던 것은 말할 것도 없고, 위와 같은 관점이 잘못되었다는 깨달음이 있었을 것이라고 생각할 수도 있다. 하지만 완전한 자유론 공식에 들어맞지 않는 근거는 예외 없이 모두 기만적인 통계적인 속임수의 산물일 뿐이다. 이 또한 순수 혈통의 자유론자들일수록 좀 더 과격한 좌파 도그마와 비슷한 면을 갖고 있다는 불편한 사실을 일깨워준다. 순수 마르크스주의자들이 소련의 통치에 대한 공포를 유물론적인 변증법으로 인해 부수적으로 나타난 사소한 문제('과거에 존재했던 사회주의'에 대한 불편함)라고 일축했던 것처럼 오늘날의 시장 순수주의자들도 기후 변화나 과로사 같은, 강압이 전혀 존재하지 않는 자본 교환이라는 유토피아로 가는 길에 시장에서 발생한 파괴적인 외적 결과에 관한 수많은 근거를 외면하려 한다.

많은 교훈을 주는 랜드 폴 사례로 되돌아가 보자. 가장 걱정스러운 폴의 발언에는 공민권법의 조항에 관한 이야기가 포함되어 있지 않다(사실 공민권법의 관련 조항이 곧 폐지될 상황에 놓인 것도 아니다). 폴의 발언이 문제시되는 가장 큰 이유는 기업 규제를 위한 연방 정부의 역할을 지속적으로 일축해버렸기 때문이다. 랜드 폴의 이 같은 독단적인 관점은 공민권에 대한 랜드 폴의 비난만큼 많은 사람들의 시선을 끌지 않는다. 레이건 집권 이후 정치권이 합의한 경제 정책에 그런 내용이 정확하게 반영되어 있었기 때문이다. 미국의 40대 대통령 레이건이 우스개로 "정부는 문제를 해결하기 위한 방안이 아니라 정부 자체가 문제"라고 했던 것처럼 폴과 같은 자유주의자들은 공립학교 교실이건 공장의 생산 라인이건 정부가 어떤 식으로든 유용한 사회적 기능을 할 수 있다는 말이 들려오기만 하면 아우성을 쳐댄다. MSNBC 방송 다음 날, 폴은 ABC 방송과의 인터뷰에서 재앙과도 같은 2010년 멕시코만 원유 유출 사고 때 영국 국적의 석유회사인 브리티시 페트롤리엄에 모든 책임을 묻기 위해 애썼던 오바마 대통령의 태도가 마음에 들지 않았다며 기업을 향한 오바마 대통령의 태도에 "무언가 미국적이지 않은 것이 곁들여져 있기 때문"이라고 설명했다. 폴은 다음과 같이 설명을 이어나갔다. "이와 같은 과잉 대처가 나타나는 이유는 항상 누군가에게 책임을 물으려고 하는 사회 분위기 때문이다. 이따금씩 사고가 발생할 수도 있다고 있는 그대로 인정하는 태도가 아니다. 광산에서 매우 끔찍한 사고가 일어났을 때 광부들과 그들의 가족을 만나본 적이 있다. 그분들은 위험한 일을 해내는 매우 용감한 사람들이었다. 하지만 그냥 그렇게 인정하는 것이 아니라 정부가 개입해 항상 누군가의 잘못이라며 지적하고 나선다. 때때로 그냥 사고가 일어날 때도 있다."[6]

오바마가 "미국적이지 않다"라고 한 폴의 발언은 한나절 동안 모든 언론의 주목을 끌었다. 결국 폴의 발언은 오바마가 사실 미국인이 아니라는 과격 우파들의 신념을 반영한 것이기 때문이다. 하지만 기업을 비판하는 것이 미국적이지 않다는 개념을 파고든 곳은 없었다. 미국의 정치 경제가 쇠퇴기를 거치고 있는 지금 대부분의 미국인들은 그런 개념을 오래전부터 전해져온 확고한 진실로 받아들이기 때문이

다. 20세기 공화주의의 창시자인 시어도어 루스벨트가 '막대한 부를 축적한 악인'들에 대해 비난을 퍼붓는 습관을 갖고 있었고 독점 금지법을 매우 엄격하게 시행했다는 사실을 폴의 추종자들이 어떻게 받아들일지 궁금하다. 혹은 리처드 닉슨이 근로소득세액공제제도를 도입했으며 밥 돌이 저소득층을 위해 연방 정부가 도입한 식료품 할인권 프로그램을 지지했다는 사실을 어떻게 받아들일지도 궁금하다. 폴의 세계관으로 바라보면 이 모든 것은 통제 불가능한 사회주의가 등장하고 있다는 끔찍한 신호다. 주요 언론매체 어디서도 경제 비판과 반역을 동일시하는 폴의 사고방식을 다룬 적이 없기 때문에 다음과 같은 골치 아픈 질문들은 언론에서 전혀 다뤄지지 않았다. 식품 규제가 국가 공권력을 불법적으로 휘두르는 것인가? 상업은행과 투자은행을 분리하는 글래스-스티걸법 장벽을 부활하자는 것, 혹은 파생상품이나 모기지 시장의 금융 투기를 규제하자는 것이 민감한 비즈니스 감수성을 상상할 수도 없는 방식으로 비판하는 것인가?

웨스트버지니아에 위치한 메시 에너지(Massey Energy)의 광산 사고로 29명의 광부가 목숨을 잃은 지 한 달이 채 지나기도 전에 폴이 채굴 안정성을 무시하는 발언을 했지만 언론에서 별다른 관심을 받지 못하기는 매한가지였다. 광산업의 힘에 꼼짝하지 못하는 연방 규제 체제로는 유의한 방식으로 규제가 이루어질 수 없었기에 메시 에너지의 모기업이 이미 수백 차례 안전 규정을 위반한 사실까지 드러난 후였지만 폴의 발언은 비난을 받지 않았다. 폴은 켄터키 도티키 광산에서 일어난 훨씬 규모가 작은 광산 사고에 대해서 언급한 것이었다. 하지만 어떤 경우든 연방 정부의 감시가 매우 소홀했던 것이 사실이다.

게다가 브리티시 페트롤리엄이 생산량과 이윤을 극대화하기 위해 맹렬하게 해저유정을 굴착하는 과정에서 놀랍게도 일상적인 안전 수칙을 모두 외면했다는 근거가 속속 밝혀졌는데도 해양 굴착을 하다 보면 석유 유출이 나타날 수밖에 없다고 하는 것은 매우 불편하고 부적절하기는 하지만, 광산 채굴에 비하면 그 정도의 궤변은 견딜 만하다. 채굴은 완전히 인공적으로 인간이 직접 만든 환경 조건에서 이루어진다. 광산 붕괴와 가스 방출이 자연 현상이었다는 주장은 어불성설이다.[7]

하지만 폴은 자신이 '상식적인 보수주의'를 대표한다는 티 파티 만트라를 반복한다. 엄격하게 말하면 폴의 주장은 옳다. 이처럼 현혹적이고 위험천만하게 시장을 숭배하는 것은 미국의 주류 사고방식과 일치한다. 오늘날의 자유주의 혁명가들과 유사한 특성을 갖고 있었던 신좌파들은 미국 사회가 악의적이고 자기 파괴적인 '분노의 나날'을 맞이하기 전, 리처드 닉슨의 1968년 대통령 당선을 지지했다. 폴과 뜻을 같이 하는 자유주의자들이 무모한 반정부의 기치 아래 반란을 일으키는 가운데 우리 미국인들은 부로 인해 혼란을 느끼는 새로운 대변혁의 '물병자리의 시대(Age of Aquarius)'에 접어들 것 같다.

언어 문제

시장에 정말 '티핑 포인트(사회 전반의 보편적인 의지와 신비로운 방식으로 조화를 이루며 자연스럽게 재조정이 이루어진다는 유명한 순간)'가 존재한다면 최근 전 세계를 강타한 경제 재앙은 우리가 보편적으로 사용하는 언어에 혁명을 일으켰어야 마땅하다. 경제와 관련된 전문적인 용어들이 우리가 실제로 생산적인 삶을 살아가는 방식을 거의 완전히 뒤집어놓았으니 말이다.

지난 몇 년 동안 다음절(多音節)의 추상적인 용어가 치명적일 정도의 사회적 파탄을 초래했다. 부채담보부증권, 신용부도스왑, 주택저당 파생상품, 위험 증권화 등. 돌이켜 생각해보면 이 모든 개념과 이 개념들을 묘사하기 위해 사용된 단어들은 《해리 포터(*Harry Potter*)》에 등장하는 최고의 악당으로 그 힘이 너무도 강력해 이름을 입에 올리기조차 두려운 대상인 볼드모트 경에 필적할 정도로 강력한 주문이었던 듯하다.

우리의 일상적인 삶을 너무도 심각하게 망쳐놓은 세력도 다를 바가 없다고 주장하는 사람도 있을 것이다. 지난 20년 남짓한 기간 동안 미국인의 도덕적 상상력은 투자 경제에 포위를 당했다. 그런 탓에 미국인들은 투자 경제가 실제로 어떻게 돌아가는지 분명하게 이야기하는 것이 위험하다는 사실을 본능적으로 깨달은 듯하다. 따라서 대담한 발화 행위의 일환으로 '경제'라는 표현에 온갖 조화가 될 만한 사회적 수식어('신정보', '지식', '디지털', '소프트' 등)를 갖다 붙이는 등 진정한 무혈 완곡어법(bloodless euphemism)의 황금기에 접어들었다. 우리는 이따금씩 '탈공업화' 시대를 표현하는 데 이런 용어를 사용하기도 하며 마치 고교회파(High Church, 종교개혁 이후에 생겨났으며 로마 가톨릭과 유사한 영국 국교회의 한 파-옮긴이)의 친숙한 교리 문답서를 대할 때 숭배의 마음을 담아 확실성을 보이듯 이런 어휘들을 접할 때면 언제나 흔들림 없이 확고한 지지를 보낸다.

기도라는 정신적 행위 자체에는 무언가가 이루어지기를 바라는 신념이 담겨 있다. 마찬가지로 탈생산을 표현하기 위한 완곡어법의 시대는 희망이 이루어지기를 바라는 순수한 신념을 바탕으로 새로운 표현을 만들어내는 일을 완벽하게 습득하기 위한 훈련기와 같았다. 우리가 과거의 산업화 질서에서 벗어나지 못하도록 막았던 개념들(수많은 사회 충돌과 회색 사상에 대한 공포)이 갑자기 사라지고 그 자리에 새로운 사고방식이 등장하여 이 세상을 살아나가는 완전히 새로운 방식을 제시하고 있다. 우리가 지금껏 겪어온 엄청난 사회 변화를 설명

하기에는 '경제'라는 개념만으로도 충분치 않다. 사람들은 '텔레코즘', '장기 호황', '거물들', '롱 테일', '군중의 지혜' 등에 관한 이야기를 들어왔고, 심지어 새천년을 맞아 경제가 한창 성장을 구가하던 시절에는 대중적인 문화 이론이 주장해서 무한한 위로를 주었던 '나쁜 것은 모두 도움이 된다'는 개념도 유행했다. 사회적 덕목은 마찰 없는 소프트웨어 응용 프로그램이 되었고 경제는 산업화 시대의 두뇌가 수용할 수 있는 것보다 훨씬 빠른 속도로 근본적인 변화를 몰고 왔다.

하지만 미국 경제에서 여전히 실질적인 노동을 하고 있는 사람들, 즉 이처럼 놀라운 사회적 예언의 힘에서 배제된 사람들의 입장에서는 상황이 매우 다르다. 소득을 기준으로 상위에 속하는 사람들과 하위에 속하는 사람들 간의 격차를 의미하는 사회적 불평등이 클린턴 정부 시절에 더욱 악화되었다. 하지만 우리는 정작 클린턴 행정부 시절 신정보를 강조하는 발할라(Valhalla, 신화에 나오는 궁전─옮긴이)가 제시한 한층 안락한 비전에 대한 온갖 이야기를 전해 들었다.

부시가 집권하여 부를 상향 재분배하기 위해 매우 편파적인 감세 정책을 도입함으로써 부시 행정부 시절에 문제는 회복 불가능한 수준으로 악화되었다. 투기성 짙은 서류 경제가 전통적인 생산 기업이 설 자리를 빼앗는가 하면 미국 가정이 보유한 주택의 재무 기반을 뿌리째 뽑아놓았다. 부시 행정부 시절, 현대 미국 역사상 처음으로 경제가 5년 동안 지속적으로 성장했음에도 중간 임금이 전혀 증가하지 않는 현상이 나타났다. 부시 행정부의 경제 관료들은 이런 문제가 발생한 것이 심각한 구조적 결함 때문임을 솔직하게 인정하지 않고 투자자 계층을 진정시킬 창의적인 방법을 찾는 데 몰두했다. 예를 들어, 2005년에는 증권거래위원회 위원장 윌리엄 도널드슨이 주주와 금융 시장을 위해 불편한 수준의 투명성을 옹호했다는 이유로 사실상 파면 당했다. 도널드슨의 뒤를 이어 증권거래위원장의 자리에 앉은 전직 캘리포니아 주 공화당 의원 크리스토퍼 콕스가 월가의 파티가 계속될 수 있도록 뒤를 밀어주는 임무를 맡은 것은 너무도 자명했다. 주택 가격과 파생상품 시장은 도저히 그럴 수 없는 지경이 될 때까지 상승세를 이어갔다.

오랜 기간 지속된 이와 같은 투기성 짙은 악몽에 관한 가장 충격적인 사실은, 우리에게 도대체 어떤 일이 일어났는지 설명을 하기 위해 사용할 만한 단어가 매우 적다는 것이다. 우리가 실제로 직면한 재앙의 규모를 생각해보면 '침체', '불황' 등 비즈니스 언론에서 사용하는 분노의 감정이 섞인 표현은 물론이고, '붕괴'나 '폭락' 등 좀 더 강한 의미를 갖고 있는 표현조차 모두 너무나 강도가 약해서 부적절하다. 전 세계 금융 자본주의가 전속력으로 무너져 내릴 수도 있는 상황에 처했지만 우리가 사용할 수 있는 표현이라곤 '대마불사', '부실 자산', '회수불능 대부', '시가평가' 등 대부분 정부가 고안한 것들뿐이었다.

이런 상황 속에서 꿋꿋하게 금권정치를 지지하는 수많은 사람들은 여전히 '약탈적 대출(predatory lending)'이라는 표현이 어떤 상황에서도 실제 시장 현상을 표현할 수 없을 만큼 지나친 표현이라고 주장하고 있다(하지만 약탈적 대출이라는 표현도 실제 상황을 상당히 너그럽게 표현한 것으로 보인다). 결국 사람들은 자발적으로 변동 금리 주택담

보 대출과 무담보 대출을 선택했고 자본을 파는 업자들은 이들이 그 어느 때보다 자유롭게 돈을 빌릴 수 있도록 도와주었다. 돈을 빌린 사람들이 좀 더 고마운 마음을 가질 수는 없을까? 모기지 경제학자 아놀드 클링은 소비자 금융 보호국(Consumer Financial Protection Agency)을 설립하려는 의회의 계획을 썩 달가워하지 않는다. "약탈적 대출은 돈을 빌리는 사람에게 값비싼 주택담보대출을 떠안겨 자산을 압류한 후 이윤을 남겨 매각하려는 것이다." 클링은 믿을 수 없다는 듯이 질문을 던진다. "그런데 지난 3년 동안 은행이 압류한 주택을 통해 이윤을 얻은 사례를 한 번이라도 본 적이 있는가?" 클링의 생각은 여기서 끝이 아니다. "물론 가난한 사람들에게 어느 정도 추상적인 연민을 보낼 만한 가치가 있을 수도 있지만 나는 가난을 이유로 집에 대한 기본적인 자유 선택권을 갖고 있었던 사람들에게 연민을 느끼지 않는다. 그들의 선택이 돈으로 환전되지 못했을 뿐이다."[1]

정말 특이하게도 약탈에 관해서 사회적으로 용인될 만한 이야기는 모두 2008년 심판의 날이 찾아온 이후 과대평가된 담보를 놓지 않으려고 안간힘을 쓴 불쌍한 얼간이들에게 국한되어 있다. 옹졸한 성격에 쉽사리 분노하는 CNBC 시장 통신원 릭 산텔리가 시카고에 위치한 선물 거래소 CME 그룹에서 방송 중 분노를 터트렸던 유명한 사건을 떠올려보기 바란다.

보수적인 정치 평론가 마이클 배론은 그 순간이 '티 파티 운동의 헌법'과 같다고 평가했다. 티 파티 운동의 반정부 플랫폼처럼 산텔리의 행위는 일관성 없는 사회경제적 권리를 놀라울 정도로 여실히 보여주었다. 산텔리는 "이곳은 미국!"이라며 카메라가 담고 있는 브로커들을 꼬드겼다. "여분의 욕실까지 구비되어 있지만 날아오는 청구서에 적힌 요금을 납부하지 못하는 이웃집에 자기 돈을 지불하고 싶어하는 사람들이 얼마나 될까요?"[2]

소위 경제 통신원이라는 사람뿐만 아니라 그 사람을 찬양하며 바라보는 거래 전문가들은 두말할 것도 없다. 그 누구도 증권화 부채의 사슬에서 주택을 담보로 대출을 받은 사람들이 가장 손해를 입을 가능성이 적었다는 사실을 떠올리지 않는다. CME 객장에 있던 그 누구도 과감하게 돈을 단 한 푼도 빌리지 않고 자신이 살고 있는 집을 개수할 수 있었던 것은 모두 주택저당 파생상품을 판매해 벌어들인 수수료 때문이라는 사실을 밝히지 않았다. 산텔리가 '야단법석'을 떠는 모습은 화염을 키우는 약품의 냄새를 풀풀 풍기는 방화범이 엄청난 규모의 화재가 발생한 이유로 고장 난 소화기 하나를 지목하는 장면을 연상케 한다.

하지만 누군가가 갖고 있는 직업의 모델 자체가 장기적인 금융 몰락의 공식이라 할 만한 것을 기반으로 한다는 사실을 여실히 드러내 보이는 것은 너무도 이상한 일이다. 사악하게 쌕쌕거리는 공산주의의 망령을 불러내는 편이 훨씬 더 나을 것이다. 산텔리는 씩씩거리며 이야기했다. "쿠바인들이 대저택에 거주하고 쿠바의 경제가 제법 괜찮았던 시절이 있었지요. 쿠바 사람들은 개인에서 집단으로 옮겨갔고 지금은 디트로이트에서 가장 마지막으로 생산된 훌륭한 차량인 54년산 셰비를 운전하고 있습니다." (속임수에 넘어가 회복 불능의 자산

을 금융업계에 빼앗긴 담보대출 소유주들을 악마로 묘사하는 것만으로는 충분치 않으니 목표 달성을 위해 노조의 힘이 너무도 강력한 미국의 자동차 업계를 괜히 공격해볼 밖에는!) 방송이 끝나갈 무렵 산텔리는 미국을 건국한 선조들의 정신을 언급하기에 이르렀다. "이 나라에서 지금 우리가 무슨 짓을 하고 있는지 알면 그분들이 무덤 속에서 데굴데굴 구를 겁니다." 그런 다음, 아나나 다를까 산텔리는 한마디를 덧붙였다. "우리 미국인들이 올해 7월, 시카고에서 티 파티를 벌일 생각을 하고 있어요."[3]

이처럼 잔인하고 쓸 만한 내용이 전혀 없는 산텔리의 발언에도 불구하고 미국 시민들이 돈을 중시하는 문화의 잔해와 씨름할 때 일이 그런 식으로 흘러가지 않았다는 사실을 떠올리면 기분이 너무도 상쾌하다. 경제 정의와 경제 평등이라는 개념이 미국의 정치 논의에서 여전히 매우 중요한 역할을 할 때는 과거에 발생했던 재산 착취가 공공연하게 반역, 악행, 혹은 범죄로 묘사되었다. 실제로, 남북전쟁 이후 설립된 그린백당(Greenback Party, 농민들이 통화 팽창 정책을 주장하며 설립한 당─옮긴이)은 금본위제를 도입하기 위해 종이화폐를 퇴출시킨 사건을 언급하며 '73 범죄(the Crime of '73)'를 슬로건으로 채택했다. 금화를 화폐로 사용한다는 결정이 내려진 후 짧은 시간 내에 농부와 소규모 생산업자들, 노동자들이 빚을 갚기 위해 일을 해야 하는 신세로 전락한 점을 미루어볼 때 정말 적절한 표현이 아닐 수 없다. 이 같은 짓을 저지른 가해자들에게는 도덕적으로 문제가 있다는 평가와 이들이 미국에 가한 피해에 대한 노골적인 감정이 더해진 생생한, 그리고 정확한 설명이 따라붙었다. 이들을 묘사한 표현으로는 '흡혈귀', '금권가', '약탈자' 등이 있었다. 19세기의 연설가들이 당시의 재산 착취 상황을 좀 더 정확하게 표현하고자 했을 때는 상업 활동을 통해 엄청난 부를 축적한 부호들이 '크로이소스', '유다', '시저', '네로', '파라오', '몰록을 숭배하는 이단' 등으로 묘사되었다.

물론 당대의 은행가와 투기세력(특히 로스차일드 가문)을 향한 수사적인 공격은 추악한 반유대주의로 변질될 수도 있다. 안타깝게도 대중주의 운동이 그랬다. 대중주의적인 봉기를 주도한 경험이 많은 과격하고 엉뚱한 사람들이 실제로 땅을 훼손하고 노동자의 일당을 착취하는 고집 세고 강력한 적 대신 특정 인종을 희생양으로 지목하자 대중주의 운동은 회복 불가능한 정치적 퇴락의 길로 접어들었다.

이처럼 비양심적으로 태도가 편협한 신념으로 고착되기는 했지만 금융 범죄와 관련해 초기에 생겨난 어휘들은 실제 상황을 알려주는 중요한 장치였다. 이런 어휘들로 인해 실제로 관련 어휘를 사용하는 사람들이 가혹하고 비인격적으로 돌아가는 시장을 무자비하고 언제나 정도만을 걷는 자연법이 아닌 무너져 내린 인간의 본성을 반영하는 존재로 바라보게 되었다.

사회 개혁가 헨리 데머레스트 로이드는 1894년에 발표한 자신의 저서 《국민의 이익에 역행하는 부(Wealth Against Commonwealth)》에서 경제적 착취를 언급하며 과잉과 탐욕이 공공 기관뿐 아니라 인간의 가장 내밀한 인격을 어떤 식으로 망가뜨리는지 지적했다. 로이드가 설명하듯이 그 결과로 나타나는 것이 바로 의도적인 사회적 착각의 상태다.

즉, 모두가 동일한 도덕적 이해관계를 갖고 있는 지역사회에서 한 개인이 다른 사람에게 느낄 수 있는 가장 필수적인 관계가 끊어져버리는 것이다. 로이드는 다음과 같이 기술했다. "우리는 과학과 양심을 모두 넘어서버렸다. 철도 주식을 보유한 사람의 시야는 총괄책임자의 사무실 속을 들여다 볼 수 있을 만큼 충분히 원시안적이지 않고, 사람들은 자신들을 통치하는 사람들에게 영향력을 미치기 위해 도시 내 선거구를 단 하나도 넘어갈 수 없다. 대실업가들은 서민들이 식량과 쉴 곳이 부족해 죽어가고 있는지조차 '알지 못한다.' 우리는 우리의 도시도, 우리의 정치도 깨끗하게 청소해버릴 수 없고, 철도 노동자는 투표권을 가진 시민의 수를 모두 더한 것보다 많고, 물레방아 바퀴는 바퀴가 돌아가는 속도에 따라 박자를 맞추지 못하는 노동자들의 가슴만 까맣게 태운다."[4]

이와 같은 미사여구를, 자신이 뜻한 바를 퍼뜨리려 하는 지방 개혁가의 감상적인 도덕주의가 산업 권력의 집중을 허용하는 비논리적인 법안을 약화시켰던 시절을 향한 시골 귀족 부르주아 계급 개혁가의 부적절한 갈망이라고 치부하기가 쉽다(학계에서는 오랫동안 그래왔다). 하지만 그것 자체가 도덕적인 둔감함을 보여주는 것이다. 사람들이 자신의 행동으로 인한 결과를 이해할 수 있고 이해해야만 하며 재산에 관한 사회적 규약을 넘어서는 상호 의무를 옹호할 수 있고 옹호해야만 하는 세상 대신, 시장 자체의 추진력으로 시장이 확대되고 위를 향해가는 경향이 있다는 '허구'를 받아들인 것이다. 자신이 고용한 노동자가 어떻게 살아가고 있는지 '알지 못하는' 태만한 대실업가가 도덕적인 어리석음(그리스어에서 파생된 'idiocy'라는 단어는 공적인 생활 없이 존재하는 상태를 뜻함)의 상태에 놓여 있다는 사실을 깨닫는다면 우리의 생산적인 삶에서 위태로운 상황에 처해 있는 가장 중요한 질문들을 잊어버리지 않을 수 있다.

마찬가지로 이와 같은 맹목을 부정 이익으로 얼룩진 조직 정치로 인해 공민권을 빼앗긴 철도 주주나 도시 시민이 시민으로서 고립되어 있음을 나타내는 근거로 여긴다면 언론의 폭로성 기사나 의회 청문회에서 밝혀질 가능성이 큰 그 어떤 사건보다 일상적인 업무에서 발생하는 문제에 한층 적극적으로 목소리를 낼 수 있다. 로이드의 글 중 일부를 살펴보자. "우리 문명은 경쟁을 바탕으로 세워졌다. 그리고 경쟁이 도를 넘어서면 자신의 사리사욕을 채우려는 광기 어린 집착이 우세하게 되어 범죄로 발전한다. 우리는 지금 도덕적 탐험에 앞장서며 '거래'라 불린다는 이유만으로 옳다고 생각하는 행동이 사실은 거짓말, 도둑질, 살인이라고 선언하는 새로운 양심에 귀를 기울이는 수준을 훨씬 넘어서고 있다. 러스킨은 다음과 같이 이야기했다. 현대에 들어서 서둘러 부자가 되려는 현상이 나타났다. 이런 현상의 결과로 분명히, 그리고 지속적으로 매년 우리의 손에 의해 일정한 수의 사람들이 죽어나가게 되었다."[5]

현대인이 듣기에 이런 종류의 글은 마치 빅토리아 시대에 나온 듯 걱정으로 가득하고 예스럽기 짝이 없다. 하지만 로이드와 러스킨이 사용한 언어는 '소비자 주권', '합리적인 시장 가설' 등 일정한 거리를 유지하기 위해 의도적으로 사용되는 전문 용어를 들먹이는 터무니없

는 허구에 비해, 현대를 살아가는 경제적 시민들이 겪는 진정한 도덕적 곤경에 훨씬 잘 맞추어져 있다. 사실 과거에 경제적 대립을 표현하기 위해 사용한 수사적인 표현은 노골적이고 인신공격적이었다. 하지만 최근에 일어난 여러 차례의 금융위기를 묘사하기 위해 사용된 표현들은 매우 잔잔하고 냉담하다. 일례로 이런 위기들은 더 이상 로이드 시대에 그랬던 것처럼 '패닉(투자, 증권 거래, 혹은 투기성 짙은 부문 전체가 아무런 가치도 없는 서류더미가 되어버렸다는 깨달음에 수반되는 생생하고 너무도 인간적인 느낌을 감탄할 만하게 불러일으키는 단어)'으로 묘사되지 않는다. 대신 그 어느 때보다 빈번하게 드러나는 투자 세계의 병폐가 지금은 신비롭고 아무런 원인이 없는 전염병으로 묘사된다. 즉 해외 시장을 '감염시키고', '악성' 부채를 모으고, 시장이 훨씬 더 위험에 취약해지는 방식으로 '위험'을 이동시킨다고 묘사하는 것이다.

산텔리 사례를 통해 명확하게 확인할 수 있듯이 경제적인 사건을 묘사하기 위해 현재 사용되고 있는 단어들에 관해서 정말 이상한 점은, 분석적으로 가장 모호한 지점에서 가장 구체적인 것처럼 들린다는 것이다. 비즈니스 언론을 구독하는 독자는 '계급투쟁'의 위협이 어느 곳에든 존재하며 그 어느 때보다 주의 깊게 계급투쟁의 위협에 대처하게 될 것이라는 점을 잘 알고 있다. 하지만 실제로 이런 종류의 전쟁을 수행하는 사람들은 보이지 않을 정도로 분산되어 있고 그 존재가 명확하게 알려져 있지 않다. 민간 부문 노동자 중 노조 가입자가 7퍼센트에 불과한 만큼 이들은 강성 노조원들이 아니다. 파리와 프라하 등지에서 과격한 신좌파 반란을 주도하는 사회 지성인도 아니다. 지성인 계급은 대중의 사회 저항이라는 개념과 결탁하기에는 엄청난 싫증과 혼란을 느끼고 있다. 사회주의 자체가 하나의 이념으로서 이미 죽어버린 셈이다. 엘리트 진보주의 지배층이 공통적으로 지닌 신비하고 전염성이 있는 특성으로 여겨질 뿐이다. 아이비리그 동창회에서 얻은 부끄러운 성병과 비슷한 것이다. 사회주의는 공민권을 빼앗긴 사람들에게 더 이상 보편적인 슬로건을 제시하지 못한다. 오히려, 귀찮을 정도로 현명한 떠다니는 기표라고 볼 수 있다. 즉 투자은행가가 점령한 오바마 행정부 경제팀의 재분배 정책을 묘사하기 위해 사용되기도 하고 1993년에 공화당 의원들이 제안한 계획과 거의 동일한 의료 개혁 계획을 매도하기 위해 사용되기도 하는 것이다.

경제적 충돌의 조건이 아주 이상한 방식으로 문화 논쟁으로 비화되는 점을 떠올려보면 분석적인 안개가 더욱 짙어질 뿐이다. 리얼리티 텔레비전 프로그램, 대중음악, 비디오 게임 등 대중문화 장르에 관한 어떤 토론에서건 '대중주의' 대 '엘리트주의'의 변치 않는 축 위에 모든 집중점을 배치하는 것이 표준으로 여겨진다. 이처럼 논의의 질 자체가 저하된 상황에서 얼마나 냉소적으로 실행되건 얼마나 역겨운 방식으로 판매되건 대중오락의 영역에 속하는 제품을 홍보하려면 대중주의적인 감수성을 광고해야 한다.

이처럼 복잡하게 얽혀 있으면서도 간단명료한 용어 속에서 19세기의 경제 대중주의자들이 시골 주민들의 읽고 쓰는 능력을 키우는 것을 중요시했다는 사실을 상기하기란 불가능하다. 당시 문해율 개선을

위한 개혁이 이루어진 직접적이고 실질적인 이유가 있었다. 농부들이 지주 및 철도회사와 자신들이 거의 읽을 수도 이해할 수도 없는 약탈적인(그렇다, 약탈적인 것이 틀림없다) 계약을 체결하지 않도록 막아야 했던 것이다. 하지만 좀 더 포괄적으로 이야기하면 대중주의자들은 학교 교육을 큰소리치며 허풍이나 떨어대는 '엘리트주의자'들의 영향이라며 멸시하기는커녕 정치경제 부문에서 유권자들의 교육 수준을 높이는 데 많은 관심을 쏟았다. 그것이 바로 인민당에서 발행한 전국지(설립자이자 편집자인 토머스 누겐트는 이 신문을 〈이코노미스트(Economist)〉라 불렀다)가 폴리비우스의 권력분립에서 데이비드 리카도와 노동가치설에 이르기까지 민주 정부의 설립 이념에 대한 칼럼을 지속적으로 내놓은 이유다. '대중주의'를 리얼리티 텔레비전의 규범 및 세라 페일린의 반문맹에 가까운 지껄임과 동일시하는 최근의 분위기를 볼 때 누겐트가 발행한 신문은 마치 다른 행성에서 전파된 듯 멀게 느껴지고 이해가 불가능한 것으로 여겨질 듯하다.

어떤 측면에서 보면 그렇기도 하다. 정치 영역에서 '국민'의 위치와 '금전적 이해관계'의 위치 간의 균형을 맞추는 것(그리고 그 과정에서 경제적인 지식을 가능한 널리 확산시키는 것)은 한때 '정치 경제'라고 알려진 분야와 밀접한 관련이 있는 프로젝트다. 19세기에는 대개 경제적 생산 및 정치적 담론의 영역이 동일한 것으로 여겨졌다. 당대의 사회 비평가 대부분은 경제적 자율이 없는 상태에서 민주주의를 추진하는 것이 잔혹하고 위험한 일이라 여겼다.

적어도 노예제라는 유산은 이런 점을 강조한다. 사실 대중주의자들이 백인 소작농과 흑인 소작농이 인종의 벽을 넘어 단결하여 이전의 농장주 계급이 갖고 있는 권력에 맞서야 한다는 주장을 펼치기 시작하자 미국 최남동부 백인 우월주의자들에게 이들 대중주의자들은 참기 힘든 존재가 되어갔다. 남북전쟁이 끝난 이후 남부에서 인종 차별의 바람이 몰아치는 가운데 새로운 경제 질서를 장악한 지도층이 법적인 인종 차별을 인정하는 치명적인 시스템을 새롭게 고안하여 대중주의적인 정치 경제라는 위험한 생각을 확산시켰다. 비극적이게도 이들은 목적 달성을 위해 인종적 경제적 격리를 지지했던 남부의 체제를 상징하는 편협한 인물로 조지아 주의 톰 왓슨, '쇠스랑'이라는 별명을 가진 앨라배마의 벤 틸먼 등 과거에 대중주의를 앞세웠던 정치 지도자들을 대거 영입했다. 밴 우드워드는 《짐 크로의 이상한 경력(The Strange Career of Jim Crow)》에서 이같이 추악한 역사를 이해하기 쉽게 설명했다.[6]

하지만 정치경제가 해체되는 현상 이면에는 좀 더 광범위하면서도 조금은 덜 편협한 추진력이 존재한다. 20세기 초부터 경제학 및 정치학은 각각 전문적으로 다루어졌다. 각기 다른 학문으로 발전하고, 새로운 대학원 프로그램 및 전문협회가 생겨났으며, 온갖 어려운 사회과학 용어로 넘쳐났다. 경제학과 정치학 부문의 전문가들이 서로 상대 영역에 진출해 들어갈 수 없도록 각 분야의 전문가들은 점점 대중의 이해와 멀어지는 일을 실행하기 시작했다.

최근 경제학과 정치학은 '합리적 선택(rational choice)' 이론이라고 알려진 보기 흉하고 어느 정도 망상이 섞인 듯한 분야에서 서로 마주치

게 되었다. 실험적인 정신을 가진 정치 과학자들이 모든 공개적인 정치 토론을 이진법적이고, 계량 경제적이며, 매우 개인적인 계산으로 축소하기 위해 영웅적인 노력을 기울인 결과다. 합리적 선택이라는 것은 정치 선택이 단순한 비용편익 축 위에 놓여 있으며 정도를 벗어나지 않는 합리적인 시장의 주체가 정치적인 선택을 내리는 상상 속의 세상을 사실로 단정하기 위해 정치 경제를 터무니없는 방식으로 패러디하고 논리적인 지적 내용을 모두 제거한 이론이다. 2008년 즈음 금융 시장에서 나타난 행동과 티 파티 운동이 내세우는 수없이 많은 편벽된 원칙을 피상적으로 바라보기만 해도 사람들이 합의한 현실 속에서 정치적 사고 및 경제적 사고가 이루어지는 방식을 묘사하는 문제에 관한 한 합리적인 선택을 주장하는 학파가 사실은 아무런 효력이 없다는 사실을 이해할 수 있다.

경제적인 삶에 대한 논의와 실질적인 경험을 연결하는 것을 어렵게 만드는 것 중 하나가 사회 계급에 대한 논의를 터부시하는 미국의 오래된 문화다. 계급이 개인의 삶을 결정한다는 개념 자체가 사회 내에서 상향 이동이 가능하다는 미국의 근본적인 신화를 부정하는 것이기 때문에 미국인들은 계급이 강력하고 구체적인 방식으로 개개인의 삶의 결과를 결정한다는 사실을 결코 있는 그대로 인정하지 않는다. 벤저민 드모트가 지적했듯이 계급에 대한 미국인들의 이해는 '위풍당당한 중산층'이라는 혼탁한 힘의 장으로 얼룩져 있다. 전 세계 가톨릭 신자들은 성모 마리아를 숭배한다. 미국인들의 대화에서 중산층은 성모 마리아와 비슷한 존재다. 즉 종교적인 숭배를 이끌어내는 권위는 없지만 불운과 악귀를 막아주는 가정의 수호신과 같이 인정 많고 사람들의 불안감을 없애주는 존재로 여겨진다. 중산층을 대상으로 하는 감세 정책을 실행하고, 중산층을 위한 자동차 모델을 내놓으며,[7] 새롭게 뉴딜 정책을 시행해서 중산층의 구미에 맞는 근거를 제시하며,[8] 금본위제를 재건해야 한다며 중산층의 마음을 사로잡을 만한 주장을 내놓는다.[9] 빌 오라일리, 루 돕스 등 텔레비전에 모습을 드러내어 민중 지도자의 역할을 자처하며 사면초가의 상황에 몰린 중산층의 입지를 회복하겠다며 영웅적인 역할에 앞장서는 사람들이 끝도 없이 쏟아져 나오고 있다. 물론 지금과 같은 환경 속에서는 지도자나 정책이 얼마나 대단한 야심을 갖고 있건 미국 부르주아를 욕되게 하고서 단 한 순간도 살아남을 수 없는 것이 사실이긴 하다. 미국인들은 정책보다는 간절한 기도의 마음을 담아 중산층에 경의를 표하며 엄숙하게 이름을 지은 법안도 통과시켰다. 중산층 기회법안(Middle Class Opportunity Act)과 중산층 투자자 구제법안(Middle Class Investor Relief Act)은 2008년 금융위기 이후 등장한 대표적인 법안이다.

그렇다고 해서 오해하지는 않길 바란다. 미국의 중산층은 수많은 강인한 덕목을 갖고 있다. 그뿐 아니라 자유분방한 프랑스 지식인들이나 미국의 신좌파와 같은 기분을 느끼며 중산층을 비방할 필요도 없다. 하지만 미국인들이 사용하는 경제와 관련된 수사적 표현에서 중산층이 차지하는 비중이 너무 크기 때문에 중산층이 실제로 주어진 역할을 얼마나 잘 해내고 있는지 파악하기가 몹시 힘들다. 그뿐 아니라 위풍당당한 중산층을 넘어서, 혹은 그보다 못하게 삶의 결과를 현

저하게 재조정하는 것 또한 몹시 힘들다. 무엇보다도 스스로를 중산층이라 믿는 사람들이 경제적인 입지를 잃어가고 있는 요즘 같은 시기에 대해 알기 쉽게 설명하기가 힘들다.

미국에서 믿을 수 있는 방식으로 중산층을 정의하고자 노력했으나 허사로 돌아가고 말았던 적이 있다. 중산층에 관한 대부분의 설문조사에서 전체 응답자의 절반 이상이 자신을 '중산층'이라고 정의했다. 하지만 스스로를 중산층이라고 칭한 응답자들이 표시한 사회경제적인 환경에 관한 객관적인 범위가 너무도 넓어 스스로를 중산층으로 정의하는 것 자체에서 거의 의미를 찾을 수가 없었다. 퓨 리서치 센터가 가장 최근에 중산층에 관한 대규모 설문조사를 진행한 때는 2008년 말이었다. 당시 연소득 2만 달러 이하인 가정에 속하는 응답자 중 40퍼센트가 스스로를 중산층이라 칭했다. 하지만 15만 달러 이상의 연소득을 벌어들이는 가정의 응답자 중 3분의 1도 같은 대답을 했다.[10] 인종이나 민족이 달라져도 스스로 중산층이라 생각하는 응답자의 비중은 놀라울 정도로 일치했다. 조사 결과 백인, 흑인, 히스패닉 등 인종이 달라져도 50퍼센트가 넘는 설문 응답자가 스스로를 중산층이라 정의했다. 물론, 수학적으로 생각해보면 커다란 집단의 절반 이상을 차지하는 사람들이 중간에 모여 있을 수는 없다. 미국인들이 좀 더 계산을 잘하는 사람들이라면 자신의 계급을 정의하는 데 이처럼 어려움을 겪지 않았을 것이다.

미국인들 사이에서 스스로를 중산층으로 여기는 현상이 실제와 다르게 나타나는 이유는 미국 사회에서 중산층에 속한다는 것은 곧 상향 이동이 가능하다는 의미이기 때문이다. 결국 자신이 중간 이하로 떨어질지도 모른다고 생각하면서 자신을 중산층이라 여기는 사람은 없다. 하지만 이 모든 것은 지난 10년에 걸쳐 나타난 미국의 부와 소득에 관한 이야기(소비자 부채가 급증하여 실제 소득 확보 능력이 지속적으로 감소하는 추세를 표면적으로만 용인할 수 있는 상황)다. 2008년의 퓨 조사가 보여주듯 지난 20년 간 서류 경제로 인해 부가 증가하긴 했지만 중산층은 그 같은 혜택을 거의 누리지 못한 반면 상류층에게 돌아가는 부는 급증했다. "소득 증가뿐 아니라 부의 축적 측면에서 상위 소득층(연소득이 중간값의 150퍼센트 이상을 상회하는 가정)은 중산 소득층(연소득이 중간값을 75퍼센트에서 150퍼센트를 상회하는 가정)보다 더 뛰어난 성과를 보였다. 1983년부터 2004년까지 상위 소득층에 속하는 가정의 순자산 중간값은 2배 이상 증가한 반면 소득 중간층 가정의 순자산 중간값은 불과 29퍼센트 증가했을 뿐이다."[11] 미국 경제 전반에서 포괄적인 성장세가 나타난 동안 증가한 순자산을 따졌을 때 약 4배의 차이가 나는 것이다.

개도국 중 오랜 기간 만성적인 불평등을 용인하는 국가는 도둑 정치 국가, 바나나 공화국, 과두 정부 국가 등 다양한 이름으로 불린다. 하지만 다시 한 번 설명하지만 이런 단어만으로는 충분치 않다. 끝없이 위로 올라갈 수 있을 것이라는 사회적인 신화로 인해 우리 삶을 규정짓는 가장 기본적인 물질적 조건을 있는 그대로 표현할 수 없기 때문이다. 우리는 미국에 정치경제가 존재할 수 없는 것과 같은 이유로 인해 노동자 계급, 불평등 위기, 경제 정의를 구성하는 요소에 대한

기본적인 이해를 공개적으로 인정하지 않았다(미국인들은 모두가 언젠가 부유한 기업가가 될 수 있을 것이라는 굳건한 믿음을 갖고 있었던 것이다).

이처럼 미국인들이 스스로 자처해 사각 지대 속으로 빠져들었기 때문에 업계와 정부의 지도자들이 주기적으로 내리는 중요한 경제 결정에 아무런 영향을 미칠 수 없게 되었을 뿐 아니라, 자신이 중요한 경제 결과에 어떤 식으로 직접 개입하고 있는지 깨닫지 못하게 되었다는 사실을 인정하는 사람은 드물다. 2010년 멕시코만 석유 유출 사건으로 지역 경제 전체가 마비되고 이후 수십, 수백 년 동안 습지와 해변, 해양 생태계가 오염될 지경이 되었지만 미국인들이 할 수 있는 것이라고는 재앙을 '바로잡는' 데서 석유회사 경영자들이 얼마나 무능한지 맹렬히 비난하는 것뿐이었다. 마치 테스토스테론이 가장 효과적인 석유 용해 물질이라도 되는 양 방송에 나와 대통령이 '화를 표출'하거나 '강경하게 대응해야 한다'는 미숙한 요구를 늘어놓는 전문가들의 말을 그대로 흉내 내기에 급급했던 것이다.

이처럼 무력한 희망은 정계와 재계를 대변하는 장난감 병정 같은 대리인이 전례 없이 엄청난 석유 유출을 순식간에 중단하거나 해저 1~2킬로미터 아래에 있는 파열된 유정을 마치 마법과 같이 막아내는 엄청난 능력을 숨기고 있을 것이라는 믿음을 바탕으로 하는 듯하다. 브리티시 페트롤리엄 주유소를 보이콧하려는 움직임은 석유업계의 복잡한 공급망을 피해갔다. 술집에서 앞유리에 네온사인을 설치해 준 맥주 브랜드만 판매하는 것이 아니듯 실제 석유업계에서 브리티시 페트롤리엄 주유소의 소유주들이 오직 브리티시 페트롤리엄의 석유만 판매하는 것이 아니기 때문이다. 사실 소비자들의 브리티시 페트롤리엄 주유소 보이콧 사건에서 가장 역설적인 점은 환경에 관심이 많은 일반 소비자들만큼 브리티시 페트롤리엄에 많은 분노를 느끼는 소규모 주유소의 주인들이 가장 직접적인 피해를 입었다는 것이다.

다시 말해서 이 모든 표현들은 국민의 이익을 방해하는 실제 재앙이 무엇인지 효과적으로 파악하는 능력(적의 진정한 면모를 알아차리는 능력)을 잊어버린 지 오래되었을 뿐 아니라 매우 파괴적인 경제적 합의에 참여하는 행동에 대한 일관성 있는 이해를 포기한 세상을 보여준다. 정치 지도자들의 분노를 불러일으키거나 소비자 시장에서 BP의 로고를 상징적으로 경멸하는 것으로는 멕시코만 석유 유출 사태와 같은 재앙을 만들어낸 석유를 향한 채워지지 않는 수요를 줄일 수 없다.

마찬가지로 브리티시 페트롤리엄와 오바마 행정부가 석유 유출로 인한 피해를 막는 데 충분한 노력하지 않는다는 불만의 목소리로 인해, 미국 국민들은 단순한 욕심이 석유 유출로 이어진 굴착 장치 폭발 사고가 있기 전에 내려진 모든 결정 뒤에 숨겨져 있던 동력인(動力因)이었다는 수많은 증거를 제대로 처리하지 못하게 되었다. 브리티시 페트롤리엄는 최적의 시추 스케줄보다 뒤쳐져 있으며 4월 20일 당시 딥워터 호라이즌(Deepwater Horizon) 프로젝트를 진행하느라 하루 50만 달러씩 손해를 보고 있다면서 시설 보호를 위한 안전 지침을 이행하지 않았다. 지속적으로 해당 설비에 대한 안전 점검 수행에 책임이 있었

던 하도급 업체가 나타나면 해저에 매장되어 있는 석유를 가능한 한 빨리 캐내는 것을 방해하지 말고 유가가 치솟을 때 신속하게 석유를 공급하라는 취지가 분명하게 담겨 있는 지시를 내려 검사 담당자를 쫓아내버렸다.

브리티시 페트롤리엄 사고와 같은 참사가 돈 드릴로의 소설이나 리들리 스콧의 영화에 등장하는 반성적이고 반이상향적이며 흉물스러운 것이 되지 않도록 할 수 있는 유일한 방법은 고의건 그렇지 않건 서사적으로 지속 가능하지 않은 삶의 방식을 창조하기 위해 우리 모두가 어떤 식으로 협력해야 할지 그 방법을 명확하게 이해하는 것이다. 결국 이 모든 것들은 기술적인 질문이나 정책에 관한 질문이라기보다 가장 훌륭하게 살아가기 위한 방법, 공익에 기여하는 생활 방식과 그렇지 않은 생활 방식에 관한 질문이다. 또다시 헨리 데머레스트 로이드의 글을 살펴보자. 로이드가 사용한 잊힌 언어 자체가 새로운 방식의 사고와 행동을 제시한다.

우리의 폭군은 지배하기 위해 사람의 몸을 하고 있는 우리의 이상(理想)이다. 이들은 우리가 만들어낸 모습을 하고 있다. 모든 정부는 무언가를 대표하는 정부다. 산업을 대표하는 정부만큼 무언가를 잘 대변하는 정부도 없다. 재계 지도자들이 우리보다 못한 부류의 사람이라는 믿음으로 문제에 대한 해결방법을 찾으려 한다면 아무런 희망도 없이 나아갈 방향을 잃게 된다. 모든 아이디어는 특히 공략이 쉬운 영혼을 찾아낸다. 이들은 개인의 사리사욕이라는 아이디어에 가장 쉽게 공략당한 영혼들이다. 이들은 우리가 가르치는 것들을 맹목적으로 믿어왔으며 자신들에게 주어진 하나의 재능을 열 가지로 만들기 위해 가장 노력한 사람들이다. 이들은 평판, 개인 사이의 경쟁, 시장에 반대하기 위한 모든 방책, 개인이 제기하는 소송, 공공 부문에서 진행되는 조사, 입법, 형사 소추 등 우리가 활용하는 그 어떤 냉담한 사회적 교정 기능에도 굴하지 않는다. 현재 이들의 권력은 어제보다 강력하며, 내일이 되면 한층 더 강력해질 것이다. 대중은 그들의 권력을 억제하지 못한다. 대신 그들과 어울리고, 그들을 보호하며, 가난한 사람의 범죄를 대하듯 이들의 범죄를 처리하지 않고, 기꺼이 그들에게 가장 높은 자리를 내어준다. 대중들이 느끼는 가장 지배적인 감정은 그들처럼 운이 좋은 일, 혹은 또 다른 돈이 되는 일을 생각하고 실행하지 못했다는 유감이다. 선두의 자리에 서 있는 사람들은 진정한 '시대 정신'을 대표하는 사람인 반면 이들에게 반기를 드는 사람들은 우리 시대를 대표하지 못하는 사람일 뿐 아니라 기껏해야 시대를 거스르는 사람일 뿐이다.[12]

서문

1. C. Wright Mills, Th e Power Elite (New York: Oxford University Press, 1956), p. 332.

01장 아이패드

1. http://mashable.com/2010/05/26/apple-most-valuable-tech-company/.

2. http://www.reuters.com/article/idUS47469936120100528.

3. http://www.thewrap.com/ind-column/sales-not-exactly-brisk-gqsipad-edition-17483.

4. http://www.prnewswire.co 4. m/news-releases/air-display-turns-ipad-into-extra-pc-monitor-for-70-more-screen-space-95022234.html.

5. http://www.businessweek.com/news/2010-05-27/apple-ipad-drawslines-in-sydney-tokyo-as-global-sales-start.html.

6. http://news.cnet.com/8301-17852_3-20004899-71.html.

7. http://www.businessweek.com/news/2010-05-28/apple-ipad-outshines-mona-lisa-as-global-sales-start-update2-.html.

8. http://www.dailymail.co.uk/news/worldnews/article-1282481/iPadfactory-suicides-China.html.

9. http://www.guardian.co.uk/commentisfree/2010/may/30/nick-cohenapple-factory-china.

10. http://www.telegraph.co.uk/finance/china-business/7763699/Protest-at-Chinese-iPad-maker-Foxconn-aft er-11th-suicide-attempt-this-year.html.

11. http://www.dailymail.co.uk/news/worldnews/article-1282481/iPadfactory-suicides-China.html.

12. http://www.folklore.org/StoryView.py?project=Macintosh&story=90_Hours_A_
Week_And_Loving_It.txt.

02장 리얼리티 프로그램

1. http://www.guardian.co.uk/business/2010/apr/18/undercover-bosstelevision-comment.
2. http://www.huffi ngtonpost.com/kimberly-freeman-brown/undercover-boss-as-underc_b_544065.html.
3. http://www.aceshowbiz.com/news/view/00026581.html.
4. http://watching-tv.ew.com/2009/08/24/ryan-jenkins-dead-murderer-abigger-tv-star/.
5. heatlantic.com/magazine/archive/2007/05/the-case-forreality-tv/5791/.

03장 앨런 그린스펀

1. Bill Bonner and Addison Wiggin, Empire of Debt: Th e Rise and Fall of an Epic Financial Crisis (New York: Wiley, 2006), 255.
2. http://www.usatoday.com/money/economy/fed/2004-02-23-greenspan-debt_x.htm.
3. http://trueslant.com/allisonkilkenny/2009/10/04/alan-greenspan-isthe-defi niton-of-epic-fail/.
4. Bonner and Wiggin, Empire of Debt, 257.
5. http://www.foreignpolicy.com/articles/2005/01/05/think_again_alan_greenspan?page=0, 2.
6. Quoted in Bonner and Wiggin, Empire of Debt, 259.
7. http://www.federalreserve.gov/boarddocs/speeches/2003/20030304/.
8. http://globaleconomicanalysis.blogspot.com/2008/12/case-shiller-cpivs-cpi-u-november-2008.html.
9. http://www.bloomberg.com/apps/news?pid=newsarchive&sid=a_IH5AnCyOm4.
10. 상동.
11. http://www.washingtonpost.com/wp-dyn/content/article/2009/ 09/26/ AR2009092602706.html.

12. http://www.washingtonpost.com/wp-dyn/content/article/2009/ 09/26/ AR2009092602706.html.

13. http://www.usnews.com/articles/opinion/2008/09/24/from-enron-tothe-fi nancial-crisis-with-alan-greenspan-in-between.html.

14. Ibid.

15. Roger Lowenstein, When Genius Failed: Th e Rise and Fall of Long-Term Capital Management (New York: Random House, 2001), 231.

16. Ibid., 231.

04장 스포츠 인생

1. http://sports.espn.go.com/mlb/columns/story?columnist=quinn_tj&id=3270983.

2. http://news.bbc.co.uk/sport2/hi/other_sports/olympics_ 2012/3939219.stm.

3. http://www.tribuneindia.com/2000/20000930/sports.htm#2.

4. http://communities.canada.com/theprovince/blogs/edwilles/archive/2009/10/09/ andrew-jennings-a-true-olympic-hero.aspx.

5. http://www.ajr.org/article.asp?id=505.

6. http://socialistworker.org/2008/08/08/whos-grabbing-olympic-gold.

7. http://news.bbc.co.uk/sport2/hi/other_sports/olympics_2012/3939501. ̇stm http://www.novinite.com/view_news.php?id=49608.

8. http://www.washingtonpost.com/wp-srv/digest/daily/jan99/ioc23.htm.

05장 고등교육

1. http://docs.google.com/viewer?a=v&q=cache:f5-WxhueOAYJ:www.pewtrusts. org/uploadedFiles/wwwpewtrustsorg/Reports/Economic_Mobility/PEW_EM_ Haskins%25207.pdf+university+education+upward+mobility&hl=en&gl=us& pid=bl&srcid=ADGEEShrtij9_jin-2_rWfaQYKVfz5DT2plWWJvgQhumz8X0 iNPjiVOM3Us-59pRY_FKorzq8M8ZXbgjvQUscspxbaNR9IK4U16LaoUrLU I3zeODMHWIsCuT_cA5wKA3lGxrkRwd4TKON&sig=AHIEtbRJ4Mp8is_ UHMvkJLXY6YcvLvlYYg.

2. 상동.

3. http://money.cnn.com/2008/08/20/pf/college/college_price.moneymag/.

4. 상동.

5. http://www.newamerica.net/blog/higher-ed-watch/2009/sallie-maesfull-court-press-11132.

6. http://usinfo.org/docs/democracy/16.htm.

7. http://www.theamericanscholar.org/the-decline-of-the-englishdepartment/.

8. 상동.

9. Jennifer Washburn, University Inc.: *The corporate Corruption of Higher Education* (New York: Basic Books, 2006), x.

10. http://www.propublica.org/feature/at-u-of-phoenix-allegations-ofenrollment-abuses-persist-1103.

11. http://www.propublica.org/feature/university-of-phoenix-settles-suitover-recruitment-practices.

12. http://www.reuters.com/article/idUSSGE62S0HX20100329.

13. http://www.propublica.org/article/at-u-of-phoenix-allegations-ofenrollment-abuses-persist-1103.

06장 부실 자산 구제 프로그램

1. http://dailybail.com/home/bank-bailout-news-tarp-oversight-chaperone-elizabeth-warren.html.

2. http://www.cnn.com/2010/POLITICS/04/20/obama.goldman.donations/index.html.

3. http://nymag.com/daily/intel/2010/02/tarp_overseer_it_is_hard_to_se.html?utm_source=feedburner&utm_medium=feed&utm_campaign=Feed%3A+nymag%2Fintel+%28Daily+Intelligencer+-+New+York+Magazine%29.

4. http://www.nytimes.com/2010/05/24/business/24reform.html.

5. http://www.publicintegrity.org/articles/entry/2096/.

07장 번영의 복음

1. Joel Osteen, *Become a Better You: 7 Keys to Improving Your Life Every Day* (New York: Free Press, 2007), 95.

2. 상동, 346.

3. 상동, 348.

4. http://www.cnn.com/2009/LIVING/wayofl ife/12/25/RichJesus/index.html.

08장 민주당

1. http://www.heritage.org/Press/Commentary/ed110607a.cfm.

2. http://www.usatoday.com/news/washington/2009-10-13-Housewealth-gap-Democrats-richest-districts_N.htm.

3. http://dissidentvoice.org/Sept05/Street0929.htm.

4. http://prorev.com/2007/09/reagan-bush-clinton-bush-years.html.

5. Daniel Gross, *Bull Run: Wall Street, the Democrats and the New Politics of Personal Finance* (New York: Public Aff airs, 2000), 16.

09장 와이어드 매거진

1. http://www.nytimes.com/2003/07/27/books/the-coolest-magazine-onthe-planet.html?pagewanted=1.

2. Quoted in Chris Anderson, Free: Th e Future of a Radical Price (New York: Hyperion books, 2009), 3.

3. Ibid., 3 and passim.

4. http://online.wsj.com/article/SB123335678420235003.html.

5. qronline.org/blog/2009/06/23/chris-anderson-free/.

6. http://www.edrants.com/chris-anderson-plagiarist/.

7. http://www.plagiarismtoday.com/2009/06/24/the-chris-andersonvaplagiarism-controversy/.

8. http://www.leighbureau.com/speaker.asp?id=373.

10장 데미언 허스트

1. Chin?tao Wu, Privatising Culture: Corporate Art Intervention Since the 1980s (New York: Verso, 2002), 157.

2. http://www.telegraph.co.uk/culture/art/7560280/Damien-Hirst-Money-deserves-respect.html.

3. 상동.

11장 미국 헌법

1. Quoted in Charles Beard, *An Economic Interpretation of the Constitution of the United States* (New York: Free Press, 1965), 6.

2. Jackson Turner Main, *The Antifederalists: Critics of the Constitution*, 1781-1788 (New York: Quadrangle Books, 1964), 3.

3. 상동, 61.

4. Quoted in Beard, *Economic Interpretation*, 179-80.

5. Quoted in ibid., 158.

6. Main, *Antifederalists*, 132.

7. Quoted in ibid., 131.

8. Quoted in ibid., 133-4

9. 상동, 134

10. Beard, *Economic Interpretation*, 151.

11. 상동, 324.

12장 말콤 글래드웰

1. Steven Pinker, "Malcolm Gladwell, Eclectic Detective," *New York Times Book Review* (November 15, 2009), 1.

2. 상동.

3. http://www.sheldensays.com/Res-three.htm.

4. http://www.slate.com/id/2246732/pagenum/2.

5. http://www.gladwell.com/2005/2005_09_12_a_warren.html.

6. 상동.

7. 상동.

8. 상동.

9. http://www.dailykos.com/story/2009/11/30/809224/-Rick-Warrenrefuses-to-condemn-Ugandas-gay-execution-law.

13장 뉴욕타임스

1. http://www.observer.com/2008/media/special-investment-fundincrease-business-coverage-i-times-i.

2. http://www.bostonphoenix.com/boston/news_features/other_stories/multi_3/documents/04731992.asp.

3. http://www.nytimes.com/2005/05/15/national/class/OVERVIEW-FINAL.html.

4. http://www.nytimes.com/2005/05/24/national/class/EDUCATIONFINAL.html.

5. http://www.nytimes.com/2005/05/24/national/class/EDUCATIONFINAL.html.

6. http://www.workinglife.org/blogs/view_post.php?content_ id=7694.

7. http://www.nytimes.com/2010/01/17/world/americas/17class.html.

8. Robert Warshow, *The Immediate Experience* (Cambridge, MA: Harvard University Press, 2001), 76.

14장 실력주의

1. Michael Young, *The Rise of the Meritocracy* (London: Penguin Books, 1958), 133.

2. 상동, 115.

3. 상동, 14-15.

4. http://www.guardian.co.uk/politics/2001/jun/29/comment.

5. http://www.nytimes.com/1992/11/29/opinion/the-smart-club-comesto-the-white-house.html?scp=717&sq=Smart%20House&st=nyt&pagewanted=1.

16장 스티브 포브스

1. http://money.cnn.com/magazines/fortune/fortune_archive/1996/02/05/207332/index.htm.

2. http://money.cnn.com/magazines/fortune/fortune_archive/1996/02/05/207332/index.htm.

3. http://www.antifascistencyclopedia.com/allposts/pioneer-fund-thesteve-forbes-connection; http://news.google.com/newspapers?nid=336&dat=19960129&id=ts cRAAAAIBAJ&sjid=D-0DAAAAIBAJ&pg=4994,7606832.

4. http://sensuouscurmudgeon.wordpress.com/2009/02/06/forbesmagazine-

promotes-creationism/.

5. Steve Forbes and Elizabeth Ames, How Capitalism Will Save Us: Why Free People and Free Markets Are the Best Answer in Today's Economy (New York: Crown Business, 2009), 6.

6. Haynes Johnson, Sleepwalking Th rough History: America in the Reagan Years (New York: W.W. Norton, 1991), 436.

7. 상동, 437.

8. http://economistsview.blogspot.com/2005/03/optimetrics-part-1-doespresidential.html.

9. Forbes and Ames, How Capitalism Will Save Us, 5.

17장 자유시장

1. Michael Perelman, *The Invention of Capitalism: Classical Political Economy and the Secret History of Primitive Accumulation* (Durham, NC:
Duke University Press, 2000), 176.

2. http://www.truth-out.org/070709E.

3. Alfred D. Chandler, *The Visible Hand: The Managerial Revolution in American Business* (Cambridge, MA: Belknap/Harvard University Press), 492-3.

18장 주식시장

1. Steven Brill, "What's a Bailed-Out Banker Really Worth? *New York Times Magazine*, January 10, 2010. http://www.nytimes.com/2010/01/03/magazine/03Compensation-t.html?pagewanted=.

2. Doug Henwood, *Wall Street* (New York: Verso, 1997), 171.

19장 '계급 투쟁'

1. http://articles.latimes.com/2009/feb/28/nation/na-obama-budget28.

2. http://www.nytimes.com/2006/11/26/business/yourmoney/26every.html.

3. http://www.netcharles.com/orwell/ctc/docs/cancrtcs.htm.

4. A.J. Liebling, Th e Press (New York: Pantheon, 1981), 123-124.

20장 회고록

1. Walter Benn Michaels, "Going Boom," Book Forum, Feb/March 2009, page 44.

2. Margaret Jones, Love and Consequences: A Memoir of Hope and Survival, New York: Riverhead Books, 2008, 29.

3. 상동, 60.

4. 상동, 234.

21장 데이비드 브룩스

1. David Brooks, Bobos in Paradise: *The New Upper Class and How They Got There* (New York: Simon & Schuster, 2000), 137.

2. 상동, 102.

3. 상동, 271.

4. http://www.phillymag.com/articles/booboos_in_paradise/.

22장 창조 계급

1. Paul H. Ray and Sherry Anderson, *The Cultural Creatives: How 50 Million People are Changing the World* (New York: Harmony Books, 2000), 5.

2. Richard Florida, *The Rise of the Creative Class: And How It's Transforming Work, Leisure and Everyday Life* (New York: Basic Books, 2002), 37.

3. 상동, 115.

4. 상동, 115.

5. 상동, 80.

6. 상동, 13.

23장 아인 랜드

1. http://www.aynrand.org/site/News2?page=NewsArticle&id=22869&news_iv_ctrl=1221.

2. Ayn Rand, Atlas Shrugged (New York: Signet Books, 1957), 42.

3. 상동, 731-2.

24장 대법원

1. http://www.scribd.com/doc/25537902/Citizens-Opinion.

2. 상동.

3. http://supreme.justia.com/us/118/394/case.html.

4. http://unequalprotection.com/articles/2002/12/railroad-barons-areback-and-time-theyll-fi nish-job.

5. http://www.jimrobison.org/node/68.

6. http://www.ratical.com/corporations/ToPRaP.html.

7. http://www.newyorker.com/reporting/2009/05/25/090525fa_fact_toobin?current Page=all.

8. http://www.newyorker.com/reporting/2009/05/25/090525fa_fact_toobin?current Page=all.

9. http://www.newyorker.com/reporting/2009/05/25/090525fa_fact_toobin?current Page=all.

25장 로비 세상

1. http://www.publicintegrity.org/articles/entry/1953/.

2. http://www.politico.com/news/stories/0510/37594.html.

3. http://articles.chicagotribune.com/2009-12-20/news/0912190289_1_health-care-lobbyists-insiders.

4. *Thomas Frank, The Wrecking Crew: How Conservatives Ruined Government, Enriched Themselves, and Beggared the Nation* (New York: Henry Holt, 2008), 5.

5. http://www.thenation.com/article/democracy-sale; http://motherjones. com/politics/2004/11/ralph-reeds-other-cheek.

6. http://www.cnn.com/2005/POLITICS/05/09/real.delay/.

26장 자유론

1. http://tpmlivewire.talkingpointsmemo.com/2010/05/rand-paul-defends-criticism-of-civil-rights-act-to-rachel-maddow.php.

2. http://www.econlib.org/library/NPDBooks/Moss/mslLvM6.html.

3. 상동.

4. Lisabeth Cohen, *A Consumer's Republic: The Politics of Mass Consumption in America* (New York: Knopf, 2003); Bethany Moreton, *To Serve God and Wal-Mart: The Making of Christian Free Enterprise* (Cambridge, MA: Harvard University Press, 2009).

5. http://swopec.hhs.se/ratioi/abs/ratioi0131.htm.

6. http://www.msnbc.msn.com/id/37273085/ns/politics-decision_2010/.

7. http://www.unbossed.com/index.php?itemid=2819.

결론 언어 문제

1. http://econlog.econlib.org/archives/2010/04/what_i_think_ab_1.html.

2. http://www.npr.org/templates/story/story.php?storyId= 127762995.

3. http://article.nationalreview.com/435966/the-transformative-powerof-rick-santellis-rant/michael-barone.

4. http://www.let.rug.nl/usa/D/1876-1900/reform/lloyd.htm.

5. Ibid.

6. C. Vann Woodward, Th e Strange Career of Jim Crow (New York: Oxford University Press), 1955.

7. http://fi ndarticles.com/p/articles/mi_m3012/is_7_180/ai_ 63974706/.

8. http://www.valleyadvocate.com/article.cfmaid=11899.

9. http://mises.org/daily/2983.

10. http://pewsocialtrends.org/pubs/706/middle-class-poll.

11. http://pewsocialtrends.org/pubs/706/middle-class-poll.

12. Henry Demarest Lloyd, Wealth Against Commonwealth (New York: Prentice-Hall, 1963), 169-170.

KI신서 3887

부자들이 다해먹는 세상

1판 1쇄 발행 2012년 4월 9일
1판 2쇄 발행 2012년 4월 19일

지은이 크리스 레만 **옮긴이** 김현정
펴낸이 김영곤 **펴낸곳** (주)북이십일 21세기북스
부사장 임병주 **기획1실장** 김성수 **기획** 심지혜 장보라 양으녕 **해외기획** 김준수 조민정
편집실장 주명석 **편집1팀장** 정지은 **책임편집** 최진 **디자인 표지** 씨디자인 **본문** 김성엽
마케팅영업본부장 최창규 **영업** 이경희 정병철 **마케팅** 김현섭 김현유 강서영
출판등록 2000년 5월 6일 제10-1965호
주소 (우 413 - 756) 경기도 파주시 문발동 파주출판단지 518-3
대표전화 031 - 955 - 2100 **팩스** 031 - 955 - 2151 **이메일** book21@book21.co.kr
홈페이지 www.book21.com
21세기북스 트위터 @21cbook **블로그** b.book21.com

ISBN 978-89-509-3643-3 03320
책값은 뒤표지에 있습니다.